Beck-Rechtsberater:
Kündigungsschutz im Arbeitsrecht von A–Z

Beck-Rechtsberater:
Kündigungsschutz im Arbeitsrecht von A–Z

Von Georg-R. Schulz,
Rechtsanwalt und Fachanwalt für Arbeitsrecht

Stand: 1. Juni 1992

Deutscher
Taschenbuch
Verlag

Redaktionelle Verantwortung: Verlag C. H. Beck, München
Umschlaggestaltung: Celestino Piatti
Umschlagbild: Birgit Koch
Gesamtherstellung: C. H. Beck'sche Buchdruckerei, Nördlingen
ISBN 3 423 05070 5 (dtv)
ISBN 3 406 36224 9 (C. H. Beck)

Vorwort

Kündigungs- und Kündigungsschutzrecht stehen im Brennpunkt des arbeitsrechtlichen Interesses. Das beweisen jährlich Hunderttausende von Bestandsschutzverfahren vor den bundesdeutschen Arbeitsgerichten. Prägend ist hier vor allem die höchstrichterliche Rechtsprechung, da jede Entscheidung über die Wirksamkeit oder Rechtsunwirksamkeit einer Kündigung regelmäßig eine umfassende Abwägung aller Einzelfallumstände erfordert. Auch für das Gebiet der fünf neuen Bundesländer ist aufgrund des Einigungsvertrags vom 31. 8. 1990 das bundesdeutsche Arbeitsrecht (mit einigen Ausnahmen) am 3. 10. 1990 in Kraft getreten.

Der vorliegende Rechtsberater enthält in alphabetischer Reihenfolge knapp 400 Stichwörter, durch die sämtliche Probleme des Kündigungsrechts abgehandelt werden. Erläutert werden beispielsweise der allgemeine Kündigungsschutz nach dem KSchG, der besondere Bestandsschutz u. a. nach dem Mutterschutz-, Schwerbehinderten- und Betriebsverfassungsrecht, die außerordentliche Kündigung, steuer- und sozialversicherungsrechtliche Aspekte von Abfindungen, Arbeitslosengeld, Wettbewerbsverbote, das arbeitsgerichtliche Klageverfahren sowie Kostenfragen. Einen Schwerpunkt bildet jeweils die Darstellung der Rechtsprechung des BAG, aber auch der Instanzgerichte; weiterführende Literaturhinweise werden am Ende der meisten Stichwörter gegeben. Besonderheiten für das Beitrittsgebiet sind – soweit erforderlich – jeweils „vor Ort" und in mehreren Zusammenfassungen dargestellt.

Das Lexikon entstand aus der täglichen Anwaltspraxis des Verfassers und berücksichtigt Rechtsprechung und Literatur bis zum 31. 5. 1992.

Der Autor bedankt sich bei Herrn Horst Ehrhardt-Pescher für die Erstellung des Manuskripts, bei Frau stud jur. Isabel Unser für die Überprüfung der Fundstellen und Frau Assessorin Janetta Cordier für die Schlußdurchsicht.

München, im Juni 1992   Georg-R. Schulz

Stichwortübersicht

Abfindung
Abgeltungsklausel → Aufhebungsvertrag
Abgeordnete
Abkehrwille
Abmahnung
Abwerbung
Aids
Alkohol
Alliierte Streitkräfte
Alter
Ältere Angestellte → Angestelltenkündigungsgesetz
Änderungsangebot
Änderungskündigung
Anderweitiger Verdienst → Annahmeverzug
Anfechtung
Angebot der Arbeitsleistung → Annahmeverzug
Angestelltenkündigungsgesetz
Anhörung des Betriebsrats
Annahme des Änderungsangebots → Änderungsangebot → Änderungskündigung
Annahmeverzug
Annahmeverweigerung → Zugang einer Kündigung
Anrechnung
Anscheinsbeweis
Anti-Atomkraft- bzw. Anti-Strauß-Plakette → Politische Betätigung
Anwaltskosten
Anzeigen gegen den Arbeitgeber
Anzeigepflicht bei Massenentlassungen → Massenentlassungen
Arbeiter
Arbeitnehmer
Arbeitnehmerähnliche Personen
Arbeitnehmerüberlassung → Leiharbeitsverhältnis
Arbeitsbescheinigung
Arbeitsbummelei → Arbeitsverweigerung
Arbeitserlaubnis
Arbeitsgericht
Arbeitsgerichtsverfahren → Kündigungsschutzklage
Arbeitslosengeld
Arbeitsmangel
Arbeitspapiere
Arbeitsplatzschutzgesetz
Arbeitsplatzwechsel
Arbeitsschutz
Arbeitsunfähigkeit
Arbeitsverhältnis
Arbeitsverweigerung
Arglistige Täuschung → Anfechtung
Ärztliche Schweigepflicht → Krankheitsbedingte Kündigung
Aufhebungsvertrag
Aufklärungspflicht → Aufhebungsvertrag
Auflösung des Arbeitsverhältnisses
Auftragsmangel/Umsatzrückgang
Ausbildungsverhältnis → Berufsbildungsverhältnis
Ausgleichsquittung
Aushilfsarbeitsverhältnis
Auskunftserteilung
Ausländische Arbeitnehmer
Ausschluß der ordentlichen Kündigung

Stichwortübersicht

Ausschlußfristen
Außerdienstliches Verhalten
Außerordentliche Kündigung
Aussperrung → Streik und Aussperrung
Auswahl → Sozialauswahl
Auswahlrichtlinien
Auszubildende → Berufsausbildungsverhältnis

Beamte
Bedingte Kündigung
Bedingter Arbeitsvertrag
Befristetes Arbeitsverhältnis
Begründung der Kündigung
Beharrliche Arbeitsverweigerung → Arbeitsverweigerung
Behördliche Zustimmung
Beiordnung
Beitrittsgebiet
Beleidigung
Benachteiligung
Berechnung von Fristen
Bergmannversorgungsschein
Berufsausbildungsverhältnis
Berufung
Beschäftigungs- und Weiterbeschäftigungsanspruch
Beschäftigungsförderungsgesetz
Besitzstandsklausel
Betrieb
Betriebsbedingte Kündigung
Betriebsbuße
Betriebsfrieden
Betriebsgeheimnisse
Betriebsgröße → Betrieb → Kleinbetrieb
Betriebsobmann → Betriebsrat
Betriebsrat
Betriebsstillegung
Betriebsübergang
Betriebsveräußerung → Betriebsübergang

Betriebszugehörigkeit → Wartezeit
Betrug → Strafbare Handlungen
Beurteilungszeitpunkt
Bevollmächtigung
Beweislast
Bewerbung → Abkehrwille
Bordvertretung

Checklisten

Darlegungslast → Beweislast
Datenschutz → Schweigepflicht
Dauerstellung
DDR → Beitrittsgebiet
Diebstahl → Strafbare Handlungen
Dienstsiegel
Direktionsrecht
Dringende betriebliche Erfordernisse → Betriebsbedingte Kündigung
Drittmittelfinanzierte Arbeitsverträge
Drogen
Drohung → Anfechtung
Druckkündigung

Ehegattenverträge
Eheschließung → Kirchliche Sonderstellung
Ehrenämter → Abgeordnete
Eignung
Eignungsübung → Arbeitsplatzschutzgesetz
Einheitlicher Betrieb → Betrieb
Einheitliches Arbeitsverhältnis
Einigungsvertrag → Beitrittsgebiet
Einschreiben → Zugang der Kündigung
Einspruch
Einstweilige Verfügung

Stichwortübersicht

Entbindung → Mutterschutz
Entzug der Fahrerlaubnis → Führerscheinentzug
Erbe
Erledigungsklausel → Aufhebungsvertrag → Ausgleichsquittung
Ersatzmitglieder → Betriebsrat
Ersatzzustellung → Zugang der Kündigung
Erweiterung des Kündigungsrechts
Erziehungsurlaub
Evenutalantrag

Fähigkeiten → Eignung
Faktisches Arbeitsverhältnis
Falschaussagen
Fehlerhafte → Sozialauswahl
Fehlbestand → Manko
Fehlgeburt
Fehlzeiten → Krankheitsbedingte Kündigung
Feststellungsklage
Finanzierungsmittel → Drittmittelfinanzierte Arbeitsverträge
Folgekündigung → Feststellungsklage
Form der Kündigung
Fortbildungsmaßnahmen
Freie Mitarbeiter
Freiheitsstrafe/Untersuchungshaft
Freistellung
Fristen → Angestelltenkündigungsgesetz → Arbeiter → Berechnung von Fristen → Klagefrist
Fristlose Kündigung → Außerordentliche Kündigung
Frühgeburt
Führerscheinentzug
Fürsorgepflicht

Gastarbeiter
Gemeinsamer Betrieb → Betrieb
Gerichtliche Auflösung → Auflösung des Arbeitsverhältnisses
Gerichtskosten
Gerichtsstand
Gesamtbetriebsrat
Gesamtvollstreckung
Geschäftsfähigkeit/Minderjährige
Geschäftsführer
Geschäftsgrundlage
Gesetzlicher Vertreter → Geschäftsfähigkeit/Minderjährige → Organmitglieder
Gewerbsmäßige Arbeitnehmerüberlassung → Leiharbeitsverhältnis
Gewissenskonflikt → Arbeitsverweigerung → Direktionsrecht
Gleichbehandlung
Grundwehrdienst → Arbeitsplatzschutzgesetz
Gruppenarbeitsverhältnis
Güteverhandlung
Gute Sitten

Haft → Freiheitsstrafe/Untersuchungshaft
Halbtagsarbeitsplatz
Handelsvertreter
Hauptfürsorgestelle → Schwerbehinderte
Hausmeisterehepaar → Ehegattenarbeitsverhältnis
Heilung
Heimarbeiter
Hilfsantrag → Eventualantrag
Hochschule → Drittmittelfinanzierte Arbeitsverträge
Homosexualität
Horizontale Vergleichbarkeit → Sozialauswahl

IX

Stichwortübersicht

Innerbetriebliche Ursachen → Betriebsbedingte Kündigung
Inseratskosten
Interessenabwägung → Außerordentliche Kündigung
Irrtum → Anfechtung

Job – Sharing
Jugendvertreter
Juristische Personen

Kampagnebetriebe/Saisonbetriebe
Kettenarbeitsverhältnis
Kirche
Klage
Kleinbetrieb
Konkurrenztätigkeit
Konkurs
Kontrolleinrichtungen
Konversion → Umdeutung
Konzern
Konzernbetriebsrat → Betriebsrat
Kosten → Anwaltskosten → Gerichtskosten
Krankheit
Kündigung
Kündigungsschutz, allgemeiner
Kündigungsschutzklage
Kurzarbeit

Landesarbeitsgericht → Arbeitsgericht
Langsamarbeit → Arbeitsverweigerung
Lebensalter → Alter
Lebensstellung → Dauerstellung
Lehrlinge → Berufsausbildungsverhältnis
Leiharbeitsverhältnis
Leistungsunfähigkeit → Arbeitsunfähigkeit → Krankheit

Leitende Angestellte
Lohnnachzahlung → Annahmeverzug
Lohnpfändung/ -abtretung
Lohnrückstand
Lohnsteuerkarte → Arbeitspapiere

Mängel → Eignung
Manko
Massenentlassungen
Minderjährige → Geschäftsfähigkeit
Minderleistung → Arbeitsunfähigkeit → Krankheit
Mindestkündigungsfrist
Mischtatbestand
Mutterschutz

Nachleistung → Annahmeverzug
Nachschieben von Kündigungsgründen
Nachträgliche Klagezulassung → Klage
Nachwirkung des Kündigungsschutzes → Betriebsrat
Nebenpflichten
Nebentätigkeit → Konkurrenztätigkeit
Negativprognose → Krankheit
Netto-Klausel
Neue Bundesländer → Beitrittsgebiet
Nichtfortsetzungserklärung → Wahlrecht des Arbeitnehmers
Nichtigkeit
Nichtverlängerungsanzeige
Niederkunft → Mutterschutz

Öffentlicher Dienst
Ordentliche Kündigung
Organmitglieder → Leitende Angestellte

Stichwortübersicht

Personalabbau → Massenentlassungen
Personalakte → Abmahnung
Personalrat
Personenbedingte Kündigung
Personengesellschaften → Leitende Angestellte
Personenmehrheit
Politische Betätigung
Probearbeitsverhältnis
Prognose → Krankheit
Prozeßbevollmächtigte → Rechtsanwälte
Prozeßkostenhilfe → Beiordnung
Prozeßvergleich → Vergleich
Punktetabelle → Sozialauswahl

Qualifikationsmängel

Rationalisierung
Rechtsanwälte
Rechtsschutzversicherungen
Referendare → Arbeitsgericht
Revision
Rücknahme des Auflösungsantrags → Auflösung des Arbeitsverhältnisses
Rücknahme der Klage
Rücknahme der Kündigung
Rücktritt
Ruhenszeitraum → Abfindung → Arbeitslosengeld

Sachlicher Grund → Befristetes Arbeitsverhältnis → Beschäftigungsförderungsgesetz → Drittmittelfinanzierte Arbeitsverträge
Saisonbetrieb → Kampagnebetrieb
Schadensersatz
Schiedsstellen
Schlechtleistung
Schmiergelder

Schriftform → Form
Schuldrechtliche Kündigungsbeschränkungen → Ausschluß der ordentlichen Kündigung
Schwangerschaft → Mutterschutz
Schwerbehinderte
Sechsmonatsfrist → Wartezeit
Seebetriebsrat → Betriebsrat
Selbstbindung des Arbeitgebers
Selbständige → Freie Mitarbeiter
Sexuelle Belästigung
Sicherheitsbedenken
Sicherheitsvorschriften → Arbeitsschutz
Sittenwidrige Kündigung → Ungehörige/Unzeitige Kündigung
Sozialauswahl
Sozialwidrigkeit der Kündigung
Sozialversicherungspflicht → Abfindungen
Sperrzeit → Arbeitslosengeld
Sprecherausschuß
Stellensuche
Stempelkarten/-uhren → Kontrolleinrichtungen
Steuerpflichtigkeit → Abfindung → Netto-Klausel
Stillegung → Betriebsstillegung
Strafbare Handlungen
Streik/Aussperrung
Streitgegenstand → Feststellungsklage
Streitverhandlung
Streitwert
Suspendierung → Freistellung

Tätlichkeiten
Täuschung bei Vertragsabschluß → Anfechtung
Tarifvertrag
Teilkündigung
Teilzeitbeschäftigung

XI

Stichwortübersicht

Tendenzbetriebe
Tod
Totgeburt → Mutterschutz
Transsexualität
Treuepflicht
Treu und Glauben
Trotzkündigung
Trunksucht → Alkohol → Führerscheinentzug

Überbrückungsmaßnahmen → Krankheit
Übergang des Betriebes → Betriebsübergang
Übermaßverbot → Verhältnismäßigkeitsgrundsatz
Überstunden
Ultima ratio → Verhältnismäßigkeitsgrundsatz
Umdeutung
Umsatzrückgang → Betriebsbedingte Kündigung
Umschulung → Änderungsangebot → Änderungskündigung
Ungehörige Kündigung → Treu und Glauben
Ungleichbehandlung → Gleichbehandlung
Unkenntnis der Klagefrist → Klage
Unkündbarkeit → Ausschluß der ordentlichen Kündigung
Unpünktlichkeit
Unterbrechung → Wartezeit
Unternehmerische Entscheidung → Betriebsbedingte Kündigung
Unterrichtung → Anhörung des Betriebsrates
Unterschlagung/Untreue → Strafbare Handlungen
Untersuchungshaft → Freiheitsstrafe
Unwirksamkeit der Kündigung

Unzulässige Rechtsausübung → Treu und Glauben
Unzumutbarkeit → Außerordentliche Kündigung
Urlaub
Urteil

Verdachtskündigung
Vererblichkeit eines Anspruchs auf Abfindung → Abfindung
Verfallsfristen → Ausschlußfristen
Vergleich
Vergleichbarkeit → Sozialauswahl
Vergleichsverfahren → Konkurs
Vergütungsrückstand → Annahmeverzug
Verhältnismäßigkeitsgrundsatz
Verhaltensbedingte Kündigung
Verjährung
Versäumnis der Klagefrist → Klage
Verschwiegenheitspflicht → Betriebsgeheimnisse → Treuepflicht
Versetzung
Versicherungsnachweisheft → Arbeitspapiere
Vertragliche Kündigungsbeschränkungen → Ausschluß der ordentlichen Kündigung
Vertragsstrafe
Vertrauensbereich → Verhaltensbedingte Kündigung
Vertrauensleute → Schwerbehinderte
Vertreter → Bevollmächtigung → Geschäftsfähigkeit
Verwirkung
Verzeihung
Verzicht
Vollmacht → Bevollmächtigung
Vollstreckung → Urteil

Stichwortübersicht

Vorbehalt → Änderungskündigung
Vorsorgliche Kündigung → Bedingte Kündigung
Vorstandsmitglieder → Leitende Angestellte
Vorstellungskosten
Vorstrafen
Vorvertragliche Kündigung

Wahlbewerber/Wahlvorstand
Wahlrecht
Warteschleife
Wartezeit
Wegfall der Geschäftsgrundlage → Geschäftsgrundlage
Wehrdienst → Arbeitsplatzschutzgesetz
Weiterbeschäftigung → Beschäftigungs- und Weiterbeschäftigungsanspruch
Wertungsspielraum → Sozialauswahl
Wettbewerbsverbot

Wichtiger Grund → Außerordentliche Kündigung
Widerrufsvorbehalt → Teilkündigung
Widerspruch → Anhörung des Betriebsrates
Wiedereinstellunganspruch

Zeitverträge → Befristetes Arbeitsverhältnis
Zeugnis
Zivildienst → Arbeitsplatzschutzgesetz
Zugang der Kündigung
Zulässigerklärung der Kündigung → Mutterschutz
Zumutbarkeit → Außerordentliche Kündigung
Zustimmung zur Kündigung → Schwerbehinderte
Zwangsvollstreckung → Urteil
Zweiwochenfrist
Zwischenverdienst → Annahmeverzug → Wahlrecht
Zwischenzeugnis → Zeugnis

Abkürzungsverzeichnis

a. A.	anderer Ansicht
a. a. O.	am angegebenen Ort
Abs.	Absatz
AFG	Arbeitsförderungsgesetz
AiB	Arbeitsrecht im Betrieb (Zeitschrift)
AMBl.	Amtsblatt des Bayerischen Staatsministeriums für Arbeit und Sozialordnung
AngKSchG	Gesetz über die Fristen für die Kündigung von Angestellten
Anm.	Anmerkung
AnwBl.	Anwaltsblatt (Zeitschrift)
AP	Arbeitsrechtliche Praxis (Entscheidungssammlung)
ARB	Allgemeine Bedingungen für die Rechtsschutzversicherung
ArbG	Arbeitsgericht
ArbGG	Arbeitsgerichtsgesetz
ArbPlSchG	Arbeitsplatzschutzgesetz
Art.	Artikel
AÜG	Arbeitnehmerüberlassungsgesetz
AuR	Arbeit und Recht (Zeitschrift)
AZO	Arbeitszeitordnung
BAG	Bundesarbeitsgericht
BAGE	amtliche Sammlung der Entscheidung des BAG
BAT	Bundesangestelltentarifvertrag
BB	Betriebsberater (Zeitschrift)
BBiG	Berufsbildungsgesetz
Bem.	Bemerkung
BErzGG	Bundeserziehungsgeldgesetz
BetrVG	Betriebsverfassungsgesetz
BGB	Bürgerliches Gesetzbuch
BGBl	Bundesgesetzblatt
BPersVG	Bundespersonalvertretungsgesetz
BlStSozArbR	Blätter für Steuer-, Sozial- und Arbeitsrecht (Zeitschrift)
BGH	Bundesgerichtshof
BRAGO	Bundesgebührenordnung für Rechtsanwälte
BVerfG	Bundesverfassungsgericht
bzw.	beziehungsweise

Abkürzungsverzeichnis

ca.	circa
DB	Der Betrieb (Zeitschrift)
ders.	derselbe
d. h.	das heißt
EStG	Einkommensteuergesetz
EuGH	Europäischer Gerichtshof
f.	folgende
ff.	fortfolgende
GewO	Gewerbeordnung
G	Gesetz
GG	Grundgesetz
gem.	gemäß
HAG	Heimarbeitsgesetz
HGB	Handelsgesetzbuch
HRG	Hochschulrahmengesetz
h. M.	herrschende Meinung
i. d. F.	in der Fassung
i. d. R.	in der Regel
i. S. d.	im Sinne des
i. S. v.	im Sinne von
i. V. m.	in Verbindung mit
Jur. Büro	Juristisches Büro (Zeitschrift)
KSchG	Kündigungsschutzgesetz
LAG	Landesarbeitsgericht
LAGE	Entscheidungen der Landesarbeitsgerichte (Entscheidungssammlung)
LFZG	Lohnfortzahlungsgesetz
LSG	Landessozialgericht
m. E.	meines Erachtens
MTV	Manteltarifvertrag
m. w. N.	mit weiteren Nachweisen
NJW	Neue Juristische Wochenschrift (Zeitschrift)
Nr.	Nummer
NZA	Neue Zeitschrift für Arbeits- und Sozialrecht
o. ä.	oder ähnliches
OLG	Oberlandesgericht
PersR	Der Personalrat (Zeitschrift)
PersVG	Personalvertretungsgesetz
Pkh	Prozeßkostenhilfe
RdA	Recht der Arbeit (Zeitschrift)
RVO	Reichsversicherungsordnung
S.	Seite
SchwbG	Schwerbehindertengesetz
SGB	Sozialgesetzbuch

Abkürzungsverzeichnis

sog.	sogenannt
StGB	Strafgesetzbuch
TV	Tarifvertrag
TVAL	Tarifvertrag für Arbeitnehmer bei den Stationierungsstreitkräften im Gebiet der Bundesrepublik Deutschland
TVG	Tarifvertragsgesetz
u. a.	unter anderem
Urt.	Urteil
VersR	Versicherungsrecht (Zeitschrift)
vgl.	vergleiche
Vorbem.	Vorbemerkung
z. B.	zum Beispiel
ZDG	Zivildienstgesetz
ZfA	Zeitschrift für Arbeitsrecht
ZIP	Zeitschrift für Wirtschaftsrecht und Insolvenzpraxis
ZPO	Zivilprozeßordnung
ZRP	Zeitschrift für Rechtspolitik
ZTR	Zeitschrift für Tarifrecht

A

Abfindung. Unter einer Abfindung versteht man die Zahlung des Arbeitgebers an den Arbeitnehmer zur sozialen Entschädigung für den Verlust des Arbeitsplatzes. Nach den §§ 9, 10 KSchG → Kündigungsschutzgesetz kann das → Arbeitsgericht im Falle einer unwirksamen → Kündigung des Arbeitgebers auf dessen → Auflösungsantrag oder einen entsprechenden Antrag des Arbeitnehmers hin das → Arbeitsverhältnis gegen Zahlung einer Abfindung in angemessener Höhe auflösen. Ein anderer Abfindungsanspruch des Arbeitnehmers kann sich aus einem Sozialplan ergeben. Die häufigste Rechtsgrundlage für einen Abfindungsanspruch des Arbeitnehmers stellt jedoch der gerichtliche oder außergerichtliche → Aufhebungsvertrag dar, in dem sich der Arbeitgeber und der Arbeitnehmer über die Beendigung ihres → Arbeitsverhältnisses gegen Zahlung eines bestimmten Geldbetrags einigen. Die Höhe der Abfindung im Falle eines arbeitsgerichtlichen Auflösungsurteils kann gem. § 10 KSchG bis zu zwölf (Brutto-)Monatsgehältern betragen, im Falle eines mindestens fünfzehnjährigen Arbeitsverhältnisses eines fünfzigjährigen Arbeitnehmers bis zu fünfzehn Gehältern, bei einem mindestens zwanzigjährigen Arbeitsverhältnis eines fünfundfünfzigjährigen Arbeitnehmers sogar bis zu achtzehn Monatsverdienste. Die §§ 9, 10 KSchG sind mit dem GG vereinbar (vgl. BVerfG NZA 90, 535 = NJW 90, 1843 = DB 90, 1042). Bei der richterlichen Festsetzung der Abfindung sind alle Umstände des Einzelfalles zu berücksichtigen, hierbei insbesondere Alter, Dauer der Betriebszugehörigkeit und Unterhaltspflichten des Arbeitnehmers sowie dessen Chancen, einen neuen Arbeitsplatz zu finden; darüber hinaus sind für die Abfindungshöhe die Prozeßaussichten des Arbeitnehmers, dessen wirtschaftliche Lage, ideelle Nachteile sowie der Verlust von Versorgungsanwartschaften etc. von Bedeutung (vgl. LAG München AMBl 1982 C 39). In der Praxis der Arbeitsgerichte hat sich ebenso wie bei gerichtlichen oder außergerichtlichen → Aufhebungsverträgen eine stark schematisierte Faustregel „eingebürgert", wonach sich die Abfindung zumeist in Höhe eines halben Bruttomonatsgehalts pro Beschäftigungsjahr (vgl. Brill DB 1981, 2326) errechnet, die jedoch – je nach den Prozeßaussichten des Arbeitnehmers – auch und sogar deutlich erhöht werden kann.

Abfindungen, die durch Auflösungsurteil in einem arbeitsgerichtlichen → Kündigungsschutzverfahren festgelegt werden, sind vorläufig vollstreckbar (vgl. BAG AP Nr. 4 zu § 62 ArbGG 1979 = NZA 1988, 329 = DB 1988, 659 = BB 1988, 834, 2039). Abfin-

Abfindung

dungszahlungen für eine vom Arbeitgeber veranlaßte Beendigung des Arbeitsverhältnisses sind nach § 3 Ziff. 9 EStG in Höhe von DM 24000.– generell steuerbefreit. Dieser Betrag erhöht sich bei einem mindestens fünfzehnjährigen Arbeitsverhältnis eines fünfzigjährigen Arbeitnehmers auf DM 30000.– und bei mindestens zwanzigjähriger Betriebszugehörigkeit eines fünfundfünfzigjährigen Arbeitnehmers auf den Höchstbetrag von DM 36000.–. Darüber hinaus bestehen weitere Steuervergünstigungen gem. den §§ 24, 34 EStG, die auch bei Zahlung der Abfindung in mehreren Raten oder bei gleichzeitigem Verzicht des Arbeitnehmers auf z. B. Tantiemeansprüche (vgl. BFH Urt. v. 13. 10. 1978, VI R 91/77, BStBl II 1979, 155) Anwendung finden. Abfindungszahlungen, die allein für den Verlust des Arbeitsplatzes geleistet werden, unterliegen nicht der Sozialversicherungspflicht (vgl. BAG AP Nr. 6 zu § 10 KSchG 1969 = NZA 1989, 270 = DB 1989, 327; BSG NZA 1990, 751 = DB 1990, 1520 = BB 1989, 428).

Eine Abfindung wird grundsätzlich mit der rechtlichen Beendigung des Arbeitsverhältnisses fällig (vgl. BAG AP Nr. 4 zu § 62 ArbGG 1979 = NZA 1988, 329 = DB 1988, 659 = BB 1988, 2039); ein früherer Auszahlungszeitpunkt kann jedoch vereinbart werden. Sie ist abtretbar gem. § 398 BGB und pfändbar im Rahmen der §§ 850ff. ZPO; der Arbeitgeber kann gegen sie gem. § 397 mit eigenen Ansprüchen aufrechnen. Die Abfindung nach den §§ 9, 10 KSchG hat den Rang einer einfachen Konkursforderung (vgl. zur Sozialplanabfindung BVerfG AP Nr. 22 zu § 112 BetrVG 1972 = NJW 1984, 475 = DB 1984, 189 = BB 1984, 141). Tarifvertragliche oder einzelvertragliche → Ausschlußfristen sind auf Abfindungen nach den §§ 9, 10 KSchG nicht anzuwenden, unabhängig davon, ob sie auf einem arbeitsgerichtlichen Auflösungsurteil oder → Vergleich beruhen (vgl. BAG AP Nr. 7 zu § 9 KSchG 1969 = NJW 1982, 2207 = DB 1982, 1013 = BB 1982, 1346). Der durch Auflösungsurteil rechtskräftig festgestellte Abfindungsanspruch geht beim Tod des Arbeitnehmers auf dessen Erben über (vgl. BAG NZA 1988, 466 = DB 1988, 864). Dies gilt auch dann, wenn der Arbeitnehmer nach Abschluß eines Abfindungsvergleichs, jedoch noch vor dem vereinbarten Beendigungsdatum stirbt (BAG a. a. O.). Nach Auffassung des LAG Hamm (LAGE Nr. 18 zu § 9 KSchG) unterliegt ein Abfindungsanspruch der zweijährigen Verjährung gem. § 196 I Nr. 8 BGB; das LAG Bremen wendet die regelmäßige Verjährungsfrist von 30 Jahren gem. § 195 BGB an; eine Entscheidung des BAG hierzu steht noch aus.

Werden mit einer Abfindungszahlung Gehaltsansprüche des Arbeitnehmers abgegolten, führt ein derart „verstecktes Arbeitsentgelt" nach § 117 II AFG zu einem Ruhen des Anspruchs auf → Arbeitslosengeld, wenn das Arbeitsverhältnis ohne Einhaltung einer der ordentlichen → Kündigungsfrist des Arbeitgebers entsprechenden Frist beendet wurde. Die Dauer der Ruhenszeit berechnet sich anhand der Betriebszugehörigkeit und des Alters des Arbeitnehmers gem. § 117 III AFG und beträgt längstens ein Jahr. Hier kommt es also auf eine exakte Formulierung des Aufhebungsvertrages an!

Im *Beitrittsgebiet* gilt in § 10 Abs. 2 S. 2 KSchG bis zur Geltung des gesamten 6. Buches des Sozialgesetzbuches als maßgebliches Lebensalter jeweils das vollendete 65. Lebensjahr (vgl. Anl. I zum EinigungsV, Kap. VIII, Sachgeb. A, Abschn. III).

Lit.: Offerhaus DB 1980 Beil. Nr. 10; Bein DB 1983, 2333; Bauer NZA 1991, 617; Gagel BB 1989, 430; Compeusis DB 1992, 888.

Abgeordnete. Besonderen Kündigungsschutz genießen Abgeordnete des Bundes; er beruht auf Art. 48 Abs. 2 GG i. V. m. § 2 Abs. 3 Abgeordnetengesetz. Danach ist eine Kündigung oder Entlassung wegen oder aus Anlaß der Abgeordnetentätigkeit unwirksam. Dies gilt als Ausdruck eines allgemeinen Rechtsgedankens auch für die Abgeordneten von Land- und Kreistagen und sonstigen Ortsvertretungen in den einzelnen Bundesländern, die darüber hinaus noch eigene gesetzliche Regelungen geschaffen haben. Auch nach § 3 Abs. 3 des Europaabgeordnetengesetzes vom 6. 4. 1979 ist eine Kündigung oder Entlassung wegen der Ausübung oder Übernahme des Mandats unzulässig. Das Recht zur außerordentlichen Kündigung bleibt unberührt. Der Kündigungsschutz beginnt mit der Aufstellung des Bewerbers und wirkt ein Jahr nach Beendigung des Mandats fort.

Abkehrwille. Der Abkehrwille eines Arbeitnehmers, der ein anderes Arbeitsverhältnis eingehen oder sich selbständig machen will, kann sich in reinen Vorbereitungshandlungen oder in der Äußerung von Kündigungsabsichten erschöpfen. Dies, gelegentliche Unmutsäußerungen oder anderweitige Bewerbungen allein rechtfertigen keine Kündigung durch den Arbeitgeber. Etwas anderes kann – je nach Schwere des Einzelfalles – gelten, wenn der Arbeitnehmer im Zusammenhang mit solchen Vorkehrungen erhebliche Vertragspflichten, etwa durch den Verrat von → Betriebsgeheimnissen, → Konkurrenztätigkeit oder → Abwerbungen, verletzt. Vor Ausspruch einer Kündigung sollte der Arbeitgeber aber ein Gespräch mit dem Arbeitnehmer über die Hintergründe seines Abkehrwillens und einen weiteren Verbleib im Betrieb führen (vgl. LAG München DB 1975, 1129).

Abmahnung. Die Abmahnung ist Vorstufe zur Kündigung. Sie stellt den Ausdruck der Mißbilligung wegen der Verletzung von arbeitsvertraglichen Pflichten durch den Arbeitgeber oder den Arbeitnehmer dar (vgl. BAG AP Nr. 3 zu § 1 KSchG 1969 – Verhaltensbedingte Kündigung – = DB 1980, 1351 = BB 1980, 1269). Sie

Abmahnung

muß drei Bestandteile enthalten: die Darstellung des nicht akzeptierten Verhaltens, die Aufforderung, dies zu ändern und die Androhung von Rechtsfolgen für den Bestand des Arbeitsverhältnisses (vgl. BAG AP Nr. 3 zu § 1 KSchG 1969 – Abmahnung – = NZA 1989, 633 = DB 1989, 1427 = BB 1989, 1347). Hierbei müssen die Worte Abmahnung oder Kündigung nicht fallen; die Abmahnung kann auch mündlich erfolgen. Sowohl der Arbeitgeber kann den Arbeitnehmer als auch der Arbeitnehmer den Arbeitgeber abmahnen. Die Erteilung einer rechtswirksamen Abmahnung ist im sog. → Leistungs- und im → Verhaltensbereich wegen des → Verhältnismäßigkeitsgrundsatzes vor Ausspruch einer Kündigung erforderlich (vgl. BAG a. a. O.).

Dies gilt gleichermaßen für die → ordentliche Kündigung wie auch für die → außerordentliche Kündigung und zwar sowohl für die Beendigungs- als auch für die → Änderungskündigung (vgl. zur Versetzung: BAG AP Nr. 1 zu § 12 BAT = NZA 1986, 713 = DB 1988, 2188 = BB 1986, 1918). Spricht der Arbeitgeber eine Abmahnung aus, so ist im Hinblick auf den zugrunde liegenden Sachverhalt hierin ein konkludenter Verzicht auf ein Kündigungsrecht zu sehen (vgl. BAG a. a. O.). Eine spätere Kündigung kann dann nur durchgreifen, wenn weitere Vertragsverletzungen erheblicher und vergleichbarer Art nachfolgen. Nach einer erfolglosen Kündigung kann der Arbeitgeber wegen desselben Sachverhaltes den Arbeitnehmer jedoch abmahnen (vgl. BAG AP Nr. 2 zu § 611 BGB – Abmahnung – = NZA 1989, 272 = DB 1989, 284 = BB 1989, 75, 222). Die Abmahnung ist zu unterscheiden von der → Betriebsbuße und der Verwarnung oder Ermahnung, durch die zwar ebenfalls vertragswidriges Verhalten gerügt, jedoch keine Rechtsfolge für die Zukunft angedroht wird. Abmahnungsberechtigte können außer Kündigungsberechtigten auch Mitarbeiter sein, die dem betroffenen Arbeitnehmer verbindliche Weisungen betreffend Zeit, Ort und Art der geschuldeten Arbeitsleistung erteilen können (vgl. BAG AP Nr. 3 zu § 1 KSchG 1969 – Verhaltensbedingte Kündigung – = DB 1980, 1351 = BB 1980, 1269). Zur Wirksamkeit einer Abmahnung ist erforderlich, daß der Arbeitnehmer von ihr Kenntnis nimmt (vgl. BAG AP Nr. 12 zu § 1 KSchG 1969 – Verhaltensbedingte Kündigung – = NZA 1985, 124 = DB 1984, 2703). Es gibt keine feststehende Frist, innerhalb derer nach Feststellung eines Fehlverhaltens eine Abmahnung ausgesprochen werden muß (vgl. BAG AP Nr. 96 zu § 611 BGB – Fürsorgepflicht – = NZA 1986, 421 = DB 1986, 1075 = BB 1986, 943). Eine ausgesprochene Abmahnung kann ihre Wirkung durch Zeitablauf verlieren, wobei aber auch hier keine Regelfrist existiert, vielmehr der jeweilige Einzelfall beurteilt werden muß (vgl. BAG AP Nr. 17 zu § 1 KSchG 1969 – Verhaltensbedingte

Abmahnung

Kündigung – = NZA 1987, 418 = DB 1987, 1303; a. A. LAG Hamm LAGE Nr. 2 zu § 611 BGB – Abmahnung – = NZA 1987, 26 = DB 1986, 1628, das eine Regelfrist von 2 Jahren annimmt). Vereinzelt findet sich in Tarifverträgen eine Regelung, wonach eine Abmahnung nach einem bestimmten Zeitraum aus der Personalakte zu entfernen ist.

Der Arbeitnehmer muß nach Erhalt einer Abmahnung nicht gegen diese vorgehen; ein Nichtstun bedeutet hier keine Akzeptanz der Abmahnung und ihres Inhalts. Er kann vielmehr im Rahmen eines möglicherweise später zu führenden → Kündigungsschutzprozesses die Richtigkeit der Abmahnung bestreiten (vgl. BAG AP Nr. 18 zu § 1 KSchG 1969 – Verhaltensbedingte Kündigung – = NZA 1987, 518 = DB 1987, 1494 = BB 1987, 1741). Dies gilt auch dann, wenn in einem gerichtlichen Vergleich betreffend eine Abmahnung vereinbart wurde, daß diese für einen bestimmten Zeitraum in der Personalakte des Arbeitnehmers zu verbleiben hat (vgl. LAG Hamm LAGE Nr. 20 zu § 611 BGB – Abmahnung – = NZA 1990, 540). Der Arbeitgeber trägt in jedem Fall die Darlegungs- und Beweislast für die in der Abmahnung ausgesprochenen Vorgänge (vgl. LAG Frankfurt LAGE Nr. 5 zu § 611 BGB – Abmahnung – m. w. N.). Grundsätzlich hat der Arbeitnehmer jedoch die Möglichkeit, auf Rücknahme und Entfernung einer Abmahnung zu klagen, wenn diese nach Form und Inhalt geeignet ist, ihn in seiner Rechtsstellung zu beeinträchtigen; als Rechtsgrundlage kommt bei Eingriffen in das Persönlichkeitsrecht § 242 BGB bzw. § 1004 BGB in Betracht (vgl. BAG AP Nr. 93 zu 100 zu § 611 BGB – Fürsorgepflicht – = NZA 1986, 227 = DB 1986, 489). Wegen § 13 Abs. 2 BAT hat der Angestellte des öffentlichen Dienstes Anspruch auf Entfernung einer Abmahnung aus den Personalakten, wenn er zuvor nicht angehört wurde (vgl. BAG NZA 1990, 477 = DB 1990, 841); die Geltung dieses Grundsatzes auch für den Bereich der Privatwirtschaft ist zweifelhaft (vgl. Schaub NJW 1990, 876), gemäß § 82 Abs. 1 BetrVG aber zu befürworten. Nach der neueren Rechtssprechung des BAG kann ein Entfernungsanspruch sogar auch bei wahrem Sachverhalt in einem zur Personalakte genommenen Schreiben bestehen (vgl. BAG AP Nr. 100 zu § 611 BGB – Fürsorgepflicht – = NZA 1988, 654 = DB 1988, 1702). Werden in einer Abmahnung mehrere Pflichtverletzungen gerügt, ist jedoch ein Vorwurf unberechtigt, muß die Abmahnung insgesamt aus der Personalakte entfernt werden (vgl. LAG Hamm LAGE Nr. 10 zu § 611 BGB – Fürsorgepflicht – u. Nr. 9 zu § 611 BGB – Abmahnung –; LAG Düsseldorf LAGE Nr. 7 zu § 611 BGB – Abmahnung – = NZA 1987, 354). Ein Nachschieben von Abmahnungsgründen ist wegen der Warnfunktion nicht möglich (vgl. Schaub NJW 1990, 872; a. A. LAG Berlin LAGE Nr. 19 zu

Abwerbung

§ 611 BGB Abmahnung = NZA 1989, 964). Auch nach Beendigung eines Arbeitsverhältnisses kann der Arbeitnehmer unter den oben genannten Voraussetzungen die Entfernung einer Abmahnung aus der Personalakte verlangen (vgl. ArbG Münster BB 1989, 492; a. A. ArbG Wetzlar BB 1989, 1979).

Lit.: Schaub NJW 1990, 872; Falkenberg NZA 1988, 489; Schmid NZA 1985, 401; Becker-Schaffner DB 1985, 650; Burger DB 1992, 836.

Abwerbung. Die Abwerbung von Arbeitnehmern ist, wenn diese zu ordentlichen Kündigungen bewegt werden, als solche grundsätzlich statthaft (vgl. BAG AP Nr. 1 zu § 611 BGB – Abwerbung – = DB 1966, 269 = BB 1966, 207 = NJW 1966, 689). Unzulässig ist jedoch das planmäßige Abwerben von Arbeitskräften, ob durch Verleumdung des bisherigen Arbeitgebers, Verleitung der Arbeitnehmer zum Vertragsbruch o. ä. Der durch unzulässige Abwerbung geschädigte Arbeitgeber kann gegen den Abwerbenden Anspruch auf Unterlassung wettbewerbswidriger Beschäftigung von abgeworbenen Arbeitnehmern, jedoch nicht auf deren Entlassung haben (vgl. OLG Celle AP Nr. 5 zu § 826 BGB = DB 1960, 259); unter bestimmten Voraussetzungen können Schadensersatzansprüche gegeben sein (vgl. hierzu BGH AP Nr. 13 zu § 826 BGB = DB 1968, 39 = BB 1968, 41). Zulässig ist jedoch, daß ein Arbeitnehmer noch während des Arbeitsverhältnisses mit seinem bisherigen Arbeitgeber Vorbereitungen für eine spätere Konkurrenztätigkeit trifft, s. im übrigen → Abkehrwille.

Lit.: Klaas NZA 1984, 313.

Aids. Die Kündigung des Arbeitsverhältnisses eines Aidskranken oder HIV-Infizierten allein aus diesem Grunde ist regelmäßig nicht gerechtfertigt, wenn der Arbeitnehmer dem → Kündigungsschutzgesetz unterliegt. Hier gelten im übrigen die Grundsätze zur Kündigung wegen → Krankheit. Gilt das Kündigungsschutzgesetz nicht, so ist eine Kündigung wegen Aids oder HIV-Infektion ausgeschlossen, wenn sie rechtsmißbräuchlich oder sittenwidrig ist; letzteres ist aber erst dann der Fall, wenn sie auf Rachsucht oder Vergeltung beruht oder „dem Anstandsgefühl aller billig und gerecht Denkenden widerspricht" (vgl. BAG NZA 1989, 962 = DB 1989, 2382 = BB 1989, 425 = NJW 1990, 141). Wird der Arbeitgeber von den übrigen Mitarbeitern zu einer Kündigung wegen Aids oder HIV-Infektion gezwungen (sog. → Druckkündigung), muß er zunächst durch Aufklärung auf seine Belegschaft einwirken. Erst wenn dies erfolglos bleiben sollte, kann eine Druckkündigung unter der weiteren Voraussetzung gerechtfertigt sein, daß sie zur Abwendung schwererer Schäden für den Betrieb unausweichlich ist.

Alkohol

Lit.: Richardi NZA 1988, 73; Lichtenberg/Schücking NZA 1990, 41.

Alkohol. Alkohol im Dienst kann ein Grund zum Ausspruch sowohl einer → außerordentlichen als auch einer → ordentlichen Kündigung sein; hierbei sind branchenspezifische Besonderheiten zu beachten. So kann bei Berufskraftfahrern Trunkenheit am Steuer einen → wichtigen Grund darstellen; allerdings muß der Arbeitgeber wegen des → Verhältnismäßigkeitsgrundsatzes prüfen, ob der Arbeitnehmer nicht bis zur Neuerteilung der Fahrerlaubnis, bis zum Ablauf der ordentlichen Kündigungsfrist oder auf Dauer auf einem anderen Arbeitsplatz weiterbeschäftigt werden kann (vgl. BAG AP Nr. 70 zu § 626 BGB = DB 1978, 1790 = BB 1978, 1310). Weniger strenge Maßstäbe sind anzulegen, wenn in der betreffenden Branche, z.B. im Brau-, Bäckerei- oder Baugewerbe, der Genuß einer Flasche Bier mehr oder weniger üblich ist und zu keinen Leistungsminderungen führt; dies gilt aber nicht, wenn hiermit erhöhte Unfallgefahr oder Gefahr für andere verbunden sind, z.B. bei Kranführern etc. Eine ordentliche Kündigung kann aus → verhaltens- oder → personenbedingten Gründen im Sinne des § 1 Abs. 2 KSchG in Betracht kommen. Erstere ist nur nach wiederholter erfolgloser → Abmahnung wegen Alkoholgenusses im Dienst bzw. wegen nachhaltiger Beeinträchtigung der Dienstfähigkeit durch außerdienstlichen Alkoholmißbrauch möglich (vgl. BAG AP Nr. 5 zu § 1 KSchG 1969 – Verhaltensbedingte Kündigung – = DB 1983, 180 = BB 1983, 834). Letztere kann gerechtfertigt sein, wenn beim Arbeitnehmer Alkoholsucht vorliegt; hier sind die Grundsätze zur Kündigung wegen → Krankheit zu beachten (vgl. BAG AP Nr. 18 zu § 1 KSchG 1969 – Krankheit – = NZA 1987, 811 = DB 1987, 2156 = BB 1987, 1815). Bei der auch hier vorzunehmenden Einzelfallabwägung sind u.a. die Umstände zu bewerten, die zur Alkoholsucht geführt haben. Vor Ausspruch einer solchen Kündigung ist der Arbeitgeber jedoch verpflichtet, dem Arbeitnehmer die Einleitung von Therapiemaßnahmen, z.B. einer Entziehungskur, zu ermöglichen und deren Ausgang abzuwarten (vgl. LAG Hamm LAGE Nr. 4 zu § 1 KSchG – Personenbedingte Kündigung – und LAG Hamm NZA 1987, 669; ArbG Düsseldorf DB 1990, 1337 n. rkr.). Ist aber der Arbeitnehmer im Zeitpunkt der Kündigung nicht therapiebereit, soll nach der Rechtsprechung des BAG bei der Zukunftsprognose davon auszugehen sein, daß eine Heilung in absehbarer Zukunft nicht eintritt (vgl. BAG AP Nr. 18 zu § 1 KSchG 1969 – Kündigung – = NZA 1987, 811 = DB 1987, 2156 = 1987, 1815). Auch soll eine vom Arbeitnehmer nach Ausspruch der Kündigung durchgeführte Therapie und ihr Ergebnis nicht zur Korrektur der Prognose herangezogen werden

Alter

können (vgl. BAG a. a. O.). Der Verstoß gegen ein Alkoholverbot im Betrieb kann eine Kündigung rechtfertigen, jedoch erst nach vorheriger, erfolgloser Abmahnung (vgl. BAG AP Nr. 5 zu § 1 KSchG 1969 – Verhaltensbedingte Kündigung – = DB 1983, 180 = BB 1983, 834)

Lit.: Lepke DB 1982, 173; Fleck DB 1990, 274; Willemsen/Brune DB 1988, 2304; Hagen/Vivie ZTR 1988, 33.

Alter. Das Alter allein bzw. das Erreichen des 65. Lebensjahres ist kein Kündigungsgrund (vgl. BAG AP Nr. 1 zu § 1 KSchG 1951 – Personenbedingte Kündigung – = DB 1961, 1651 = BB 1961, 1382); dies gilt sowohl für den Arbeitgeber als auch für den Arbeitnehmer. Ebensowenig rechtfertigt die Möglichkeit der Inanspruchnahme von vorgezogenem Altersruhe- oder Vorruhestandsgeld eine Kündigung (vgl. Art. 6 § 5 Rentenreformgesetz 1972; Anh. 17 § 7 Abs. 1 VRG). Altersbedingte Leistungsabfälle rechtfertigen eine personenbedingte Kündigung praktisch nie.

Regelmäßig finden sich jedoch in → Tarifverträgen und auch Arbeitsverträgen Klauseln, wonach das Arbeitsverhältnis z. B. mit Ablauf des Monats endet, in dem der Arbeitnehmer 65 Jahre alt wird. Die Beendigung tritt dann automatisch, d. h. ohne, daß es einer Kündigung bedarf, aufgrund des Zeitablaufs ein. An der Zulässigkeit solcher Klauseln wird zum Teil gezweifelt (vgl. Schlüter/Belling NZA 1988, 297; Stahlhacke DB 1989, 2329).

Lit.: Kienast DB 1991, 1725.

Alliierte Streitkräfte. Auf das Arbeitsverhältnis der Arbeitnehmer bei den Alliierten Streitkräften findet grundsätzlich das → KSchG Anwendung (vgl. BAG AP Nr. 11 zu § 15 KSchG 1951 = BB 1970, 1302 = NJW 1970, 2045); eine → Kündigungsschutzklage ist gegen die Bundesrepublik Deutschland zu richten, Art. 56 Abs. 8 Zusatzabkommen zum NATO-Truppenstatut; diese führt das Arbeitsgerichtsverfahren als Prozeßstandschafterin auf der Beklagtenseite (vgl. BAG AP Nr. 2 zu § 48 TVAL II = NZA 1987, 384 = DB 1986, 1340). Erweist sich eine Kündigung als ungerechtfertigt, so ist das Arbeitsverhältnis gegen Zahlung einer Abfindung aufzulösen, wenn der Arbeitgeber erklärt, daß einer (Weiter-)Beschäftigung des Arbeitnehmers besonders schutzwürdige Belange entgegenstehen.

Lit.: Matissek NZA 1988, 383.

Änderungsangebot. Nach § 1 Abs. 1 S. 2 Nr. 1b KSchG ist eine Kündigung sozial ungerechtfertigt, wenn der Arbeitnehmer auf einem anderen Arbeitsplatz in demselben Betrieb oder in einem anderen Betrieb desselben Unternehmens weiterbeschäftigt werden kann.

Änderungskündigung

Dem Arbeitnehmer muß also vor Ausspruch einer Beendigungskündigung wegen des → Verhältnismäßigkeitsgrundsatzes ein Änderungsangebot unterbreitet werden; dies gilt sowohl bei jeder außerordentlichen als auch jeder ordentlichen Beendigungskündigung, d. h.: bei allen betriebs-, personen- oder verhaltensbedingten Kündigungen (vgl. BAG AP Nr. 8 zu § 2 KSchG 1969 = NZA 1985, 455 = DB 1985, 1186 = BB 1985, 1130). Unterläßt der Arbeitgeber vor Kündigungsausspruch das Änderungsangebot, so ist die Kündigung sozial ungerechtfertigt, wenn die Beschäftigung zu geänderten Bedingungen möglich und zumutbar gewesen wäre (BAG a. a. O.). Zu berücksichtigen sind nicht nur Arbeitsplätze, die im Kündigungszeitpunkt frei sind, sondern auch solche, deren Freiwerden abzusehen ist (vgl. BAG DB 1991, 1730 = BB 1992, 214). Diese Weiterbeschäftigungspflicht besteht nicht nur in dem konkreten Betrieb, sondern in allen Betrieben des Arbeitgebers (vgl. BAG AP Nr. 21 zu § 1 KSchG 1969 – Betriebsbedingte Kündigung – = NZA 1985, 489 = DB 1985, 1190 = BB 1989, 1054); sie ist also unternehmensbezogen, jedoch nicht konzernbezogen. Verlangt wird die Weiterbeschäftigung an einem gleichwertigen Arbeitsplatz, wobei der Arbeitgeber auch Fort- und Umschulungsmaßnahmen in Kauf nehmen muß (vgl. § 1 Abs. 2 S. 3 KSchG).

Eine höher dotierte und fachlich qualifiziertere Tätigkeit (Beförderungsstelle) muß nicht angeboten werden (vgl. BAG NZA 1991, 181, = DB 1991, 173 = BB 1991, 418), ebenso nicht ein freier Arbeitsplatz zu schlechteren Bedingungen, da dies zu einem „Verdrängungswettbewerb nach unten" führen würde (BAG a. a. O.).

Änderungskündigung. Sie besteht aus zwei Elementen: Zum einen aus der Kündigung des Arbeitsverhältnisses zu einem bestimmten Zeitpunkt und zum anderen aus dem Angebot, dieses danach zu bestimmten, geänderten Bedingungen fortzusetzen. Hiervon zu unterscheiden sind die sog. → Teilkündigung, die regelmäßig, d. h. vorbehaltlich anderer vertraglicher Regelungen, unzulässig ist (vgl. BAG AP Nr. 5 zu § 620 BGB – Teilkündigung – = DB 1983, 1368 = BB 1983, 1791), und das → Direktionsrecht, kraft dessen der Arbeitgeber im Einzelfall eine einseitige Änderung der Arbeitsbedingungen, niemals jedoch eine Verringerung der Entlohnung (vgl. BAG AP Nr. 22 zu § 611 BGB – Direktionsrecht – = DB 1968, 1362, 1408, 1544), herbeiführen kann. Ist der Arbeitgeber aufgrund des → Direktions- oder Weisungsrechts zu einer Vertragsänderung berechtigt, so ist der Ausspruch einer Änderungskündigung wegen des Übermaßverbotes regelmäßig rechtsunwirksam (vgl. BAG AP Nr. 3 zu § 2 KSchG 1969 = DB 1982, 1776 = BB 1983, 1413 = NJW 1982, 2687).

Änderungskündigung

Außer im Falle eines außerordentlichen Ausspruchs – hier ist die Frist des § 626 Abs. 2 BGB zu beachten – sind auch bei der Änderungskündigung die → Kündigungsfristen zu beachten sowie deren Verlängerung aufgrund Gesetz, Tarifvertrag oder Einzelarbeitsvertrag (s. z. B. → Angestelltenkündigungsschutzgesetz). Bei Erhalt einer Änderungskündigung hat der Arbeitnehmer die Wahl: er kann zum einen das in ihr enthaltene Vertragsangebot unter dem Vorbehalt und innerhalb der Frist des § 2 KSchG annehmen, daß die ihm zugemutete Änderung der Arbeitsbedingungen nicht sozial ungerechtfertigt ist. Im Verfahren über die innerhalb der → Frist gemäß § 4 KSchG zu erhebende Kündigungsschutzklage hat der Arbeitnehmer den Fortbestand des Arbeitsverhältnisses durch die Vorbehaltsannahme gesichert; Streitgegenstand ist dann nur dessen Inhalt. Obsiegt er, so geht das Arbeitsverhältnis unter den alten, verliert er, unter den neuen Bedingungen weiter. Der Arbeitnehmer kann aber auch – ohne Vorbehaltserklärung gemäß § 2 KSchG – die Änderung insgesamt angreifen; gewinnt er den Kündigungsschutzprozeß, so bleibt alles beim alten, verliert er, ist sein Arbeitsverhältnis beendet. Im Falle einer außerordentlichen Änderungskündigung gilt § 2 KSchG entsprechend (vgl. BAG AP Nr. 20 zu § 2 KSchG 1969 = NZA 1988, 737 = DB 1988, 1068 = BB 1988, 913); der Arbeitnehmer muß die Vorbehaltserklärung also unverzüglich abgeben. Geschieht dies nicht, kann in der widerspruchs- und vorbehaltlosen Weiterarbeit zu geänderten Bedingungen deren Annahme dann gesehen werden, wenn sie sich alsbald auf das Arbeitsverhältnis auswirken. Eine außerordentliche Änderungskündigung ist nur dann begründet, wenn die umgehende Änderung der Arbeitsbedingungen unabweisbar notwendig ist und diese für den Arbeitnehmer zumutbar sind (vgl. BAG AP Nr. 71 zu § 626 BGB = DB 1980, 714 = BB 1980, 579). Dies gilt insbesondere für eine fristlose Änderungskündigung zum Zwecke der Lohnkürzung, die ausnahmsweise nur dann begründet sein kann, wenn nur so ein in seiner Existenz gefährdeter Betrieb gerettet werden kann, keine anderen Mittel hierfür gegeben sind und die Kürzung dem betroffenen Arbeitnehmer auch zumutbar ist (vgl. LAG Köln DB 1990, 1337). Eine ordentliche verhaltensbedingte Änderungskündigung ist nur bei einer konkreten Störung des Arbeitsverhältnisses möglich (vgl. BAG AP Nr. 2 zu § 1 KSchG – Sicherheitsbedenken – = DB 1990, 635 = BB 1990, 143).

Im Falle einer betriebsbedingten Änderungskündigung ist eine zugrunde liegende → unternehmerische Entscheidung nur im Hinblick auf Mißbrauch bzw. Willkür überprüfbar; eine etwaige Organisationsänderung jedoch muß unabweisbar sein (vgl. BAG AP Nr. 27 zu § 2 KSchG = DB 1990, 1773 = BB 1990, 1843 = NZA 1990, 734).

Änderungskündigung

Der Arbeitgeber muß sich aber auch dann darauf beschränken, nur solche Vertragsänderungen anzubieten, die dem Arbeitnehmer billigerweise zuzumuten sind (vgl. BAG AP Nr. 14 zu § 2 KSchG 1969 = DB 1986, 2442 = NZA 1986, 824 = BB 1986, 2130). Die Berufung des Arbeitgebers auf den → Gleichbehandlungsgrundsatz stellt für sich allein kein dringendes betriebliches Erfordernis im Sinne von § 1 Abs. 2 KSchG für eine Änderungskündigung dar (vgl. BAG AP Nr. 3 zu § 2 KSchG 1969 = DB 1982, 1776 = BB 1983, 1413 = NJW 1982, 2687); dasselbe gilt für Gewinnverfall und Unrentabilität als solche (vgl. BAG AP Nr. 14 zu § 2 KSchG 1969 = NZA 1969, 824 = DB 1986, 2442 = BB 1986, 2130), die aber Grundlage einer sich auf die Arbeitsplätze auswirkenden unternehmerischen Entscheidung sein können. Bei einer betriebsbedingten Änderungskündigung ist eine → Sozialauswahl vorzunehmen, bei der die Prüfung der Vergleichbarkeit sich nicht nur auf die bisherige Tätigkeit des betroffenen Arbeitnehmers im Verhältnis zu seinen Arbeitskollegen, sondern auch auf den mit der Änderungskündigung angebotenen Arbeitsplatz beziehen muß (vgl. BAG NZA 1987, 155 = DB 1987, 335 = BB 1987, 475). Des weiteren sind Vorbildung, Wendigkeit, Anpassungsfähigkeit, Gesundheitszustand u. ä. bei der Frage zu berücksichtigen, welcher der vergleichbaren Arbeitnehmer durch die Änderung der Arbeitsbedingungen am wenigsten bzw. am meisten belastet wird (krit. hierzu Schwerdtner NJW 1987, 1607).

Erklärt der Arbeitnehmer sich unter Vorbehalt mit den neuen Arbeitsbedingungen einverstanden, hat er während des Kündigungsschutzprozesses keinen Anspruch auf (Weiter-)Beschäftigung zu den alten Bedingungen (vgl. BAG AP Nr. 86 zu § 626 BGB = DB 1985, 2461 = BB 1985, 1915 = NZA 1985, 559 = NJW 1985, 2606), da der Bestand des Arbeitsverhältnisses nicht Streitgegenstand ist. Dies ist aber Voraussetzung sowohl für den → Weiterbeschäftigungsanspruch nach § 102 Abs. 5 BetrVG als auch für den vom Großen Senat des BAG entwickelten allgemeinen Weiterbeschäftigungsanspruch (vgl. BAG AP Nr. 27 zu § 2 KSchG = 1990, 1843 = DB 1990, 1773 = NZA 1990, 734; LAG München DB 1987, 1099). Etwas anderes gilt, wenn nicht nur der Inhalt, sondern auch der Fortbestand des Arbeitsverhältnisses insgesamt streitig ist, z. B. weil die Parteien unterschiedlicher Meinung darüber sind, ob der Vorbehalt gem. § 2 KSchG rechtzeitig erklärt worden ist (vgl. BAG AP Nr. 4 zu § 767 ZPO = DB 1985, 2461 = BB 1985, 2179). Ein → Auflösungsantrag nach § 9 KSchG setzt schon nach dem Gesetzeswortlaut voraus, daß über den Bestand des Arbeitsverhältnisses Streit besteht (LAG Berlin DB 1984, 2464; LAG München DB 1988, 866), was bei Annahme der Änderungskündigung unter Vorbehalt jedoch grundsätzlich nicht der Fall ist. Der Betriebsrat ist vor jeder Änderungskündigung

Anderweitiger Verdienst

anzuhören gem. § 102 Abs. 1 S. 1 BetrVG. Stellt die Änderungskündigung gleichzeitig eine Maßnahme gem. § 99 BetrVG dar, ist sie z. B. auch eine Versetzung oder Umgruppierung, muß der Arbeitgeber sowohl das Anhörungsverfahren nach § 102 BetrVG als auch das Mitbestimmungsverfahren nach § 99 BetrVG durchführen (h. M., vgl. nur KR-Rost, § 2 KSchG Rdnr. 130 ff.). Beide Verfahren können aber miteinander verbunden werden. Zum → Streitwert einer Änderungskündigung s. dort.

Lit.: Löwisch NZA 1988, 633; Berkowsky DB 1990, 843.

Anderweitiger Verdienst → Annahmeverzug und → Wahlrecht.

Anfechtung. Die Anfechtung ist eine einseitige, empfangsbedürftige Willenserklärung, durch die gemäß § 142 BGB eine Willenserklärung rückwirkend beseitigt wird, die durch Irrtum (§§ 119, 120 BGB), Drohung oder arglistige Täuschung (§ 123 BGB) beeinflußt wurde. So kann der Arbeitgeber einen Arbeitsvertrag z. B. anfechten, wenn der Arbeitnehmer ihm eine bestehende Schwerbehinderteneigenschaft trotz entsprechender Nachfrage bei Vertragsabschluß verschwiegen hat. Die Anfechtung wegen Irrtums muß gemäß § 121 BGB grundsätzlich unverzüglich erfolgen. Nach der Rechtsprechung des BAG ist dies nur dann der Fall, wenn sie innerhalb von zwei Wochen nach Kenntnis der maßgeblichen Tatsachen erklärt wird (vgl. BAG AP Nr. 5 zu § 119 BGB = DB 1981, 1196 = BB 1981, 1156). Die Frist des § 626 Abs. 2 BGB wird hier zur Konkretisierung des Begriffes „unverzüglich" herangezogen.

Eine Anfechtung wegen Drohung oder Täuschung kommt für den Arbeitnehmer z. B. dann in Frage, wenn der Arbeitgeber ihm eine völlig haltlose fristlose Kündigung angedroht und ihn so zur Unterzeichnung eines → Aufhebungsvertrages gezwungen hat. Für die Erklärung einer solchen Anfechtung gilt aber die Jahresfrist des § 124 Abs. 1 BGB (vgl. BAG AP Nr. 25 zu § 123 BGB = DB 1984, 298 = BB 1984, 533). Noch unentschieden ist, welche Frist bei einer sowohl nach §§ 119, 120 BGB als auch nach § 123 BGB ausgesprochenen Anfechtung gilt: m. E. darf eine Häufung von Anfechtungsgründen nicht zu einer Verkürzung der gesetzlichen Frist des § 124 BGB führen mit der Folge, daß es bei einer einheitlichen Irrtums- und Drohungs- bzw. Täuschungsanfechtung auch hinsichtlich der Anfechtungsfristen bei der eingangs dargestellten Differenzierung verbleiben muß.

Das Unterschreiben einer Urkunde, z. B. einer → Ausgleichsquittung, ohne sie durchgelesen zu haben, berechtigt aber noch nicht zur Anfechtung (vgl. BAG AP Nr. 33 zu § 133 BGB = DB 1971, 100 = BB 1971, 438). Erforderlich ist, daß sich der Erklärende einen bestimmten Erklärungsinhalt vorstellt und dieser nicht mit dem wirklichen Inhalt übereinstimmt (vgl. BAG a. a. O.). Ein Irrtum über die rechtlichen Nebenfolgen einer Erklärung ist als sog. Motivirrtum unbeachtlich und ergibt allein kein Anfechtungsrecht. Zu beachten ist, daß die Anfechtung im Arbeitsrecht grundsätzlich nur ex nunc, d. h. nur für die Zukunft, wirkt. Ausnahmsweise läßt das BAG eine Rückwirkung der Anfechtung von dem Zeitpunkt an zu, in dem ein zunächst vollzogenes Arbeitsverhältnis wieder außer Vollzug gesetzt wurde und der Arbeitnehmer keine Arbeitsleistung mehr erbringt (vgl. BAG AP Nr. 24 u. 27 zu § 123 BGB = DB 1983, 2780 = NJW 1984, 446). Will ein Arbeitnehmer z. B. einen Aufhebungsvertrag anfechten, trägt er für die zugrunde liegenden Tatsachen und die Einhaltung der Anfechtungsfrist die → Beweislast, wobei nach ausreichendem Vortrag hierzu eine Parteivernehmung nach § 448 ZPO in Frage kommt (vgl. BAG AP Nr. 36 zu § 3 KSchG = DB 1969, 2233 = BB 1969, 1539). Die Klagefrist des § 4 KSchG gilt bei der Anfechtung nicht, auch nicht entsprechend (vgl. BAG AP Nr. 4 zu § 119 BGB = DB 1980, 739 = BB 1980, 834 = NJW 1980, 1302). Das Recht ggf. eine Klage auf „Fortbestehen des Arbeitsverhältnisses" zu erheben, unterliegt jedoch der → Verwirkung.

Lit.: Zum Fragerecht beim Arbeitsvertragsabschluß Moritz NZA 1987, 329.

Angebot der Arbeitsleistung → Annahmeverzug

Angestelltenkündigungsschutzgesetz. Ältere Angestellte sind nach dem AngKSchG durch verlängerte Kündigungsfristen unabdingbar geschützt. Voraussetzung ist, daß mindestens 3 Angestellte beschäftigt werden und der betreffende Arbeitnehmer nach § 2, 3 AVG versicherungspflichtig ist. Dann betragen die Kündigungsfristen für den Arbeitgeber nach 5 Beschäftigungsjahren 3 Monate, nach 8, 10 und 12 Jahren erhöhen sie sich auf 4, 5 und 6 Monate, jeweils zum Quartalsende. Hierbei werden nur Beschäftigungszeiten nach Vollendung des 25. Lebensjahres berücksichtigt, wobei kürzere Unterbrechungen (Krankheit, Urlaub o. ä.) außer Betracht bleiben. Ebenfalls angerechnet werden Beschäftigungen bei Rechtsvorgängern des Arbeitgebers bzw. Zeiten als Arbeiter oder freier Mitarbeiter (vgl. BAG AP Nr. 7 zu § 2 AngKSchG = DB 1979, 896 = BB 1979, 680). Für den Angestellten verbleibt es bei den gesetzlichen oder tarif- bzw. arbeitsvertraglichen Kündigungsfristen. Auch der Konkursverwalter ist im Falle eines Konkurses nach § 22 Abs. 1 KO an die längeren Kündigungsfristen gebunden.

Nach dem *Einigungsvertrag* vom 31. 8. 1990 gilt im Gebiet der fünf neuen Bundesländer § 55 AGB fort, wonach die Kündigungsfrist für

Anhörung des Betriebsrats

den Arbeitsvertrag eines Arbeitnehmers (= Arbeiter u. Angestellten) grds. 2 Wochen, nach 5 Jahren Betriebszugehörigkeit 1 Monat zum Monatsende, nach 10 Jahren 2 Monate zum Monatsende und nach 20 Jahren 3 Monate zum Quartalsende beträgt. Auch hier werden nur Beschäftigungszeiten nach Vollendung des 25. Lebensjahres berücksichtigt. Kürzere Kündigungsfristen können durch Tarifvertrag vereinbart werden. Für die Kündigung durch den Arbeitnehmer darf im Arbeitsvertrag keine längere Frist als für die Kündigung des Arbeitgebers vereinbart werden (§ 55 Abs. 3 u. 4 AGB). S. auch → Beitrittsgebiet.

Anhörung des Betriebsrats. Vor Ausspruch einer jeden Kündigung hat der Arbeitgeber einen bei ihm existierenden Betriebsrat anzuhören, § 102 Abs. 1 S. 1 BetrVG. Er hat ihm die Kündigungsgründe mitzuteilen, wobei eine lediglich pauschale oder schlag- bzw. stichwortartige Information ebensowenig ausreicht wie die Angabe von Werturteilen ohne die zugrunde liegenden Tatsachen (vgl. BAG AP Nr. 17 zu § 102 BetrVG = DB 1979, 314 = BB 1979, 322). So sind z. B. bei einer Kündigung wegen häufiger Kurzerkrankungen nicht nur die bisherigen Fehlzeiten, sondern auch die hierdurch entstandenen und in Zukunft befürchteten wirtschaftlichen Belastungen und Betriebsbeeinträchtigungen mitzuteilen, wobei im Hinblick auf letztere allerdings nicht dieselben Anforderungen wie in einem Kündigungsschutzprozeß gestellt werden (vgl. BAG AP Nr. 30 zu § 102 BetrVG = DB 1984, 1045 = BB 1984, 1149). Eine ohne notwendige Anhörung des Betriebsrates erfolgte Kündigung ist rechtsunwirksam (§ 102 Abs. 1 S. 3 BetrVG). Die Anhörungspflicht besteht auch, wenn das KSchG keine Anwendung findet, auch bei einer Kündigung innerhalb der → Wartezeit gem. § 1 Abs. 1 KSchG, auch vor Dienstantritt (vgl. LAG Frankfurt DB 1986, 2689) und auch im Falle des Konkurses. Es gibt auch keine Eilfälle, die eine Anhörung erst nach Kündigungsausspruch rechtfertigen. Hat der Betriebsrat gegen eine ordentliche Beendigungs- oder Änderungskündigung Bedenken, so hat er dies dem Arbeitgeber innerhalb einer Woche mitzuteilen; tut er dies nicht, gilt seine Zustimmung als erteilt. Im Falle einer → außerordentlichen Kündigung beträgt diese Frist 3 Tage, wobei diese wiederum innerhalb der Ausschlußfrist von 2 Wochen gem. § 626 Abs. 2 BGB liegen muß. Der Betriebsrat soll den Arbeitnehmer vor seiner Stellungnahme hören, § 102 Abs. 2 BetrVG. Stellt eine Änderungskündigung gleichzeitig eine Versetzung o. ä. dar, hat der Arbeitgeber auch das Verfahren gem. § 99 BetrVG durchzuführen, s. → Änderungskündigung.

Der Betriebsrat kann einer beabsichtigten Kündigung nach § 102 Abs. 3 BetrVG unter bestimmten Voraussetzungen widersprechen.

Annahmeverzug

Ein wirksamer Widerspruch hindert zwar den Arbeitgeber nicht am Ausspruch der Kündigung. Unterliegt der Arbeitnehmer jedoch dem KSchG, hat dies dessen Weiterbeschäftigungsanspruch gem. § 102 Abs. 5 BetrVG und den erweiterten Kündigungsschutz nach § 1 Abs. 2 S. 2 u. 3 KSchG zur Folge. Vorstehendes gilt aber nur für ordentliche, nicht aber für außerordentliche Kündigungen. Von der Weiterbeschäftigungspflicht kann der Arbeitgeber unter den in § 102 Abs. 5 S. 2 BetrVG genannten Voraussetzungen auf entsprechenden Antrag vom Arbeitsgericht durch → einstweilige Verfügung entbunden werden.

Die Mitwirkungsrechte des Betriebsrates können nach § 102 Abs. 6 BetrVG durch → Tarifvertrag oder → Betriebsvereinbarung erweitert werden; dies gilt sowohl für ordentliche als auch für außerordentliche Kündigungen (vgl. BAG AP Nr. 14 zu § 626 BGB = DB 1956, 1211 = BB 1957, 39). Die ordentliche Kündigung von Betriebsratsmitgliedern sowie den anderen in § 103 BetrVG genannten Personen ist ausgeschlossen; die außerordentliche Kündigung gegenüber diesen Amtsträgern bedarf der Zustimmung des → Betriebsrats. Zur Beantragung, Erteilung bzw. Ersetzung der Zustimmung des Betriebsrats s. dort. Die Kündigung leitender Angestellter i. S. v. § 5 Abs. 3 BetrVG ist dem Betriebsrat rechtzeitig mitzuteilen, § 105 BetrVG, wobei die Verletzung dieser Pflicht die Wirksamkeit einer Kündigung nicht berührt (vgl. BAG AP Nr. 13 zu § 5 BetrVG = DB 1976, 1337 = BB 1976, 932 = NJW 1976, 1285). Nach § 31 Abs. 2 S. 1–3 SprAuG hat der Arbeitgeber den Sprecherausschuß vor jeder Kündigung eines leitenden Angestellten anzuhören und ihm die Kündigungsgründe mitzuteilen, andernfalls die Kündigung unwirksam ist. Zu den Einzelheiten dieses Verfahrens kann auf die obige Darstellung der Anhörung des Betriebsrats gem. § 102 Abs. 1 BetrVG verwiesen werden; ein Widerspruchsrecht und ein daran geknüpfter Weiterbeschäftigungsanspruch des leitenden Angestellten entsprechend § 102 Abs. 3–5 BetrVG existieren jedoch nicht. Kündigt ein Arbeitnehmer sein Arbeitsverhältnis selbst, bedarf es in keinem Fall einer Anhörung des Betriebsrats.

Lit.: Hohmeister NZA 1991, 209; Bayer DB 1992, 782.

Annahme des Änderungsangebots → Änderungsangebot und → Änderungskündigung

Annahmeverzug. Wenn der Arbeitgeber den Arbeitnehmer nach Ausspruch einer Kündigung nicht beschäftigt, gerät er regelmäßig in Annahmeverzug (§ 615 BGB). Das bedeutet, daß der Arbeitnehmer die vertragliche Vergütung verlangen kann, ohne gearbeitet zu haben und ohne zur Nachleistung verpflichtet zu sein. Voraussetzung ist

Annahmeverzug

hierfür, daß der Arbeitgeber dem Arbeitnehmer seine Arbeitsleistung anbietet, wobei ein wörtliches Angebot nicht erforderlich ist und die Erhebung einer Kündigungsschutzklage ausreicht (vgl. BAG AP Nr. 2 zu § 297 BGB = DB 1987, 1359 = BB 1987, 1953). Der Arbeitgeber hat nämlich dem Arbeitnehmer einen funktionsfähigen Arbeitsplatz zur Verfügung zu stellen und ihm die vertraglich geschuldete Arbeit zuzuweisen. Nimmt der Arbeitgeber diese Mitwirkungshandlung nicht rechtzeitig vor, gerät er in Annahmeverzug (§ 296 BGB). Dabei erklärt er durch den Ausspruch einer fristlosen Kündigung, daß er die Dienste des Arbeitnehmers ab sofort, durch eine ordentliche Kündigung nach Ablauf der Kündigungsfrist ablehnt. Den so begründeten Annahmeverzug kann der Arbeitgeber nur dadurch vermeiden, daß er den Arbeitnehmer auffordert, seine Arbeit nach dem beabsichtigten Beendigungszeitpunkt wieder aufzunehmen und sich bereit erklärt, ihn wieder vertragsgemäß zu beschäftigen (vgl. BAG AP Nr. 35 zu § 615 BGB = NZA 1985, 778 = DB 1985, 1744 = BB 1885, 1468). Letzteres ist nicht gegeben, wenn der Arbeitnehmer lediglich widerruflich beschäftigt wird (vgl. BAG AP Nr. 32 zu § 615 BGB = DB 1981, 2496 = BB 1982, 308 = NJW 1982, 121) oder der Arbeitgeber ihm nur einen für die Dauer des Kündigungsrechtsstreits befristeten Arbeitsvertrag zu den bisherigen Bedingungen oder allein eine Fortsetzung des Arbeitsverhältnisses anbietet, die durch die rechtskräftige Feststellung der Wirksamkeit der Kündigung auflösend bedingt ist und der Arbeitnehmer dieses Angebot ablehnt (vgl. BAG AP Nr. 39 zu § 615 BGB = NZA 1986, 637 = DB 1986, 1878 = NJW 1986, 2846). Kein Annahmeverzug ist gegeben, wenn der Arbeitnehmer nicht in der Lage oder willens ist, die Arbeitsleistung zu erbringen (§ 297 BGB), wofür der Arbeitgeber im Streitfalle darlegungs- und beweispflichtig ist. Ist der Arbeitnehmer aufgrund von Krankheit außerstande zu arbeiten, so mußte er nach älterer Rechtsprechung des BAG zur Begründung der Verzugsfolgen nach Erhebung einer Kündigungsschutzklage dem Arbeitgeber noch die Wiederherstellung seiner Arbeitsfähigkeit mitteilen. Nach zwei neuen Entscheidungen des BAG (vgl. NZA 1991, 228 = DB 1990, 2073 = BB 1990, 1775) gilt nunmehr folgendes: War der Arbeitnehmer zum Kündigungstermin befristet arbeitsunfähig krank, so tritt der Annahmeverzug mit Wiederherstellung der Arbeitsfähigkeit unabhängig von deren Anzeige gegenüber dem Arbeitgeber jedenfalls dann ein, wenn der Arbeitnehmer seine weitere Leistungsbereitschaft durch Erhebung einer Kündigungsschutzklage oder sonstigen Widerspruch gegen die Arbeitgeberkündigung deutlich gemacht hat (BAG a. a. O.). Dies gilt nunmehr ebenso dann, wenn der Arbeitnehmer nicht nur im Kündigungszeitpunkt, sondern auch danach infolge Krankheit mehrfach befristet arbeitsunfähig ge-

Annahmeverweigerung

schrieben wird (vgl. BAG NZA 1992, 403 = DB 1992, 586 = NJW 1992, 932). Danach muß die Wiederherstellung der Arbeitsfähigkeit vom Arbeitnehmer grundsätzlich nicht mehr angezeigt werden. Der Annahmeverzug wird nicht dadurch beendet, daß der Arbeitnehmer im Kündigungsprozeß einen → Auflösungsantrag gemäß §§ 9, 10 KSchG stellt (vgl. BAG AP Nr. 22 zu § 615 BGB = DB 1963, 554 = BB 1963, 476), ebensowenig dadurch, daß der Arbeitgeber nur bereit ist, eine andere als die vertraglich geschuldete Arbeitsleistung entgegenzunehmen (vgl. BAG AP Nr. 4 zu § 615 BGB – Böswilligkeit – = DB 1981, 799 = BB 1981, 1399). Der Annahmeverzug wird aber beseitigt, wenn dem Arbeitgeber die Beschäftigung des Arbeitnehmers unzumutbar ist, wozu nicht jedes Verhalten des Arbeitnehmers ausreicht, das zur fristlosen Kündigung berechtigt. Hier ist vielmehr ein ganz besonders grober Verstoß des Arbeitnehmers erforderlich sowie die Gefährdung von Rechtsgütern des Arbeitgebers, seiner Familie oder anderer Arbeitnehmer, deren Schutz Vorrang vor dem Interesse des Arbeitnehmers am Erhalt seines Verdienstes hat (BAG AP Nr. 5 zu § 9 MuSchG = DB 1988, 866 = BB 1988, 914).

Während des Annahmeverzugs ist der Arbeitgeber zur Fortzahlung der vereinbarten Bruttovergütung verpflichtet; der Arbeitnehmer muß sich anderweitigen Verdienst, den er erwirbt oder zu erwerben böswillig unterläßt, anrechnen lassen (§ 615 BGB und § 11 KSchG). Hierunter fallen nicht Nebenverdienste, die auch sonst bezogen werden konnten; teilzeitbeschäftigte Arbeitnehmer müssen sich im Verzugszeitraum nur solches anderweitig erzielte Einkommen abziehen lassen, das kausal durch das Freiwerden der Arbeitskraft erst ermöglicht wurde (BAG NZA 1991, 221 = DB 1991, 496). Für den anderweitigen Verdienst bzw. die böswillige Unterlassung des Erwerbs ist der Arbeitgeber darlegungs- und beweisbelastet; danach trifft den Arbeitnehmer die Auskunftspflicht über die Höhe des anderen Einkommens (BAG AP Nr. 15 u. 16 zu § 242 – Auskunftspflicht – = DB 1974, 1167 = BB 1974, 739). Böswilligkeit soll nach einer Entscheidung des LAG Berlin (NZA 1984, 125) schon bei konkreter Aussicht auf den Erhalt eines Arbeitsplatzes bestehen, nach Ansicht des BAG jedoch nicht, wenn der Arbeitnehmer eine Tätigkeit ablehnt, die ihm der Arbeitgeber unter Überschreitung seines Weisungsrechts zugewiesen hat (BAG AP Nr. 4 zu § 615 BGB = DB 1981, 799 = BB 1981, 1399). Angerechnet wird nach § 11 Nr. 3 KSchG vom Arbeitnehmer bezogenes Arbeitslosengeld sowie Arbeits- und Sozialhilfe.

Lit.: Bauer/Hahn NZA 1991, 216; Berkowsky DB 1981, 1569; Deuck NJW 1983, 255.

Annahmeverweigerung unter → Zugang einer Kündigung

Anrechnung

Anrechnung. Zur Anrechnung von anderweitigem Verdienst s. → Annahmeverzug und → Wahlrecht. Zur Anrechnung von Abfindungen auf Arbeitslosengeld s. u. → Abfindung a. E.

Anscheinsbeweis. Hierunter versteht man den Nachweis einer Anspruchsvoraussetzung mit Hilfe einer auf Erfahrungssätzen beruhenden tatsächlichen Vermutung (auch: prima-facie-Beweis). Im Bereich des Kündigungsrechts, hier konkret im Zusammenhang mit dem → Zugang einer solchen Willenserklärung, existiert kein Anscheinsbeweis dahingehend, daß ein gewöhnlicher Brief, der der Post zur Beförderung übergeben wird, auch tatsächlich zugeht; dasselbe gilt für Einschreibesendungen. Ebenso gibt es keinen Anscheinsbeweis dafür, daß ein Kündigungsbrief im Großstadtgebiet innerhalb von drei Tagen beim Empfänger eintrifft (vgl. LAG Bremen LAGE Nr. 6 zu § 130 BGB = DB 1987, 996). Der Kündigende trägt also die volle Beweislast für den – rechtzeitigen – Zugang der Kündigung.
Lit.: Reinecke NZA 1989, 583.

„Anti-Atomkraft-Plakette" bzw. **„Anti-Strauß-Plakette"**
→ Politische Betätigung

Anwaltskosten. Im Gegensatz zur Kostensituation in der ordentlichen Gerichtsbarkeit hat im erstinstanzlichen Arbeitsgerichtsverfahren die obsiegende Partei keinen Kostenerstattungsanspruch gegenüber der unterlegenen Partei (§ 12a Abs. 1 ArbGG). Diese Vorschrift ist mit dem Grundgesetz vereinbar (vgl. BVerfG AP Nr. 12 zu § 61 ArbGG 1953 – Kosten – = NJW 1971, 2302); sie gilt entsprechend im außergerichtlichen, insbesondere vorprozessualen Bereich (vgl. BAG AP Nr. 14 zu § 61 ArbGG – Kosten – = DB 1978, 895 = BB 1978, 915), also auch und gerade dann, wenn es überhaupt nicht zu einem Prozeß kommt. In der 2. Instanz hat die unterlegene der obsiegenden Partei die Anwaltskosten zu bezahlen. Die Höhe der Anwaltskosten richtet sich nach dem → Streitwert. Erfolgshonorare sind unzulässig, Stundenhonorare dürfen vereinbart werden, werden jedoch von einer → Rechtsschutzversicherung nicht bzw. nur bis zur Höhe der gesetzlichen Vergütung übernommen. Der Arbeitnehmer kann von ihm entrichtete Anwaltskosten regelmäßig steuerlich geltend machen.

Anzeigen gegen den Arbeitgeber. Bei Anzeigen gegen den Arbeitgeber ist immer eine genaue Einzelfallbetrachtung erforderlich: so berechtigt z. B. eine von einem Arbeitnehmer erhobene Anzeige gegen den Arbeitgeber wegen dessen Verstoßes gegen lebensmittel-

rechtliche Vorschriften nicht zu einer Kündigung (vgl. LAG Baden-Württemberg NZA 1987, 756). Nach einer Entscheidung des LAG Frankfurt (vgl. LAGE Nr. 28 zu § 626 BGB = DB 1987, 1696 = BB 1987, 1320) vermag die Anzeige eines Arbeitnehmers gegen seinen – objektiv rechtmäßig handelnden – Arbeitgeber eine außerordentliche Kündigung nur dann zu begründen, wenn diese völlig haltlos und unfundiert in inhaltlich und von der Form her zu mißbilligender Weise aus „niedrigen Beweggründen" (z. B. Rache etc.) erhoben wird. Im Regelfall dürfte der Arbeitnehmer verpflichtet sein, sich vor Einschaltung außerbetrieblicher Stellen innerbetrieblich um Abhilfe zu bemühen; hierzu steht insbesondere das Beschwerderecht nach den §§ 84, 85 BetrVG zur Verfügung. Hat sich der Arbeitnehmer auf diesem Weg erfolglos bemüht, darf ihm aus seiner berechtigten Anzeige an die zuständige Behörde kein Nachteil erwachsen. Dasselbe gilt für die Inanspruchnahme des Parlaments aufgrund des vom Grundgesetz garantierten Petitionsrechts durch einen Beschäftigten des öffentlichen Dienstes (BAG AP Nr. 82 zu § 1 KSchG = DB 1970, 1739 = BB 1970, 1176).
Lit.: Denck DB 1980, 2132.

Anzeigepflicht bei → Massenentlassungen s. dort

Arbeiter. Arbeiter sind nach der Verkehrsanschauung diejenigen Arbeitnehmer, deren Tätigkeit überwiegend körperlicher Natur ist im Gegensatz zur hauptsächlich geistigen Arbeit von Angestellten. Mit der steigenden Technisierung der Arbeitswelt verwischen sich die Unterschiede jedoch zunehmend. Die Mindestkündigungsfrist von Arbeitern beträgt sowohl für den Arbeitnehmer als auch den Arbeitgeber grundsätzlich gem. § 622 Abs. 2 S. 1 BGB 2 Wochen. Nach S. 2 der Vorschrift verlängert sich für die Kündigung des Arbeitgebers die Frist nach einer Beschäftigungszeit von 5 Jahren auf 1 Monat, von 10 Jahren auf 2 Monaten, jeweils zum Monatsende und bei einer Beschäftigungsdauer von 20 Jahren auf 3 Monate zum Quartalsende. Nach der Entscheidung des BVerfG vom 16. 11. 1982 (vgl. BAG AP Nr. 16 zu § 622 BGB = DB 1983, 540 = BB 1983, 1221 = NJW 1985, 617) ist diese Norm insoweit verfassungswidrig, als bei der für die Berechnung der verlängerten Kündigungsfristen maßgeblichen Beschäftigungsdauer nur solche Zeiten berücksichtigt werden sollen, die nach Vollendung des 35. Lebensjahres liegen. Dementsprechend ist durch Art. 2 des Arbeitsgerichtsgesetz – Änderungsgesetz vom 26. 6. 1990 (BGBl. I S. 1208) nun auch für die Berechnung der Kündigungsfristen gegenüber Arbeitern das maßgebliche Lebensalter von 35 auf 25 heruntergeschraubt worden. Darüber hinaus hat das BVerfG mit Beschluß vom 30. 5. 1990 (AP

Arbeiter

Nr. 28 zu § 622 BGB = NZA 1990, 721 = DB 1990, 1565 = BB 1990 Beil. 27 zu Heft 21 = NJW 1990, 2246) entschieden, daß § 622 Abs. 2 BGB mit dem in Art. 3 Abs. 1 GG enthaltenen allgemeinen Gleichheitssatz insoweit unvereinbar ist, als die Kündigungsfristen für Arbeiter kürzer als diejenigen für Angestellte sind, da allein die unterschiedliche Ausrichtung der Tätigkeit (körperlich bzw. geistig) kein ausreichender Grund für unterschiedlich lange Kündigungsfristen ist. Das BVerfG hat § 622 Abs. 2 BGB nicht für nichtig erklärt und dem Gesetzgeber eine Frist zur Neuregelung bis zum 30. 6. 1993 gesetzt. Aus der Verfassungswidrigkeit der Vorschrift folgt aber, daß diese nicht mehr auf Verfahren angewandt werden darf, deren Ausgang – z. B. die Frage der Wirksamkeit einer ordentlichen Kündigung und/oder der Beendigungszeitpunkt – von ihr abhängt. Nachdem zunächst das Arbeitsgericht Reutlingen und das LAG Niedersachsen (BB 1990, 2264 = DB 1991, 178) eine Aussetzung solcher Verfahren abgelehnt hat, gab das BAG mit Urteilen vom 21. 3. 1991 (DB 1991, 710 = BB 1991, 977 = NZA 1991, 803) bekannt, wie bis zur normativen Neuregelung des § 622 Abs. BGB durch den Gesetzgeber oder durch Tarifvertragsparteien, längstens jedoch bis zum 30. 6. 1993 zu verfahren ist:

1. Bestimmt sich die Kündigungsfrist nach § 622 Abs. 2 BGB oder einer tariflichen Norm, die die gesetzliche Vorschrift ohne eigenständige Regelung (sog. neutrale Klausel) übernommen hat, dann ist bei einer dem Grunde nach gerechtfertigten oder nur hinsichtlich des Beendigungszeitpunktes umstrittenen Kündigung durch Teilurteil festzustellen, daß das Arbeitsverhältnis jedenfalls nicht vor Ablauf der Frist beendet wurde, die sich aus der gegenwärtigen Fassung des § 622 Abs. 2 BGB ergibt. Da darüber hinaus der endgültige Zeitpunkt der Beendigung des Arbeitsverhältnisses noch nicht festgestellt werden kann, ist der Rechtsstreit im übrigen bis zur Neuregelung des § 622 Abs. 2 BGB auszusetzen.

2. Wenn die Grundkündigungsfristen oder die verlängerten Fristen für Arbeiter in Tarifverträgen eigenständig (konstitutiv) geregelt sind, haben die Arbeitsgerichte in eigener Kompetenz zu prüfen, ob die Kündigungsregelungen im Vergleich zu den für Angestellte maßgeblichen Bestimmungen mit dem Gleichheitssatz in Art. 3 GG vereinbar sind, an den ja auch die Tarifpartner uneingeschränkt gebunden sind. So fehlt es an sachlichen Gründen für unterschiedliche Kündigungsfristen, wenn eine schlechtere Regelung für Arbeiter nur auf einer pauschalen Differenzierung zwischen den Gruppen der Arbeiter und Angestellten beruht (BAG. a. a. O.). Dies ist nicht der Fall bei gruppenspezifisch ausgestalteten, unterschiedlichen Regelungen, die z. B. entweder nur eine verhältnismäßig kleine Gruppe nicht intensiv benachteiligen, bei der Berücksichtigung funktions-, bran-

chen- oder betriebsspezifischer Interessen in einem Tarifvertrag oder der Beachtung gruppenspezifischer Schwierigkeiten bestimmter Arbeitnehmer bei der Stellensuche; weitere sachliche Differenzierungsgründe sind nicht ausgeschlossen.

3. Vorstehender Prüfungsmaß gilt sowohl für unterschiedliche Grundfristen als auch für ungleich verlängerte Kündigungsfristen für Arbeiter und Angestellte mit längerer Betriebszugehörigkeit und höherem Lebensalter, wobei der gesamte Inhalt eines einschlägigen Tarifvertrags beurteilt werden soll (BAG a. a. O.).

4. Ist eine tarifvertragliche Kündigungsfrist für Arbeiter wegen Verstoßes gegen Art. 3 GG nichtig, dann haben die Arbeitsgerichte im Falle einer unbewußten Tariflücke und bei Erkennbarkeit eines entsprechenden Regelungswillens der Tarifvertragsparteien diese Lücke zu schließen. Fehlt es daran und wollten sich die Tarifvertragsparteien an die jeweils verfassungskonforme gesetzliche Regelung halten, ist der Rechtsstreit ebenfalls bis zur normativen Neuregelung des § 622 Abs. 2 BGB auszusetzen bzw. ein Teilurteil gemäß den Vorgaben des BAG (oben 1.) zu erlassen (BAG a. a. O.) s. im übrigen → Kündigungsfristen

Lit.: Buchner NZA 1991, 41; Koch NZA 1991, 50; Kern NZA 1991, 56; Bengelsdorf NZA 1991, 121.

Arbeitnehmer. Arbeitnehmer unterscheiden sich von → freien Mitarbeitern dadurch, daß sie persönlich abhängig und weisungsgebunden sind. Ein Arbeitsverhältnis liegt nämlich dann vor, wenn der Arbeitnehmer in zeitlicher, örtlicher und inhaltlicher Hinsicht nach Weisungen bzw. Vorgaben des Arbeitgebers handelt und somit seine Arbeitsleistung in fremdbestimmter Weise erbringt (vgl. BAG AP Nr. 42 u. 45 zu § 611 BGB – Abhängigkeit – = DB 1983, 2042 = BB 1983, 1855 = NJW 1984, 1985). Hieran fehlt es bei freien Mitarbeitern, auf die die §§ 611 ff. BGB und entsprechende Tarifverträge keine Anwendung finden.

Arbeitnehmerähnliche Personen. Von den übrigen Arbeitnehmern unterscheiden sich die arbeitnehmerähnlichen Personen dadurch, daß sie nicht in den Betrieb ihres Auftraggebers eingegliedert sind und ihre Tätigkeit zumeist aufgrund von Dienst- oder Werkverträgen weisungsfrei erbringen. Sind sie trotz ihrer persönlichen Selbständigkeit jedoch wirtschaftlich abhängig, werden sie wegen ihrer sozialen Schutzbedürftigkeit wie Arbeitnehmer behandelt und als arbeitnehmerähnliche Personen eingestuft (vgl. § 5 Abs. 1 ArbGG, § 12a TVG). Hierzu gehören vor allem die in Heimarbeit Beschäftigten und die ihnen Gleichgestellten (vgl. § 1 HAG), die Einfirmenvertreter gemäß § 92a HGB und sog. kleinen Handelsvertreter nach

Arbeitnehmerüberlassung

§ 84 Abs. 2 HGB sowie die sog. → freien Mitarbeiter. Da § 622 BGB und das → AngKSchG tatbestandsmäßig das Bestehen von Arbeitsverhältnissen voraussetzen, finden diese Vorschriften auf die arbeitnehmerähnlichen Personen keine Anwendung. Für Heimarbeiter finden sich in § 29 HAG, für Handelsvertreter in § 89 HGB spezielle Kündigungsfristen; im übrigen gilt § 621 BGB, dessen Vorschriften aber nicht zwingend sind (vgl. BGA AP Nr. 1 zu § 89 HGB = NJW 1964, 350 = BB 1964, 14 = DB 1964, 14).

Lit.: Berger-Delhey/Alfmeier NZA 1991, 257.

Arbeitnehmerüberlassung → Leiharbeitsverhältnis

Arbeitsbescheinigung.
Zur Ausstellung einer Arbeitsbescheinigung ist der Arbeitgeber sowohl gegenüber dem Arbeitnehmer als gegenüber dem Arbeitsamt verpflichtet und hat in dem hierfür vorgesehenen Formular alle Tatsachen anzugeben, die für den Anspruch des Arbeitnehmers auf Arbeitslosengeld von Bedeutung sind, insbesondere Angaben zu den Modalitäten und Gründen der Beendigung des Arbeitsverhältnisses.

Lit.: Schulz, Alles über Arbeitszeugnisse, Beck-Rechtsberater im dtv Nr. 5280, 2. Aufl. S. 1 ff.

Arbeitsbummelei → Arbeitsverweigerung

Arbeitserlaubnis.
Arbeitnehmer, die nicht Deutsche i. S. d. Art. 116 GG sind, bedürfen zur Aufnahme und Ausübung einer Beschäftigung grundsätzlich einer Arbeitserlaubnis, § 19 AFG. Schließt ein Arbeitnehmer ohne Arbeitserlaubnis einen Arbeitsvertrag oder wird nach Arbeitsaufnahme seine befristet erteilte Arbeitserlaubnis nicht verlängert, so führt dies nicht zur → Nichtigkeit des Arbeitsverhältnisses; dieses kann vielmehr nur durch Kündigung beendet werden. Ob eine ordentliche oder außerordentliche Kündigung in Betracht kommt, richtet sich nach den jeweiligen Umständen des Einzelfalles, insbesondere danach, ob der Arbeitsplatz umgehend wieder besetzt werden muß (vgl. BAG AP Nr. 2 zu § 19 AFG = DB 1977, 917 = BB 1977, 596 = NJW 1977, 1023). Ist mit der erneuten Erteilung der Arbeitserlaubnis in näherer Zukunft zu rechnen, können vom Arbeitgeber für den Fall, daß zwingende betriebliche Gründe nicht entgegenstehen, Überbrückungsmaßnahmen verlangt werden (vgl. BAG NZA 1991, 341 = DB 1990, 2373).

Lit.: Vgl. Nunez-Müller NZA 1990, 130; Engels RdA 1976, 165.

Arbeitsgericht.
Die Arbeitsgerichte sind sachlich ausschließlich zuständig für Rechtsstreitigkeiten zwischen Arbeitnehmern und Ar-

beitgebern u. a. über das Bestehen oder Nichtbestehen eines Arbeitsverhältnisses, § 2 Abs. 1 Nr. 3b ArbGG. Hierunter fallen Verfahren wegen der → Anfechtung von Arbeitsverträgen, wegen → Befristungen von Arbeitsverhältnissen und vor allem → Kündigungsschutzklagen. Die Arbeitsgerichte entscheiden in erster, die Landesarbeitsgerichte in zweiter und das BAG in dritter Instanz. Hierbei können die Parteien vor dem Arbeitsgericht den Prozeß selbst führen oder sich vertreten lassen, wofür vorrangig Rechtsanwälte oder auch Gewerkschaften bzw. Arbeitgeberverbände in Betracht kommen (§ 11 Abs. 1 ArbGG). Rechtsbeistände sind ausgeschlossen (vgl. BAG AP Nr. 10 zu § 11 ArbGG 1979 – Prozeßvertreter – = NZA 1989, 151 = DB 1988, 2655), nicht jedoch in Untervollmacht für von der Partei ordnungsgemäß bevollmächtigte Rechtsanwälte auftretende Nebentätigkeitsreferendare (vgl. BAG NZA 1990, 665 = DB 1991, 104 = BB 1990, 1208). Im Berufungsverfahren vor dem LAG ist eine Prozeßführung durch die Parteien selbst nicht möglich (§ 11 Abs. 2 ArbGG); hier gilt das zur Prozeßvertretung in erster Instanz Gesagte entsprechend. In der Revisionsinstanz vor dem BAG besteht uneingeschränkter Anwaltszwang, wobei jeder vor einem deutschen Gericht zugelassene Rechtsanwalt vertretungsberechtigt ist. Über Bestandsschutzstreitigkeiten betreffend Arbeitsverhältnisse entscheiden die Arbeitsgerichte durch → Urteil, wobei zunächst ein → Gütetermin und im Falle dessen Scheiterns eine oder mehrere → Streitverhandlungen stattfinden. Der Gütetermin findet vor dem Vorsitzenden, einem Berufsrichter statt, die Streitverhandlung(en) zusätzlich mit zwei ehrenamtlichen Richtern, je einem Arbeitnehmer- und Arbeitgeberbeisitzer. Für das Arbeitsgerichtsverfahren gelten die Grundsätze der ZPO, die durch das ArbGG zum Teil modifiziert sind (vgl. im einzelnen: Schaub, Meine Rechte und Pflichten im Arbeitsgerichtsverfahren, Beck-Rechtsberater im dtv, Nr. 5205). Zu den Kosten s. → Anwaltskosten; zum Arbeitsgerichtsverfahren s. → Klage.

Lit.: Allg.: Hanau NZA 1986, 809; Kissel DB 1987, 1485.

Arbeitslosengeld. Von entscheidender Bedeutung für den Anspruch des Arbeitnehmers auf Arbeitslosengeld können die Gründe und Modalitäten für die Beendigung eines Arbeitsverhältnisses sein. Hat nämlich der Arbeitnehmer das Arbeitsverhältnis selbst gelöst oder durch ein vertragswidriges Verhalten Anlaß für eine Kündigung des Arbeitgebers gegeben und hat er dadurch die Arbeitslosigkeit vorsätzlich oder grob fahrlässig herbeigeführt, ohne für sein Verhalten einen wichtigen Grund zu haben, tritt eine Sperrzeit von bis zu 12 Wochen ein, die im Fall einer besonderen Härte für den Arbeitslosen aber verkürzt werden kann, §§ 119 Abs. 1 und 2 und

Arbeitsmangel

119a AFG. Außerdem kann eine Ruhenszeit gemäß § 117 AFG eintreten, wenn z. B. in einer anläßlich der Beendigung eines Arbeitsverhältnisses gezahlten → Abfindung Arbeitsentgelt „versteckt" wurde. Von entscheidender Bedeutung ist daher vor allem eine exakte, von im Arbeits- und Sozialrecht erfahrenen Spezialisten vorgenommene Formulierung beispielsweise von → Vergleichen oder → Aufhebungsverträgen in Kündigungsschutzverfahren. Zur steuerrechtlichen Behandlung von → Abfindungen s. dort.

Lit.: Gagel BB 1983, 453; ders. BB 1989, 430.

Arbeitsmangel. Betriebsbedingte Kündigungen werden häufig mit Arbeitsmangel begründet, wobei allerdings immer erforderlich ist, daß dieser bereits bei Kündigungsausspruch konkret greifbare Formen angenommen hat und der Arbeitgeber bei seriöser Betrachtungsweise davon ausgehen mußte, daß er die Arbeitsleistung des Arbeitnehmers nach Ablauf der Kündigungsfrist nicht mehr benötigen würde (vgl. BAG AP Nr. 41 zu § 1 KSchG – Betriebsbedingte Kündigungen –; NZA 1987, 700 = DB 1987, 1896 = BB 1987, 1896). Der Grundsatz der Erforderlichkeit gemäß § 1 Abs. 2 S. 1 KSchG kann jedoch – je nach den Umständen des Einzelfalls – die Ergreifung anderer, vor allem milderer Mittel erforderlich machen. Hierunter können z. B. Arbeitsstreckung (vgl. BAG AP Nr. 9 zu § 1 KSchG 1969 – Soziale Auswahl – = NZA 1986, 260 = DB 1986, 436 = BB 1986, 805) sowie möglicherweise Kurzarbeit (offengelassen durch BAG AP Nr. 45 zu § 1 KSchG 1969 – Betriebsbedingte Kündigung – = NZA 1990, 65 = DB 1989, 2384 = BB 1989, 2191) fallen. Hat ein Arbeitgeber zur Überwindung des Arbeitsmangels Kurzarbeit eingeführt, so sind betriebsbedingte Kündigungen regelmäßig nur zulässig, wenn zusätzlich zu den Gründen, die zur Kurzarbeit geführt haben, noch weitere Gründe vorliegen, die nicht nur vorübergehender Natur sind, sondern auf unbestimmte Zeit das Bedürfnis für die Weiterbeschäftigung des gekündigten Arbeitnehmers entfallen lassen (vgl. BAG AP Nr. 10 zu § 1 KSchG 1969 – Betriebsbedingte Kündigung – = DB 1981, 747 = BB 1981, 555 = NJW 1981, 1686). Werden aber im Zeitpunkt einer solchen betriebsbedingten Kündigung im Betrieb des Arbeitgebers noch Überstunden geleistet oder betriebsfremde Leiharbeitnehmer beschäftigt, wird eine Kündigung regelmäßig wegen des offenkundigen Personalbedarfs unwirksam sein (vgl. Schaub NZA 1987, 219). Siehe im übrigen zur → betriebsbedingten Kündigung und zur → Betriebsstillegung jeweils dort.

Lit.: Schaub NZA 1987, 217; Schwerdtner ZiP 1984, 10.

Arbeitsplatzschutzgesetz

Arbeitspapaiere. Die Arbeitspapiere sind dem Arbeitnehmer vom Arbeitgeber bei Beendigung des Arbeitsverhältnisses auszuhändigen; dies gilt für die Lohnsteuerkarte, das Versicherungsnachweisheft, evtl. → Arbeitsbescheinigungen, Urlaubsbescheinigungen, Sozialversicherungsausweis sowie vor allem das Zeugnis (s. hierzu im einzelnen: Schulz, Alles über Arbeitszeugnisse, Beck-Rechtsberater im dtv, 2. Aufl., Nr. 5280). Es handelt sich grundsätzlich um eine Holschuld gem. § 269 Abs. 2 BGB; befindet sich der Arbeitgeber jedoch mit der Ausstellung im Verzug, muß er die Arbeitspapiere auf seine Gefahr dem Arbeitnehmer übersenden. Kommt ein Arbeitnehmer zu Beginn eines Arbeitsverhältnisses der Vorlagepflicht bezüglich seiner Arbeitspapiere nicht nach, so rechtfertigt dies regelmäßig keine außerordentliche Kündigung (a. A. jedoch noch LAG Düsseldorf BB 1961, 677); jedenfalls hat mindestens eine – erfolglose – → Abmahnung dem Kündigungsausspruch voranzugehen. Nach allerdings zweifelhafter, älterer und immer eine ganz genaue Bewertung des Einzelfalles erfordernder Ansicht (vgl. LAG Frankfurt DB 1970, 2084 = BB 1970, 1396) soll in der Anforderung der Arbeitspapiere (dort: schwangere Arbeitnehmerin) und Aushändigung durch den Arbeitgeber der Abschluß eines → Aufhebungsvertrages in Bezug auf das Arbeitsverhältnis zu sehen sein. Diese Auffassung überzeugt nicht, da – oft rechtsunkundigen – Arbeitnehmern bzw. ihrem Handeln ein rechtsgeschäftlicher Erklärungswert beigemessen wird (Anfordern der Arbeitspapiere = Angebot auf Abschluß eines Aufhebungsvertrags!), der regelmäßig nicht enthalten bzw. beabsichtigt sein dürfte.

Lit.: Becker-Schaffner DB 1983, 1304.

Arbeitsplatzschutzgesetz. Nach § 1 Abs. 1 Arbeitsplatzschutzgesetz ruht während der Dauer des Wehrdienstes oder einer Wehrübung das Arbeitsverhältnis; d. h. die Hauptpflichten wie Arbeits- und Lohnzahlungspflicht kommen nicht zum Tragen. Nach § 2 Abs. 1 Arbeitsplatzschutzgesetz darf ein Arbeitgeber einem Arbeitnehmer von der Zustellung des – unverzüglich vorzulegenden – Einberufungsbescheids bis zur Beendigung des Wehrdienstes bzw. der Wehrübung nicht ordentlich kündigen; dies gilt entsprechend bei den in §§ 10, 16 f. geregelten Fällen von freiwilligen Wehrübungen und bei Zeitsoldaten. Jedenfalls darf ein Arbeitsverhältnis ebensowenig wie das Vertragsverhältnis eines Handelsvertreters vom Arbeitgeber/Unternehmer aus Anlaß des Wehrdienstes gekündigt werden (§§ 2 Abs. 2 und 8 Abs. 4 Arbeitsplatzschutzgesetz). Die → außerordentliche Kündigung bleibt gegenüber Arbeitnehmern nach § 2 Abs. 3 des Gesetzes unberührt, wobei die Einberufung – außer im Falle von → Kleinbetrieben und bei Unzumutbarkeit der Weiterbe-

Arbeitsplatzwechsel

schäftigung nach dem Wehrdienst – kein → wichtiger Grund i. S. d. § 626 BGB ist. Im übrigen enthält das Arbeitsplatzschutzgesetz weitere kündigungsrechtliche Schutzvorschriften zugunsten des Arbeitnehmers, insbesondere zur → Sozialauswahl, zur → Beweislast und zur → Klagefrist, § 2 Abs. 2 u. 4 Arbeitsplatzschutzgesetz. Für Zivildienstleistende gelten die Vorschriften des Arbeitsplatzschutzgesetzes entsprechend, § 78 Abs. 1 Nr. 1 Zivildienstgesetz.

Arbeitsplatzwechsel. Die Aussicht eines Arbeitnehmers, eine andere Stelle mit erheblich höherer Bezahlung antreten zu können, gibt ihm in der Regel nicht das Recht zum Ausspruch einer außerordentlichen Kündigung (vgl. BAG AP Nr. 59 zu § 626 BGB = DB 1971, 54 = BB 1971, 40); dies gilt vor allem bei arbeitsvertraglich langfristig gebundenen Arbeitnehmern. Das BAG hat nur für extreme Fallkonstellationen, a. a. O. bei Vorliegen wahrhaft außergewöhnlicher Lebenschancen, die außerordentliche Kündigung zugelassen, wenn für den Arbeitnehmer ein Festhalten am alten Arbeitsverhältnis schlechterdings unmöglich ist. (Zur Zeugnisformulierung bei vorzeitiger Beendigung des Arbeitsverhältnisses durch den Arbeitnehmer vgl. Schulz, Alles über Arbeitszeugnisse, Beck-Rechtsberater im dtv, 2. Aufl., Nr. 5280, S. 73 ff. m. w. N..)

Arbeitsschutz. Verletzt der Arbeitgeber zugunsten des Arbeitnehmers bestehende Arbeitsschutzvorschriften, so kann dieser zunächst ein Zurückbehaltungsrecht an seiner Arbeitsleistung ausüben; zur Möglichkeit von → Anzeigen gegen den Arbeitgeber s. dort. In Betracht kommt – je nach Lage des Einzelfalles – eine außerordentliche Kündigung durch den Arbeitnehmer selbst dann, wenn dieser zunächst weitergearbeitet hat (vgl. BAG AP Nr. 62 zu § 626 BGB = DB 1972, 489 = BB 1972, 1189). Grundsätzlich hat jedoch eine → Abmahnung vorauszugehen, es sei denn, sie ist zwecklos. Weigert sich der Arbeitnehmer trotz vorheriger Abmahnung durch den Arbeitgeber, notwendige Arbeitsschutzbestimmungen einzuhalten, soll auch dieser außerordentlich kündigen dürfen (LAG Düsseldorf DB 1953, 108).

Arbeitsunfähigkeit. Die schuldhafte Verletzung der Anzeige- und Nachweispflicht bei Erkrankungen (§ 3 LohnFG bei Arbeitern; nach BAG AP Nr. 7 zu § 3 LohnFG = DB 1990, 2327 besteht für Angestellte ohne entsprechende Regelung im Tarif- oder Arbeitsvertrag oder in einer Betriebsvereinbarung keine Pflicht zur Vorlage von Arbeitsunfähigkeitsbescheinigungen) vermag eine außerordentliche Kündigung nur dann zu begründen, wenn die Pflichtverletzung durch den Arbeitnehmer so schwerwiegend ist, daß dem Arbeitge-

Arbeitsverhältnis

ber ein Einhalten der ordentlichen Kündigungsfrist im konkreten Einzelfall schier unzumutbar erscheinen muß, wobei das Handeln des Arbeitnehmers i. d. R. vorsätzlich und wiederholt geschehen und dieser zuvor erfolglos abgemahnt worden sein muß (vgl. BAG AP Nr. 93 zu § 626 BGB = NZA 1987, 93 = DB 1986, 2443 vgl. BAG Nr. 23 zu § 1 KSchG – Verhaltensbedingte Kündigung – = DB 1990, 790 = BB 1990, 559). Regelmäßig wird der Arbeitgeber an der schnellen Unterrichtung durch die Arbeitnehmer wegen der Arbeitsplanung ein größeres Interesse haben als an dem späteren Nachweis durch Vorlage der Arbeitsunfähigkeitsbescheinigung selbst. Einer ausländischen Arbeitsunfähigkeitsbescheinigung kommt die gleiche Bedeutung wie einer deutschen Arbeitsunfähigkeitsbescheinigung zu, wenn erkennbar ist, daß der Arzt zwischen einer bloßen Erkrankung und einer die Pflichten aus dem LohnFG auslösenden Arbeitsunfähigkeit unterschieden hat (vgl. BAG AP Nr. 4 zu § 3 LohnFG = NZA 1985, 737 = DB 1985, 2618 = BB 1985, 2178). Kündigt ein Arbeitnehmer seine Erkrankung an, nachdem der Arbeitgeber ihm zuvor beantragte/n Arbeitsbefreiung/Urlaub verweigert hat, und wird er sodann tatsächlich auch krank geschrieben, kann eine Kündigung nach den Grundsätzen der → Verdachtskündigung in Frage kommen (vgl. LAG Hamm LAGE Nr. 20 zu § 626 BGB = DB 1985, 927). Häufige Urlaubserkrankungen lassen möglicherweise Zweifel an der Arbeitsunfähigkeit entstehen, rechtfertigen allein ohne weiteres noch keine Verdachtskündigung (vgl. LAG Düsseldorf DB 1986, 1180).

Zur Kündigung wegen → Krankheit s. dort.

Lit.: Lambeck NZA 1990, 88; Olderog BB 1989, 1684; Reinecke DB 1989, 2069.

Arbeitsverhältnis. Das Arbeitsverhältnis wird durch den Abschluß eines Arbeitsvertrags begründet, der sowohl schriftlich, mündlich als auch stillschweigend zustande kommen kann. Bei einem unwirksamen Arbeitsvertrag, beispielsweise aufgrund einer erfolgreichen → Anfechtung, entsteht ein sog. → faktisches Arbeitsverhältnis, wenn der Arbeitnehmer seine Arbeitsleistung bereits bzw. zum Teil erbracht hat. Der bloße Tatbestand der Arbeitsleistung des Arbeitnehmers und Beschäftigung durch den Arbeitgeber wird allgemein als Beschäftigungsverhältnis angesehen, in dem die Vorschriften des Arbeitsschutzes bereits zugunsten des Arbeitnehmers gelten. Werden Arbeiten jedoch gegen den Willen des Arbeitgebers erbracht, liegt auch ein faktisches Arbeitsverhältnis nicht vor (vgl. BAG AP Nr. 9 zu § 611 BGB = DB 1984, 622 = BB 1984, 473). Zum befristeten Arbeitsverhältnis s. → Befristung; zum → Leiharbeitsverhältnis, zum → Probearbeitsverhältnis und zur → Schriftform s. jeweils dort.

Lit.: Kothe NZA 1989, 161; Kissel 1988, 145.

Arbeitsverweigerung

Arbeitsverweigerung. Sie wird definiert als die rechtswidrige Ablehnung einer – rechtmäßig – übertragenen Arbeit, wobei sich nach dem Arbeitsvertrag bestimmt, welche Arbeitsleistung vom Arbeitnehmer als vertragliche Leistung geschuldet wird. Überschreitet der Arbeitgeber bei der Zuweisung von Arbeiten gegenüber dem Arbeitnehmer sein → Direktionsrecht, so kann der Arbeitnehmer diese Tätigkeiten verweigern, wäre eine hierauf gestützte Kündigung natürlich rechtsunwirksam (vgl. BAG AP Nr. 24 zu § 611 BGB – Direktionsrecht – = DB 1973, 1904 = BB 1973, 1356). So muß z. B. der Arbeitnehmer keine gegen die AZO verstoßenden Überstunden ableisten, verbotene Sonntagsarbeit erbringen oder Streikbrecherarbeit verrichten (vgl. BAG AP Nr. 3 zu § 615 BGB – Betriebsrisiko – = DB 1957, 922 = BB 1957, 965, in den Einzelheiten umstr.). Darüber hinaus kann der Arbeitnehmer Arbeiten verweigern, die ihm unzumutbar sind, wenn der Arbeitgeber ihn damit in einem vermeidbaren Gewissenskonflikt bringt (vgl. BAG AP Nr. 27 zu § 611 – Gewissensfreiheit – Direktionsrecht – = NZA 1986, 21 = DB 1985, 2538 = NZA 1990, 144 = BB 1985, 1853; ebenso BAG AP Nr. 1 zu § 611 – = DB 1989, 2538 = NZA 1990, 144 = BB 1990, 212 = NJW 1990, 203). Im erstgenannten Fall hatte sich ein Drucker geweigert, an der Herstellung eines kriegsverherrlichenden Buches mitzuwirken. Nach dem Urteil des ArbG Köln vom 18. 4. 1989 – 16 Ca 650/89 – = NZA 1991, 276 = NJW 1991, 1006) ist ein Arbeitnehmer nicht verpflichtet, im Rahmen seines Arbeitsverhältnisses Aufträge zu bearbeiten, die sich auf Lieferungen in das Zielland Irak beziehen (im Falle einer Verkaufssachbearbeiterin jüdischer Abstammung in einem Stahl- und Metallhandel). Irrt sich der Arbeitnehmer ohne Verschulden über seine Berechtigung zur Arbeitsverweigerung, ist eine außerordentliche Kündigung nicht gerechtfertigt; er handelt aber nicht schon schuldlos, wenn er sich auf eine unrichtige Auskunft seiner Gewerkschaft verläßt (vgl. BAG AP Nr. 23 zu § 611 BGB – Direktionsrecht – = DB 1973, 1904 = BB 1973, 1356). Voraussetzung einer Kündigung ist jedenfalls eine beharrliche Arbeitsverweigerung, die bei lediglich einem Verstoß niemals, bei mehrfachen und intensiven Verweigerungen des Arbeitnehmers nur nach entsprechender Abmahnung vorliegen kann (vgl. BAG AP Nr. 6 zu § 8a MuSchG = DB 1986, 179 = BB 1986, 531 = NZA 1986, 138; LAG München LAGE Nr. 38 zu § 626 BGB = DB 1989, 1295 = BB 1989, 847). Sämtliche, möglicherweise kündigungsrelevanten Fälle von Arbeitsverweigerung zu nennen, ist hier nicht möglich; daher nur eine „kleine Auswahl": Wiederholte Unpünktlichkeit kann eine außerordentliche Kündigung begründen, wenn der Grad einer beharrlichen Arbeitsverweigerung erreicht und eine konkrete Betriebsstörung zu besorgen ist (vgl. BAG AP Nr. 99 zu § 626 BGB = NZA

1989, 261 = DB 1989, 329 = BB 1989, 289 = NJW 1989, 564); auch eigenmächtiger Urlaubsantritt oder unberechtigte Urlaubsverlängerung kann eine Kündigung rechtfertigen (vgl. BAG AP Nr. 14 zu § 626 BGB – Ausschlußfrist – = DB 1983, 1605 = BB 1983, 1922 = NJW 1983, 2720), wobei Voraussetzung ist, daß der beantragte Urlaub zu Recht abgelehnt wurde; auch das Vortäuschen einer Krankheit kann eine Kündigung begründen (vgl. BAG AP Nr. 3 zu § 1 KSchG 1969 = DB 1976, 2357 = BB 1976, 1517); mangelhafte Arbeitsleistungen vermögen nur nach → Abmahnung und bei Vorsatz des Arbeitnehmers, den der Arbeitgeber zu beweisen hat, eine außerordentliche oder ordentliche Kündigung zu rechtfertigen, in der Probezeit regelmäßig jedoch nicht, es sei denn, die Leistungen des Arbeitnehmers sind völlig unbrauchbar (vgl. LAG Frankfurt LAGE Nr. 29 zu § 626 BGB = DB 1987, 1742); die hartnäckige Verweigerung einer zu Recht angeordneten Dienstfahrt kann eine außerordentliche Kündigung dann begründen, wenn für ihre Ablehnung durch den Arbeitnehmer keine vernünftigen und nachvollziehbaren Gründe erkennbar sind (vgl. LAG München LAGE Nr. 38 zu § 626 BGB = DB 1989, 1295).

Arglistige Täuschung → Anfechtung

Ärztliche Schweigepflicht → Krankheit

Aufhebungsvertrag. Unter einem Aufhebungsvertrag versteht man die Einigung der Arbeitsvertragsparteien, das Arbeitsverhältnis zu einem bestimmten Zeitpunkt zu beenden, wobei diese Vereinbarung ausdrücklich oder durch schlüssiges (konkludentes) Verhalten zustande kommen kann, es sei denn, tarif- oder arbeitsvertragliche Bestimmungen stehen dem entgegen. Die arbeitsvertragliche Klausel, der zufolge Änderungen und Ergänzungen des Vertrages der Schriftform bedürfen, soll nach der Rechtsprechung des BAG der Rechtswirksamkeit eines mündlichen Aufhebungsvertrages nicht entgegenstehen (vgl. BAG AP Nr. 20 zu § 622 BGB = NZA 1986, 229 = DB 1985, 2255 = BB 1985, 2047). Wegen der besonderen Bedeutung des Arbeitsvertrages als Existenzgrundlage sind aber strenge Anforderungen an die Willenserklärungen der Arbeitsvertragsparteien, insbesondere des Arbeitnehmers zu stellen. Dessen Schweigen auf ein entsprechendes Angebot des Arbeitgebers stellt regelmäßig ebensowenig eine Annahme dar wie der Empfang der Arbeitspapiere oder die reine Entgegennahme einer Kündigung des Arbeitgebers zu einem bestimmten Termin (vgl. LAG Düsseldorf DB 1980, 2036).

Aufhebungsvertrag

Umgekehrt wird zuweilen ein Aufhebungsvertrag angenommen, wenn ein Arbeitnehmer auf Kritik des Arbeitgebers hin bemerkt, „er wolle lieber gehen", und auf die weitere Bemerkung des Arbeitgebers, „am besten solle er sofort gehen", den Arbeitsplatz verläßt. Zu beachten ist aber, daß bloße Unmutsäußerungen („mir stinkt's!" etc.) oder die Androhung einer Kündigung keine Annahme eines vorangegangenen Aufhebungsvertragsangebots darstellen (in diesem Sinne: LAG Düsseldorf BB 1991, 625). Immer ist eine Einzelfallbetrachtung und -bewertung vorzunehmen (vorheriges Verhalten, betrieblicher Umgangston u. ä.). Zur Auslegung von → Ausgleichsquittungen s. dort. Ein Mitwirkungsrecht des Betriebsrates nach § 102 BetrVG besteht nicht. Weder die Anforderungen des KSchG noch die besonderen Schutzbestimmungen in den §§ 15 SchwbG, 9 MuSchG finden Anwendung, d. h. Kündigungsfristen und -gründe sind grundsätzlich ebensowenig zu beachten wie behördliche Genehmigungen. Die Unwirksamkeit eines Aufhebungsvertrags kann sich aber aus der Umgehung zwingender Kündigungsschutzvorschriften ergeben: So ist eine Vereinbarung rechtsunwirksam, wonach das Arbeitsverhältnis enden soll, wenn der Arbeitnehmer seine Arbeit nach dem Urlaub nicht zu einem bestimmten Zeitpukt wieder aufnimmt (vgl. BAG AP Nr. 14 zu § 620 BGB – Bedingung – NZA 1988, 391 = DB 1988, 1024 = BB 1988, 1123); dasselbe gilt für den Aufhebungsvertrag mit einem alkoholgefährdeten Arbeitnehmer, wonach das Arbeitsverhältnis endet, wenn der AN (wieder) Alkohol zu sich nimmt (vgl. LAG München NZA 1988, 586 = BB 1988, 348), ebenso eine Vereinbarung, wonach ein → Berufsausbildungsverhältnis endet, wenn das Zeugnis des Azubi in einem bestimmten Fach die Note „mangelhaft" aufweist (vgl. BAG AP Nr. 10 zu § 620 BGB – Bedingung – = NZA 1987, 20 = DB 1986, 2680 = BB 1986, 2128).

Demgegenüber ist ein Aufhebungsvertrag nicht bereits deshalb ungültig, weil in ihm keinerlei → Abfindungsregelung enthalten ist (vgl. BAG AP Nr. 19 zu § 9 KSchG 1969 = NZA 1988, 15 = DB 1988, 450 = BB 1988, 564). Bei der Vereinbarung von Abfindungszahlungen an → ausländische Arbeitnehmer für den Fall einer endgültigen Rückkehr in die Heimat kann eine Umgehung der Vorschriften über den → Sozialplan in den §§ 111, 112 BetrVG vorliegen, wenn der Aufhebungsvertrag in Ausführung einer Betriebsvereinbarung geschlossen wird, die Personalabbau durch Abschluß von Aufhebungsverträgen zum Ziel hat (vgl. BAG AP Nr. 19 zu § 9 Kündigung 1969 = NZA 1988, 15 = DB 1988, 450 = BB 1988, 564 = NJW 1988, 159). Der Abschluß eines Aufhebungsvertrags unterliegt der → Anfechtung nach den allgemeinen Regeln der §§ 119ff. BGB. Wegen der einschneidenden Wirkung von Aufhebungsverträgen wird vereinzelt eine obligatorische Bedenkzeit für den Arbeit-

Aufhebungsvertrag

nehmer vor dem Abschluß gefordert (vgl. LAG Hamburg NZA 1992, 309) bzw. finden sich in Tarifverträgen zuweilen Rücktrittsklauseln zugunsten des Arbeitnehmers (vgl. BAG AP Nr. 8 zu § 1 TVG Tarifverträge: Einzelhandel = NZA 1986, 25 = DB 1985, 1484). Durch Aufhebungsverträge können erhebliche, sozialversicherungsrechtliche Nachteile entstehen: dem Arbeitnehmer, dessen Kündigungsfrist nicht eingehalten wird, droht das Ruhen des Arbeitslosengeldes für die Zeit, in der er Arbeitsentgelt erhält oder zu beanspruchen hat bzw. dann, wenn in einer → Abfindung wegen Nichtbeachtung der Kündigungsfrist verstecktes Entgelt vermutet wird, § 117 AFG. Außerdem droht dem Arbeitnehmer bei Abschluß eines Aufhebungsvertrages eine Sperrzeit von derzeit bis zu 12 Wochen gem. § 119 AFG, wenn für die Beendigung des Arbeitsverhältnisses kein wichtiger Grund existiert (vgl. BSG NZA 1987, 717). Für den Arbeitgeber droht bzw. drohte die Regelung der Erstattungspflicht von Sozialleistungen bei Aufhebungsverträgen mit älteren Arbeitnehmern gem. § 128 AFG, die das BVerfG mit seiner Entscheidung vom 23. 1. 1990 (vgl. NZA 1990, 161 = DB 1990, 161 = NJW 1990, 1230) jedoch für zum Teil verfassungswidrig erklärt hat (s. hierzu im einzelnen: Ossenbühl NZA 1990, 633; Müller-Roden/Hackelsberger NZA 1990, 639; Sibben NZA 1991, 161; Hirt BB 1989, 297). Regelmäßig findet sich in Aufhebungsverträgen eine Abgeltungs- bzw. Ausgleichsklausel beispielsweise dahingehend, daß „mit Erfüllung der Vereinbarung sämtliche (finanziellen) Ansprüche aus dem Arbeitsverhältnis und dessen Beendigung abgegolten sind". Dies trifft sowohl für außergerichtliche Aufhebungsverträge als auch für solche in Gestalt von → Prozeßvergleichen zu. Eine solche Klausel erfaßt nur verzichtbare Ansprüche, d. h.: solche, die der Parteidisposition unterliegen. Hiervon wiederum ausgenommen sind i. d. R. Rechte aus betrieblicher Altersversorgung (vgl. LAG Hamm DB 1980, 113 und 643) und Zeugnisansprüche (hierzu tendierend: BAG AP Nr. 9 zu § 630 BGB = DB 1975, 155 = BB 1975, 136 = NJW 1975, 407; umfassend hierzu: Schulz, Alles über Arbeitszeugnisse, Beck-Rechtsberater im dtv, 2. Aufl. S. 33f.) Nicht betroffen ist vor allem auch der Anspruch auf den gesetzlichen Mindesturlaub nach § 5 Abs. 1c BUrlG (vgl. BAG AP Nr. 13 zu § 13 BUrlG – Unabdingbarkeit – = NZA 1990, 935 = DB 1991, 392 = ZTR 1990, 531). Wegen der dargestellten weitreichenden Folgen eines Aufhebungsvertrags für den Arbeitnehmer ist eine grundsätzliche umfassende Aufklärungs- bzw. Belehrungspflicht des Arbeitgebers zu fordern, wobei in der Rechtsprechung hierzu differenziert wird (vgl. zur Sperre beim Arbeitslosengeld: BAG AP Nr. 99 zu § 611 BGB – Fürsorgepflicht – = NZA 1988, 837 = DB = BB 1988, 1962 = NJW 1989, 247; zu Versorgungsschäden: BAG AP Nr. 22 zu § 1 BetrAVG

Aufklärungspflicht

– Zusatzversorgungskasse – = NZA 1989, 690 = DB 1989, 1527 = BB 1989, 1274). Wenn sich der Arbeitnehmer erkundigen will, muß sich der Arbeitnehmer entscheiden, ob er belehrt; bejaht er diese Frage, müssen seine Auskünfte richtig und vollständig sein (vgl. BAG AP Nr. 5 zu § 1 BetrAVG – Zusatzversorgungskasse – = NZA 1985, 712).

Lit.: Bauer/Röder NZA 1985, 205; Bauer NZA 1989, 256; Buchner NZA 1991, Beil. 2

Aufklärungspflicht → Arbeitsverhältnis

Auflösung des Arbeitsverhältnisses. Wird durch das Arbeitsgericht festgestellt, daß ein Arbeitsverhältnis durch die Kündigung nicht beendet wurde, dem Arbeitnehmer die Fortsetzung nicht zuzumuten ist bzw. eine den Betriebszwecken dienliche weitere Zusammenarbeit nicht zu erwarten ist, so hat das Gericht im ersten Fall auf Antrag des Arbeitnehmers, im zweiten Fall auf Antrag des Arbeitgebers das Arbeitsverhältnis aufzulösen und den Arbeitgeber zur Zahlung einer angemessenen Abfindung zu verurteilen. Diese in den §§ 9, 10 KSchG enthaltene Durchbrechung des Bestandsschutzes ist vom BVerfG als verfassungsgemäß angesehen worden (vgl. NZA 1990, 535 = DB 1990, 1042 = NJW 1990, 1843).

→ Berufsausbildungsverhältnisse können nicht nach diesen Vorschriften aufgelöst werden (vgl. BAG AP Nr. 6 zu § 13 KSchG 1969 = NZA 1986, 230 = DB 1985, 2515 = BB 1986, 641). Der Antrag auf Auflösung des Arbeitsverhältnisses kann bis zum Schluß der letzten mündlichen Verhandlung vor dem LAG gestellt und wieder zurückgenommen werden, ohne daß es hierzu der Einwilligung des Prozeßgegners bedarf (vgl. BAG AP Nr. 5 zu § 9 KSchG 1969 = DB 1980, 356 = BB 1980, 315 = NJW 1980, 1484). Voraussetzung einer Auflösung des Arbeitsverhältnisses ist grundsätzlich, daß eine Beendigungskündigung Streitgegenstand ist; dies gilt im Falle einer → Änderungskündigung nur dann, wenn der Arbeitnehmer die Änderung der Arbeitsbedingungen nicht unter Vorbehalt annimmt. Weitere Voraussetzung für einen Antrag des Arbeitnehmers auf Auflösung des Arbeitsverhältnisses ist, daß das Arbeitsgericht die → Sozialwidrigkeit der ordentlichen oder außerordentlichen Kündigung gemäß § 1 Abs. 2 KSchG feststellt, unabhängig davon, ob weitere Unwirksamkeitsgründe vorliegen (vgl. BAG AP Nr. 6 zu § 9 KSchG 1969 = DB 1981, 2438 = NJW 1982, 1118); liegen hingegen ausschließlich andere Unwirksamkeitsgründe vor, z.B. lediglich eine fehlerhafte → Anhörung des Betriebsrates, ist die Auflösung des Arbeitsverhältnisses nicht möglich. Der Auflösungsantrag des Arbeitnehmers erfordert außerdem die Unzumutbarkeit der Weiterar-

Auflösung des Arbeitsverhältnisses

beit, die bei unerträglichen Arbeitsbedingungen im Falle der Fortsetzung des Arbeitsverhältnisses vorliegt. Im Verhältnis zum → wichtigen Grund gemäß § 626 Abs. 1 BGB werden hier geringere Anforderungen gestellt (vgl. BAG AP Nr. 8 zu § 9 KSchG 1969 = DB 1982, 757 = BB 1982, 1113 = NJW 1982, 2015). Der Auflösungsgrund muß in innerem Zusammenhang mit der Kündigung oder dem Kündigungsschutzprozeß stehen, d. h. er kann auch nach Kündigungsausspruch entstehen und z. B. in ehrverletzenden Behauptungen des Arbeitgebers oder seines Prozeßbevollmächtigten (vgl. BAG AP Nr. 18 zu § 9 KSchG 1969 = NZA 1988, 16 = DB 1988, 295) oder in durch Tatsachen belegbarer Besorgnis bestehen, daß es nach Rückkehr des Arbeitnehmers in den Betrieb zu erheblichen Spannungen mit Arbeitskollegen komme (vgl. LAG Hamm = DB 1975, 1514; LAG Köln LAGE Nr. 3 zu § 9 KSchG); nicht ausreichen dürfte lediglich Verärgerung unter Arbeitskollegen oder die Befürchtung einer weiteren Kündigung durch den Arbeitgeber (vgl. zu offensichtlich unbegründeten Kündigungen des Arbeitgebers: LAG Hamburg = MDR 1982, 82). Der Arbeitnehmer hat die Tatsachen für die Unzumutbarkeit einer Fortsetzung des Arbeitsverhältnisses vorzutragen und gegebenenfalls auch zu beweisen; das Gericht kann seine Auflösung des Arbeitsverhältnisses nur auf solche Tatsachen stützen und auf andere selbst dann nicht, wenn sie unstreitig oder offenkundig sind (vgl. BAG AP Nr. 9 zu § 9 KSchG 1969 = DB 1982, 663 = BB 1983, 704). Der Arbeitgeber kann einem Auflösungsantrag des Arbeitnehmers nicht durch → „Rücknahme der Kündigung" den Boden entziehen und zwar auch dann nicht, wenn der Antrag zur Zeit der Rücknahme noch gar nicht vorliegt (vgl. BAG a. a. O.; AP Nr. 6 zu § 9 KSchG 1969 = DB 1981, 2438 = NJW 1982, 1118).

Ein arbeitgeberseitiger Antrag auf gerichtliche Auflösung des Arbeitsverhältnisses ist nur bei einer ordentlichen Kündigung des Arbeitgebers zulässig, deren einziger Mangel die → Sozialwidrigkeit ist, nicht jedoch, wenn andere Unwirksamkeitsgründe gegeben sind (vgl. BAG AP Nr. 4 zu § 9 KSchG 1969 = DB 1980, 501 = BB 1980, 369 = NJW 1980, 1484). Dies gilt auch für das Arbeitsverhältnis eines leitenden Angestellten, bei dem eine Erleichterung für den Arbeitgeber nur insofern eingeräumt ist, als nach § 14 Abs. 2 KSchG der Auflösungsantrag keiner Begründung bedarf. Bei einer eigenen außerordentlichen Kündigung kann der Arbeitgeber – im Gegensatz zum Arbeitnehmer – keinen Antrag stellen. Beruft sich der Arbeitgeber erfolgreich auf die → Umdeutung einer außerordentlichen in eine ordentliche Kündigung und wird deren Sozialwidrigkeit durch das Arbeitsgericht festgestellt, kann auch der Arbeitgeber einen Antrag auf Auflösung des Arbeitsverhältnisses ebenso stellen wie im Falle

Auflösung des Arbeitsverhältnisses

einer vorsorglich ausgesprochenen ordentlichen Kündigung des Arbeitsverhältnisses (vgl. BAG AP Nr. 5 zu § 9 KSchG = DB 1980, 356 = BB 1980, 315 = NJW 1980, 1484). An den vom Arbeitgeber gestellten Auflösungsantrag werden im Interesse eines wirksamen Bestandsschutzes strenge Anforderungen gestellt (vgl. BAG AP Nr. 12 zu § 9 KSchG 1969 = NZA 1985, 60 = DB 1984, 2464 = BB 1985, 659). Trägt der Arbeitgeber vor, daß eine den Betriebszwecken dienliche Zusammenarbeit nicht mehr zu erwarten sei, muß diese Vorausschau auf belegbare Tatsachen gestützt sein, die der Arbeitgeber gegebenenfalls auch zu beweisen hat (vgl. BAG AP Nr. 18 zu 9 KSchG 1969 = NZA 1988, 16 = DB 1988, 295). Die Auflösungsgründe können vor oder nach Ausspruch der Kündigung entstanden sein, entscheidend ist auch hier der Stand der letzten mündlichen Verhandlung (LAG); sie müssen sich aber auf Eignung, Leistung, Verhalten des Arbeitnehmers oder sein Verhältnis zu den anderen Mitarbeitern des Arbeitgebers beziehen. Nicht ausreichend ist jedoch ein Verhalten Dritter, das dem Arbeitnehmer nicht zuzurechnen ist (vgl. BAG a. a. O.) und prozessuales oder außerprozessuales Handeln des Arbeitnehmers, das durch die Wahrnehmung berechtigter Interessen gedeckt ist, wie z. B. die Durchsetzung eines vorläufig vollstreckbaren, erstinstanzlichen Weiterbeschäftigungsurteils (vgl. LAG Düsseldorf DB 1989, 685). Pauschale Wertungen oder Behauptungen genügen nicht. Das Gericht darf auch hier Tatsachen, die der Arbeitgeber nicht vorträgt, selbst dann nicht berücksichtigen, wenn sie offenkundig sind (vgl. BAG AP Nr. 3 zu § 9 KSchG 1969 = DB 1977, 358 = BB 1977, 246 = NJW 1977, 695).

Stellen beide Parteien Anträge auf Auflösung des Arbeitsverhältnisses oder stimmt eine Partei dem Auflösungsbegehren der Gegenpartei zu, steht für das Gericht bindend fest, daß ein Auflösungsgrund vorliegt. Es hat dann nur noch zu prüfen, ob die Kündigung sozial gerechtfertigt (dann: Klageabweisung) oder ungerechtfertigt ist und die Höhe der Abfindung festzusetzen (vgl. BAG AP Nr. 7 zu § 7 KSchG 1951 = DB 1960, 984 = BB 1960, 904); dies folgt daraus, daß kein Gericht den Parteien gegen ihren übereinstimmenden Willen die Fortsetzung eines Arbeitsverhältnisses aufzwingen kann. Gibt das Arbeitsgericht einem Auflösungsantrag statt, hat es den Zeitpunkt für die Auflösung des Arbeitsverhältnisses auf den Termin festzusetzen, an dem das Arbeitsverhältnis bei sozial gerechtfertigter Kündigung geendet hätte, § 9 Abs. 21 KSchG (zu den verfassungsrechtlichen Bedenken gegen diese Vorschrift s. Bleckmann-Coen DB 1981, 640 und Belling DB 1985, 1890). Bei der Auföfung des Arbeitsverhältnisses eines Arbeiters wird in Zukunft die Unvereinbarkeit der Kündigungsfristen gemäß § 622 Abs. 2 BGB (s. hierzu oben → Arbeiter) nach dem Urteil des BVerfG vom 30. 5. 1990 (vgl.

Auftragsmangel/Umsatzrückgang

AP Nr. 28 zu § 622 BGB = NZA 1990, 721 = DB 1990, 1565 = BB 1990 Beil. 27 zu Heft 21 = NJW 1990, 2246) von den Gerichten zu berücksichtigen sein; gegebenenfalls muß eine Aussetzung des Verfahrens bzw. ein Teilurteil entsprechend den Grundsätzen der BAG-Urteile vom 21. 3. 1991 (vgl. DB 1991, 710 = BB 1991, 977) erfolgen (s. oben → Arbeiter). Mißliche Konsequenz der bejahten Verfassungsmäßigkeit von § 9 Abs. 2 KSchG ist, daß der Arbeitnehmer bei Auflösung des Arbeitsverhältnisses z. B. zum Zeitpunkt des Zugangs einer außerordentlichen Kündigung mit diesem Termin alle Vergütungsansprüche verliert, da Ansprüche des Arbeitnehmers auf Fortzahlung von Arbeitsentgelt nach § 615 BGB aufgrund von → Annahmeverzug nicht mehr bestehen, weil sie – nachträglich und rückwirkend! – beseitigt werden.

Diese Ansprüche, die bei entsprechend langer Verfahrensdauer nicht selten höher sind als mögliche Abfindungssummen, sind bei der Bemessung der Abfindung für den Verlust des Arbeitsplatzes zu berücksichtigen. Zur Höhe der Abfindung, zur Fälligkeit und zur Vererbbarkeit s. dort. Die Verurteilung des Arbeitgebers in einem Auflösungsurteil zur Zahlung einer Abfindung ist vorläufig vollstreckbar (vgl. BAG AP Nr. 4 zu § 62 ArbGG 1979 = NZA 1988, 329 = DB 1988, 659 = BB 1988, 843). Der Streitwert eines Auflösungsantrags beträgt nach zutreffender Ansicht des LAG Hamm (vgl. NZA 1990, 328) ⅔ des Feststellungsantrags betreffend die zugrunde liegende Kündigung, mithin regelmäßig 2 Bruttomonatsgehälter.

Lit.: Bauer DB 1985, 1180; Bauer/Hahn DB 1990, 2471.

Auftragsmangel/Umsatzrückgang. Durch dauerhaften Auftragsmangel bzw. Umsatzrückgang kann eine → betriebsbedingte Kündigung gerechtfertigt sein, wenn der Arbeitgeber darlegt und gegebenenfalls beweist, daß bei seinen Arbeitskräften ein Überhang entstanden ist, durch den das Bedürfnis zur Weiterbeschäftigung eines oder mehrerer (vergleichbarer) Arbeitnehmer entfallen ist, wobei die reduzierten Umsatzzahlen nachgewiesen werden sowie sich proportional zur Verringerung des Personalstandes verhalten müssen, und die Kündigung nicht durch innerbetriebliche Maßnahmen vermieden werden kann (vgl. BAG AP Nr. 45 zu § 1 KSchG 1969 – Betriebsbedingte Kündigung – = NZA 1990, 65 = DB 1989, 2384 = BB 1989, 2119). Dasselbe gilt entsprechend für Fälle von Auftragsrückgängen, geringerem Absatz etc., wo dem Arbeitgeber ebenfalls ein gewisser personalpolitischer Entscheidungsspielraum eingeräumt wird; s. auch → Arbeitsmangel.

Lit.: Ascheid DB 1987, 1144; Schaub NZA 1987, 217

Ausbildungsverhältnis

Ausbildungsverhältnis → Berufsbildungsverhältnis

Ausgleichsquittung. Unter einer Ausgleichsquittung versteht man die schriftliche Erklärung einer Arbeitsvertragspartei gegenüber einer anderen, keine Ansprüche aus dem Arbeitsverhältnis mehr zu besitzen. Die Unterzeichnung solcher Bescheinigungen durch den Arbeitnehmer wird regelmäßig am Ende eines Arbeitsverhältnisses bzw. im Zusammenhang mit Verhandlungen über den Abschluß eines → Aufhebungsvertrags vom Arbeitgeber gefordert. In einer Ausgleichsquittung kann ein Arbeitnehmer wirksam auf Rechte gegenüber dem Arbeitgeber verzichten; dieser kann die Unterschriftsleistung jedoch nicht erzwingen. Häufig enthalten Ausgleichsquittungen über die reine Bestätigung des Arbeitnehmers, seine Arbeitspapiere erhalten zu haben, hinaus noch dessen Verzicht auf Erhebung von Einwendungen gegen die Beendigung des Arbeitsverhältnisses. Ist ein solcher Verzicht nicht eindeutig formuliert oder hat der Arbeitnehmer die Bedeutung der Erklärung gar nicht erkannt, hindert ihn deren Unterzeichnung nicht an der Erhebung einer → Kündigungsschutzklage (vgl. BAG AP Nr. 33 zu § 112 BetrVG 1972 = NZA 1986, 258 = DB 1985, 2375 = BB 1985, 530). Vor Zugang einer Kündigung kann nicht auf Kündigungsschutz verzichtet werden; eine danach unterschriebene Ausgleichsquittung, unterliegt ebenso wie auch der → Aufhebungsvertrag der → Anfechtung gemäß den §§ 119 ff. BGB. Unterzeichnet ein ausländischer Arbeitnehmer eine Ausgleichsquittung, muß der Arbeitgeber im Bestreitensfalle beweisen, daß dieser den Inhalt der Erklärung verstanden hat oder doch die deutsche Sprache ausreichend beherrscht (vgl. LAG Hamm LAGE Nr. 1 zu § 4 KSchG – Augleichsquittung – = NZA 1985, 292 = DB 1985, 818 = BB 1985, 1070). Nicht verzichtet werden kann durch eine Ausgleichsquittung auf Ansprüche, die nicht der Parteidisposition unterliegen, s. hierzu oben → Aufhebungsvertrag. Ebenso ist ein Verzicht auf tarifvertragliche Ansprüche nach § 4 Abs. 4 TVG genauso unwirksam wie ein Verzicht auf unabdingbare gesetzliche Ansprüche, wie z. B. den Urlaubsabgeltungsanspruch gem. § 7 Abs. 4 BUrlG im Umfang des Minstunsteurlaubs nach den §§ 1, 3 Abs. 1 BUrlG (vgl. BAG NZA 1990, 935 = DB 1991, 392 = ZTR 1990, 531).
Lit.: Schulte DB 1981, 937

Aushilfsarbeitsverhältnis. Ein echtes, d. h. nicht nur so bezeichnetes Aushilfsarbeitsverhältnis kann nach § 622 Abs. 4 BGB einzelvertraglich mit kürzeren als den gesetzlichen Kündigungsfristen vereinbart werden, vorausgesetzt, es dauert nicht länger als 3 Monate an. Der Abschluß solcher Aushilfsarbeitsverhältnisse kann durch vorübergehenden Personal(mehr-)bedarf gerechtfertigt sein, was allerdings nicht der Fall ist, wenn der Arbeitgeber tatsächlich Dauerarbeitskräfte benötigt, die durch mehrfach hintereinander befristet beschäftigte Aushilfsarbeitnehmer ersetzt werden sollen, s. insoweit → Befristete Arbeitsverhältnisse.

Auskunftserteilung. Die heutzutage bei der Abfassung von Arbeitszeugnissen übliche „Geheimsprache" (vgl. hierzu: Schulz, Alles über Arbeitszeugnisse, Beck-Rechtsberater im dtv, Nr. 5280, 2. Aufl. S. 97 ff.) führt oft dazu, daß ein zur Einstellung eines Arbeitnehmers bereiter Arbeitgeber weitere Informationen über den Bewerber wünscht, nämlich solche, die im Arbeitszeugnis nicht enthalten sind. Hier hat sich die – zumeist mündliche/telefonische – Auskunftserteilung entwickelt, durch die der frühere oder (noch) aktuelle Arbeitgeber oftmals Informationen an einen neuen Arbeitgeber weitergibt. Dieser Vorgang ist zumeist für den betroffenen Arbeitnehmer nicht zu kontrollieren und deshalb sehr bedenklich. Bei unrichtiger oder unvollständiger Auskunftserteilung können dem Arbeitnehmer Schadensersatzansprüche entstehen (im einzelnen: Schulz a. a. O. S. 141 ff.). Vereinbart der Arbeitnehmer mit seinem Arbeitgeber, daß keine oder nur bestimmte Auskünfte zu erteilen sind oder versieht er seine Bewerbung mit einem sog. Sperrvermerk, sind die Arbeitgeber hieran gebunden. Ohne bzw. gegen den Wunsch des Arbeitnehmers darf nach zutreffender Ansicht keine Auskunftserteilung durch den Arbeitgeber erfolgen.
Lit.: Schulz NZA 1990, 717.

Ausländische Arbeitnehmer. Siehe zunächst unter → Arbeitserlaubnis, → Ausgleichsquittung sowie → Aufhebungsvertrag.
Für Arbeitsverhältnisse von ausländischen Arbeitnehmern gelten grundsätzlich keine rechtlichen Besonderheiten. Ist ein Gastarbeiter der deutschen Sprache nicht oder kaum mächtig, so geht ihm nach zutreffender Ansicht eine Kündigung erst nach Ablauf einer für die Übersetzung notwendigen Frist zu (vgl. LAG Hamm NJW 1979, 2488). Nach anderer Meinung wird auf die Möglichkeit der → nachträglichen Zulassung verspäteter Kündigungsschutzklagen verwiesen. Einem türkischen Arbeitnehmer, der einen verkürzten Wehrdienst in seiner Heimat antreten muß, muß zwar in der Regel kein Entgelt gezahlt, ihm darf aber auch nicht gekündigt werden (vgl. BAG AP Nr. 9 zu § 1 KSchG 1969 – Personenbedingte Kündigung – = NZA 1989, 464 = DB 1989, 985 = BB 1990, 207 = NJW 1989, 1649), ebenso darf der Arbeitgeber für diese Zeit den Urlaub nicht kürzen (vgl. BAG AP Nr. 22 zu § 13 BUrlG = NZW 1987, 13 = DB 1986, 2394 = BB 1986, 2200 = NJW 1987, 602).

Ausschluß der ordentlichen Kündigung

Ausschluß der ordentlichen Kündigung. Ein völliger Ausschluß der ordentlichen Kündigung ist in einem Arbeitsverhältnis möglich, insbesondere grundsätzlich bei einem → befristeten Arbeitsvertrag. Da das Recht zur außerordentlichen Kündigung zwingender Natur ist, kann es weder durch Einzelarbeits- noch Tarifvertrag ausgeschlossen werden. Die gesetzlichen Ausschlüsse oder Beschränkungen, z. B. das im § 9 MuSchG enthaltene Kündigungsverbot oder die Erforderlichkeit einer behördlichen Zustimmung zur Kündigung eines → Schwerbehinderten, werden bei jedem einzelnen Stichwort gesondert behandelt. In vielen Tarifverträgen findet sich ein Ausschluß der ordentlichen Kündigung von älteren Arbeitnehmern, der an Lebensalter und/oder Betriebszugehörigkeit anknüpft, wie beispielsweise § 53 Abs. 3 BAT, der die ordentliche Kündigung im öffentlichen Dienst für über 40-jährige Arbeitnehmer mit einer Dienstzeit von 15 Jahren ausschließt. Ähnliches gilt für Rationalisierungsschutzabkommen, die vordringlich den Erhalt der Arbeitsplätze älterer Arbeitnehmer bezwecken, aber auch Regelungen über Umschulungs- oder Fortbildungsmaßnahmen sowie Abfindungen enthalten.
Lit.: Bulla DB 1980, 103 und 158

Ausschlußfristen. Die wichtigste Ausschlußfrist ist die → Zweiwochenfrist des § 626 Abs. 2 BGB, wonach eine außerordentliche Kündigung nur innerhalb von 2 Wochen erfolgen darf, andernfalls sie rechtsunwirksam. Im übrigen bewirken Ausschluß- oder Verfallfristen, daß nach Ablauf eines bestimmten Zeitraumes die Geltendmachung von Rechten und Ansprüchen ausgeschlossen ist; insoweit sollen Ausschlußfristen ebenso wie die → Verjährung der Herstellung des Rechtsfriedens dienen. Sie sind im Prozeß von Amts wegen zu beachten. Ausschlußfristen finden sich in zulässiger Weise in Tarifverträgen und Einzelarbeitsverträgen und dürfen einseitig oder beidseitig gelten. Sie können mündliche Geltendmachung von Ansprüchen genügen lassen, aber auch schriftliche und sogar klageweise Erhebung (sog. zweistufige Ausschlußfristen) erfordern. Im erstgenannten Fall wahrt eine Kündigungsschutzklage die Frist für Ansprüche, die vom Ausgang des Kündigungsschutzprozesses abhängen, wie etwa Lohnansprüche für die Zeit nach Ablauf einer Kündigungsfrist (vgl. BAG AP Nr. 86 zu § 4 TVG – Ausschlußfristen – = NZA 1985, 249 = DB 1985, 249 = DB 1985, 707 = BB 1985, 996); unzureichend ist die Geltendmachung durch eine unzulässige Feststellungsklage (vgl. BAG AP Nr. 103 zu § 4 TVG – Ausschlußfristen – = NZA 1989, 897 = DB 1989, 2628 = BB 1989, 1984). Ist eine gerichtliche Geltendmachung von Zahlungsansprüchen nicht vorgeschrieben, müssen nach Rechtskraft des Urteils im

Kündigungsschutzprozeß nicht erneut innerhalb der tariflichen Ausschlußfristen nochmals die Lohnansprüche geltend gemacht werden, es sei denn der einschlägige Tarifvertrag sieht dies ausdrücklich vor (vgl. BAG AP Nr. 46 zu § 615 BGB = NZA 1991, 226 = DB 1991, 498). Ist hingegen aufgrund einer tarifvertraglichen Ausschlußfrist zunächst formlose oder schriftliche Beanspruchung oder nach Ablehnung gerichtliche Geltendmachung (zweistufige Ausschlußklausel) erforderlich, ist in dem Antrag des Arbeitgebers, die Kündigungsschutzklage abzuweisen, die Ablehnung aller vom Ausgang dieses Rechtsstreits abhängigen Ansprüche zu sehen, es sei denn, der Tarifvertrag schreibt eine ausdrückliche Ablehnung vor (vgl. BAG AP Nr. 19 zu § 1 BUrlG = NZA 1989, 288 = DB 1989, 182 = BB 1989, 288). Wird bei einer zweistufigen Ausschlußfrist eine diese wahrende Klage zurückgenommen, so führt eine erneute Klage nach Ablauf der Ausschlußfrist nicht dazu, daß diese Frist als durch die erste Klage eingehalten gilt (vgl. BAG NZA 1991, 70 = DB 1990, 2329).

In bestimmten Fällen kann die Berufung auf eine Ausschlußfrist rechtsmißbräuchlich, und damit unzulässig sein, z. B. dann, wenn der Anspruchsgegner den -inhaber an der rechtzeitigen Geltendmachung gehindert oder den Eindruck vermittelt hat, daß eine gerichtliche Klärung nicht notwendig sei (vgl. BAG AP Nr. 87 zu § 4 TVG – Ausschlußfrist – = NZA 1985, 219 = DB 1985, 658 = BB 1985, 590). Bei solchen Konstellationen verfällt der Anspruch nicht mit Ablauf der Ausschlußfrist, ist sicherheitshalber aber nach Wegfall des Hinderungsgrundes umgehend geltend zu machen.

Lit.: Bauer NZA 1987, 440; Kiefer NZA 1988, 785; Vögele NZA 1988, 190 u. 1989, 590;

Außerdienstliches Verhalten. Privatleben und Arbeitsverhältnis sind zu trennen. Der Arbeitgeber kann grundsätzlich keine Anforderungen an die private Lebensführung seiner Arbeitnehmer stellen. So sind z. B. Eheschließungen, Partnerbeziehungen, außereheliche Schwangerschaften oder ein ungewöhnlicher Lebenswandel für sich genommen keine Kündigungsgründe (vgl. Preis DB 1990, 632). In bestimmten Ausnahmefällen kann außerdienstliches Verhalten eine Kündigung rechtfertigen, wenn nämlich eine konkrete und erhebliche Beeinträchtigung des Arbeitsverhältnisses gegeben ist (vgl. zu „Einstellungsprämien" eines türkischen Arbeitnehmers: BAG AP Nr. 19 zu § 1 KSchG 1969 – Verhaltensbedingte Kündigung – = DB 1988, 1757 = BB 1988, 1466). Zum Genuß von → Alkohol, Sonderstellung der → Kirchen und zu → politischer Betätigung s. dort. An eine Kündigung wegen außerdienstlichen Verhaltens sind in jedem Fall besonders strenge Anforderungen zu stellen.

Außerordentliche Kündigung

Außerordentliche Kündigung. Die außerordentliche Kündigung ist sowohl bei unbefristeten als auch bei → befristeten Arbeitsverhältnissen möglich, allerdings immer nur unter den Voraussetzungen des § 626 Abs. 1 BGB, d. h. dann, wenn dem Kündigenden unter Berücksichtigung aller Einzelfallumstände und Abwägung der Interessen beider Vertragsteile die Fortsetzung des Arbeitsverhältnisses bis zum Ablauf der Kündigungsfrist oder der vereinbarten Beendigung nicht zuzumuten ist. Hier müssen besonders schwerwiegende Vertragsverletzungen vorliegen; in der Regel wird vorausgegangenes, erfolgloses Abmahnen zu fordern sein. So kann beispielsweise eine außerordentliche Kündigung des Arbeitgebers gerechtfertigt sein wegen beharrlicher → Arbeitsverweigerung des Arbeitnehmers, die sogar bei wiederholter Unpünktlichkeit vorliegen kann, wenn dadurch eine konkrete Störung des Betriebsablaufs oder -friedens eingetreten ist (vgl. BAG AP Nr. 99 zu § 626 BGB = NJW 1989, 546 = NZA 1989, 261 = DB 1989, 329 = BB 1989, 289). Auch bei → Straftaten gegen den Arbeitgeber sind bei der Interessenabwägung gem. § 626 Abs. 1 BGB Umstände des Einzelfalles wie Alter, Betriebszugehörigkeit, Folgen der Kündigung für den Arbeitnehmer u. ä. einzubeziehen (vgl. BAG AP Nr. 81 zu § 626 BGB = NZA 1985, 288 = DB 1985, 1244 = BB 1985, 1069); bedingen Unterhaltspflichten des Arbeitnehmers dessen schlechte Vermögenslage, sind sie bei Straftaten gegen den Arbeitgeber im Rahmen der Interessenabwägung zu berücksichtigen (vgl. BAG AP Nr. 101 zu § 626 BGB = NZA 1989, 755 = DB 1989, 1679 = DB 1989, 1553 = NJW 1989, 1884). Selbstverständlich kann auch der Arbeitnehmer fristlos, d. h. außerordentlich kündigen und unterliegt hierbei denselben Voraussetzungen wie der Arbeitgeber (vgl. LAG Berlin DB 1989, 1121): so begründen Verletzungen des → Arbeitsschutzes eine außerordentliche Kündigung ebenso wie erheblicher Vergütungsrückstand nach erfolgloser, vorheriger Abmahnung, → Beleidigungen, Schikanen, ständiges Abverlangen unzulässiger Mehrarbeit etc. Der Arbeitnehmer ist hingegen nach der Rechtsprechung des BAG nicht zur außerordentlichen Kündigung seines Arbeitsverhältnisses berechtigt, wenn er nur auf diesem Weg eine neue, erheblich höher dotierte Stelle antreten kann (vgl. BAG AP Nr. 59 zu § 626 BGB = DB 1971, 54 = BB 1971, 40); zu extremen Fallkonstellationen in diesem Zusammenhang s. oben → Arbeitsplatzwechsel. Da in besonderen Fällen auch der Arbeitgeber durch eine außerordentliche Kündigung des Arbeitnehmers in seinem Ansehen betroffen sein kann, kann auch er Klage auf Feststellung von deren Unwirksamkeit erheben (vgl. BAG AP Nr. 9 zu § 256 ZPO 1977 = NZA 1986, 714 = DB 1986, 2678 = BB 1989, 1553 = NJW 1989, 1884). Die außerordentliche Kündigung kann fristlos, das heißt mit Wirkung ab Zugang oder auch

Außerordentliche Kündigung

entfristet bzw. mit sozialer Auslauffrist ausgesprochen werden. In jedem Fall muß für den Kündigungsempfänger klar erkennbar sein, daß eine außerordentliche Kündigung gewollt ist. Zur → Umdeutung einer außerordentlichen Kündigung in eine ordentliche Kündigung s. dort; die Umdeutung einer ordentlichen in eine außerordentliche Kündigung oder in eine → Anfechtung ist ausgeschlossen. In Sonderfällen wie z. B. Betriebsstillegungen erkennt das BAG an, daß ordentlich unkündbare Arbeitnehmer außerordentlich gekündigt werden können, ausnahmsweise und unter Einhaltung der gesetzlich oder der tarifvertraglich ansonsten geltenden Kündigungsfrist (vgl. BAG AP Nr. 86 zu § 626 BGB = NZA 1985, 559 = DB 1985, 1743 = BB 1985, 1915 = NJW 1985, 2606).

Ebenso wie die ordentliche Kündigung unterliegt auch die außerordentliche Kündigung grundsätzlich keiner → Schriftform, es sei denn, eine solche ist gesetzlich, tarifvertraglich oder im Einzelarbeitsvertrag vorgeschrieben. Eine rückwirkende außerordentliche Kündigung ist ausgeschlossen. Die Anhörung des Gekündigten vor Ausspruch ist keine Wirksamkeitsvoraussetzung der außerordentlichen Kündigung mit Ausnahme des besonderen Falles der → Verdachtskündigung. Auch die in § 626 Abs. 2 S. 3 BGB vorgesehene Mitteilung der Kündigungsgründe auf Verlangen des Gekündigten ist nicht Voraussetzung für die Wirksamkeit der Kündigung, es sei denn dies ist ausdrücklich vorgesehen, wie z. B. in § 15 Abs. 3 BBiG für das → Berufsbildungsverhältnis. Zur → Anhörung des Betriebsrates s. dort. Das Recht zur außerordentlichen Kündigung ist zwar nicht abdingbar, es kann aber hierauf verzichtet werden, z. B. durch den Ausspruch einer ordentlichen Kündigung vor Ablauf der Ausschlußfrist des § 626 Abs. 2 BGB (LAG Ba.-Wü. BB 1989, 151) oder Erteilung einer Abmahnung. Außerdem kann der Ausspruch einer außerordentlichen Kündigung rechtsmißbräuchlich sein, was dann der Fall ist, wenn sich der Kündigende in Widerspruch zu vorausgegangenem Verhalten setzt (vgl. LAG Bremen BB 1984, 473: Unwirksamkeit einer 2 Tage nach Erteilung eines sehr guten Zeugnisses ausgesprochenen fristlosen Kündigung). Das Recht des Arbeitgebers und des Arbeitnehmers zur außerordentlichen Kündigung ist zwingend d. h. unabdingbar und darf weder durch Tarifvertrag oder Einzelarbeitsvertrag eingeschränkt oder erweitert werden; letzteres würde zu einer Umgehung der für die ordentliche Kündigung geltenden zwingenden Mindestkündigungsfristen des § 622 BGB führen.

Die außerordentliche Beendigungskündigung ist als → ultima-ratio erst dann möglich, wenn z. B. eine anderweitige Beschäftigung nicht möglich ist; s. insoweit → Änderungskündigung und → Änderungsangebot; zum Erfordernis vorheriger erfolgloser → Abmah-

Aussperrung

nung s. dort. Im übrigen s. zur → Zweiwochenfrist des § 626 Abs. 2 BGB, zur → Kündigungsschutzklage, zur → Beweislast und zum → Schadensersatz gem. § 628 Abs. 2 BGB jeweils dort. Die einzelnen, möglichen Gründe für den Ausspruch einer außerordentlichen Kündigung werden nicht hier gesammelt, sondern unter ihrer jeweiligen alphabetischen Platzierung behandelt.

Lit.: Berger-Delhey/Lütke ZTR 1990, 47; Popp NZA 1987, 366; Buchner NZA 1991, 47; Koch NZA 1991, 55

Aussperrung → Streik und Aussperrung

Auswahl → Sozialauswahl

Auswahlrichtlinien. Gemäß § 95 BetrVG können Arbeitgeber und Betriebsrat in Betriebsvereinbarungen Richtlinien über die personelle Auswahl bei Personalmaßnahmen und so auch bei Kündigungen beschließen.

Solche Auswahlrichtlinien müssen den Wertungen des § 1 Abs. 3 KSchG entsprechen und Lebensalter, Betriebszugehörigkeit und Unterhaltsverpflichtungen angemessen berücksichtigen, was noch zu bejahen ist, wenn die beiden ersten Kriterien im wesentlichen gleich behandelt werden (vgl. BAG AP Nr. 19 zu § 1 KSchG 1969 – Soziale Auswahl – = NZA 1990, 729 = DB 1990, 1335 = BB 1990, 1274).

Arbeitgeber und Betriebsrat haben hier aber einen Beurteilungsspielraum; es dürfen aber nicht von vorneherein Arbeitnehmer bestimmter Abteilungen ohne hinreichende sachliche Kriterien als nicht vergleichbar eingestuft werden (vgl. BAG AP Nr. 1 KSchG 1969 – Soziale Auswahl – = NZA 1990, 226 = DB 1990, 380 = BB 1990, 351). In jedem Fall muß zur Vermeidung unbilliger Härten im Anschluß an die Vorauswahl nach der Punktetabelle (s. hierzu: Berkowsky NJW 1983, 1292) eine individuelle Abschlußprüfung stattfinden (vgl. BAG AP Nr. 19 zu § 1 KSchG 1969 – Soziale Auswahl – = NZA 1990, 729 = DB 1990, 1335 = BB 1990, 1274).

Verstößt der Arbeitgeber gegen eine Auswahlrichtlinie, kann der Betriebsrat bei der → Anhörung zu einer Kündigung dieser gem. § 102 Abs. 3 Nr. 2 BetrVG widersprechen und der Arbeitnehmer kann im Rahmen der → Kündigungsschutzklage die Sozialwidrigkeit der Kündigung geltend machen; s. im übrigen → Sozialauswahl.

Lit.: Boewer NZA 1988, 1.

Auszubildende → Berufsbildungsverhältnis

B

Beamte. Beamte stehen in einem öffentlich-rechtlichen Dienstverhältnis zu ihrem Dienstherrn. Auf das Beamtenverhältnis findet das Arbeitsrecht keine Anwendung, wohl aber auf die Angestellten und Arbeiter des öffentlichen Dienstes aufgrund ihrer Arbeitnehmereigenschaft. Ein wirksam begründetes Beamtenverhältnis kann nicht in ein Arbeitnehmerverhältnis umgedeutet werden (vgl. BAG AP Nr. 18 zu § 2 ArbGG – Zuständigkeitsprüfung – = DB 1960, 211 = NJW 1960, 358).

Bedingte Kündigung. Da eine Kündigung als einseitige Willenserklärung die Rechtslage unmittelbar gestaltet, muß sie eindeutig und klar formuliert sein. Sie darf grundsätzlich auch nicht unter einer Bedingung stehen, auf die der Kündigungsempfänger keinen Einfluß hat; dies ist dann der Fall, wenn der Eintritt der Bedingung (§ 158 BGB) von der Beurteilung des Kündigenden oder eines Dritten abhängt.

Die → Änderungskündigung ist der typische Fall einer bedingten Kündigung, die jedoch – unter den Voraussetzungen der § 1, 2 KSchG – zulässig ist. Von der bedingten Kündigung ist die vorsorgliche Kündigung zu unterscheiden: bei ihr behält sich der Kündigende die → Rücknahme der Kündigung vor, was zwar unverbindlich, aber zulässig ist. Der häufigste Anwendungsbereich einer vorsorglichen Kündigung ist derjenige des Ausspruchs einer ordentlichen Kündigung für den Fall, daß eine gleichzeitig ausgesprochene fristlose bzw. → außerordentliche Kündigung rechtsunwirksam sein sollte. Der Arbeitnehmer muß auch eine vorsorgliche Kündigung rechtzeitig gem. § 4 KSchG durch eine Kündigungsschutzklage angreifen, andernfalls sie nach § 7 KSchG durch reinen Zeitablauf wirksam wird.

Bedingter Arbeitsvertrag. Nach heute maßgeblicher Ansicht des BAG sind bedingte Arbeitsverträge nicht generell unzulässig; es werden an sie aber strenge Anforderungen gestellt (vgl. BAG AP Nr. 9 zu § 620 BB – Bedingung – = NZA 1986, 325 = DB 1986, 281). So darf insbesondere keine Umgehung des Kündigungsschutzes vorliegen, das Unternehmerrisiko auf den Arbeitnehmer abgewälzt werden oder der Bedingungseintritt der willkürlichen Bestimmung durch den Arbeitgeber unterliegen. Die fehlende Bestimmtheit einer vereinbarten Bedingung führt zu deren Rechtsunwirksamkeit (vgl.

Befristetes Arbeitsverhältnis

BAG AP Nr. 16 zu § 620 BGB – Bedingung – = NZW 1989, 643 = DB 1989, 1730 = BB 1989, 1347).

Als *wirksam* sind in der Rechtsprechung folgende auflösend bedingte Arbeitsverträge eingestuft worden: Erreichen einer bestimmten Altersgrenze (vgl. BAG AP Nr. 2 zu § 620 BGB – Altersgrenze – = NZA 1988, 617 = DB 1988, 1501 = BB 1988, 1820), Feststellung der Erwerbsunfähigkeit durch Rentenversicherungsträger (vgl. BAG AP Nr. 5 zu § 59 BAT = NZA 1987, 815 = DB 1987, 2209 = BB 1987, 320) bzw. Fluguntauglichkeit (vgl. BAG AP Nr. 12 zu § 1 TVG – Tarifverträge, Lufthansa – = NZA 1988, 67).

Unwirksam hingegen ist die Vereinbarung, daß das Arbeitsverhältnis eines Arbeitnehmers endet, wenn dieser nicht rechtzeitig aus dem Urlaub an seinen Arbeitsplatz zurückkehrt (vgl. BAG AP Nr. 14 zu § 620 BGB – Bedingung – = NZA 1988, 391 = DB 1988, 1024 = BB 1988, 1123); s. in diesem Zusammenhang oben unter → Aufhebungsvertrag.

Lit.: Zur Zulässigkeit von Altersgrenzen: Stahlhacke DB 1989, 2329; Schlüter/Belling NZA 1988, 298; Kienast DB 1991, 1725; Ehrich DB 1992, 1186.

Befristetes Arbeitsverhältnis. Ein Arbeitsverhältnis kann auf zwei Arten befristet werden: es wird für eine zeitlich festgelegte Dauer (§ 620 Abs. 1 BGB) oder für einen bestimmten Zweck abgeschlossen, ohne daß sich hierbei exakt die Dauer von vorneherein festlegen ließe (§ 620 Abs. 2 BGB). Die Beendigung des Arbeitsverhältnisses tritt, ohne daß es hierzu einer Kündigung bedarf, durch den reinen Zeitablauf ein. Ist das Arbeitsverhältnis zweckbestimmt befristet, hat der Arbeitgeber den Arbeitnehmer auf das sich abzeichnende Ende des Vertrages hinzuweisen (vgl. BAG AP Nr. 113 zu § 620 BGB – Befristeter Arbeitsvertrag – = NZA 1988, 201 = DB 1988, 969 = BB 1988, 138). Ein Vertragsende tritt mit Fristablauf nicht automatisch ein, wenn die Berufung auf die Befristung rechtsmißbräuchlich ist (vgl. BAG AP Nr. 8 zu § 1 BeschFG 1985 = NZA 1988, 719 = DB 1989, 1728 = BB 1989, 1823 = NJW 1989, 3171). Eine ordentliche Kündigung ist bei einem befristeten Arbeitsverhältnis nur möglich, wenn sie ausdrücklich vereinbart wurde; die außerordentliche Kündigung ist nicht ausgeschlossen. Da die Befristung von Arbeitsverhältnissen gem. § 620 BGB zwar zulässig, gegenüber dem unbefristeten Arbeitsvertrag jedoch rechtsdogmatisch und beschäftigungspolitisch die Ausnahme ist, bedarf sie zur Wirksamkeit der sachlichen Rechtfertigung. Diese ist nur dann gegeben, wenn entweder aufgrund eines Gesetzes (vgl. § 1 BeschFG, §§ 57a–f HRG u. ä.), eines Tarifvertrages (vgl. zum Bereich des BAT die Sonderregelung SR 2y und Slaby ZTR 1989, 142) oder aufgrund

Befristetes Arbeitsverhältnis

einer einzelvertraglichen Vereinbarung ein Sachgrund für die Befristung vorliegt. Bei der letztgenannten Fallgruppe ist nach der Rechtsprechung des BAG erforderlich, daß zwingende Kündigungsschutzvorschriften nicht umgangen werden, auf die Auffassung verständiger und verantwortungsbewußter Vertragspartner abgestellt wird, der Sachgrund für die Befristung des Arbeitsverhältnisses bei dessen Abschluß vorliegt, und daß sich die Dauer der Befristung aus dem Sachgrund ergibt und nicht im Widerspruch zu diesem steht (vgl. BAG AP Nr. 120 zu § 620 BGB – Befristeter Arbeitsvertrag – = NZA 1989, 965) = DB 1988, 1677 = BB 1989, 1409). Bei mehreren hintereinandergeschalteten, befristeten Arbeitsverhältnissen (= Kettenarbeitsverträgen) soll nach Ansicht des BAG nur die sachliche Rechtfertigung des letzten Arbeitsvertrages von Bedeutung sein (vgl. BAG AP Nr. 8 zu § 119 BGB = NZA 1988, 734 = DB 1988, 1704 = BB 1988, 1823; ablehnend insoweit: Klevemann/Ziemann DB 1989, 2608). Stellt sich aber der letzte Vertrag als ein unselbständiger Annex des vorletzten Vertrages dar, so ist bei der Prüfung der sachlichen Rechtfertigung der Befristung auf diesen abzustellen (vgl. BAG AP Nr. 4 zu § 620 BGB – Hochschule – = NZA 1988, 280 = DB 1987, 2210 = NJW 1988, 1870). Aufgrund der durch die Rechtsprechung des BAG entwickelten Typologie wurde beispielsweise in folgenden Fällen eine Befristung des Arbeitsverhältnisses als zulässig erachtet: auf freien Wunsch des Arbeitnehmers (vgl. BAG AP Nr. 136 zu § 620 BGB – Befristeter Arbeitsvertrag – = DB 1990, 1874 = BB 1990, 1907), beim Probearbeitsverhältnis nicht über 6 Monate Dauer (vgl. BAG AP Nr. 74 zu § 620 BGB – Befristeter Arbeitsvertrag – = NJW 1983, 1752 = DB 1983, 1880 = BB 1984, 59), zur Aushilfe bei Wahrnehmung nur vorübergehender Aufgaben (vgl. BAG AP Nr. 77 zu § 620 BGB – Befristeter Arbeitsvertrag – = NJW 1984, 993 = DB 1984, 621 = BB 1984, 728), in gerichtlichen oder außergerichtlichen Vergleichen (vgl. BAG AP Nr. 80 zu § 620 BGB – Befristeter Arbeitsvertrag – NZA 1984, 34), wobei diese Aufzählung naturgemäß nicht erschöpfend sein kann. Als unzulässig wurde z. B. eine Befristung angesehen, wenn diese aus Rücksicht auf zukünftige Bewerber (vgl. BAG AP Nr. 33 zu § 620 BGB – Befristeter Arbeitsvertrag – = DB 1970, 2080 = BB 1970, 1320), zur ständigen Aushilfe oder Dauervertretung (vgl. BAG AP Nr. 63 zu § 620 BGB – Befristeter Arbeitsvertrag – = NJW 1982, 1174 = DB 1982, 437 = BB 1982, 434) u. ä. abgeschlossen wurde; auch diese Reihung kann hier nicht abschließend sein. Es ist immer auf den jeweiligen Einzelfall abzustellen, wobei der Arbeitnehmer nach der Rechtsprechung des BAG die → Beweislast dafür trägt, daß keine Sachgründe für die Befristung vorliegen (vgl. BAG AP Nr. 47 zu § 620 BGB – Befristeter Arbeitsvertrag – = DB 1979, 1991 = BB 1979, 1557); es

Begründung der Kündigung

gelten aber die Grundsätze des → Anscheinsbeweises. Für die Klage des Arbeitnehmers auf Feststellung der Unwirksamkeit einer Befristung bzw. des Bestehens eines unbefristeten Arbeitsverhältnisses gilt die Klagefrist des § 4 KSchG nicht und auch nicht entsprechend (vgl. BAG a. a. O.); das Recht zur Berufung auf die Unwirksamkeit der Befristung unterliegt aber der → Verwirkung. Setzen die Parteien eines Arbeitsvertrages diesen nach Ablauf der vereinbarten Befristung fort, gilt das Arbeitsverhältnis als auf unbestimmte Zeit gem. § 625 BGB verlängert. Auch lediglich einzelne Arbeitsbedingungen sollen in zulässiger Weise befristet werden können (vgl. BAG AP Nr. 19 zu § 2 KSchG 1969 = NZA 1987, 241 = DB 1987, 1099 = BB 1989, 196).

Lit.: Klevemann/Ziemann DB 1989, 2608; Sowka DB 1988, 2457; Koch NZA 1985, 345 und 1992, 154.

Begründung der Kündigung. Die Pflicht des Kündigenden zur Begründung der außerordentlichen Kündigung nach § 626 Abs. 2 S. 3 BGB auf Verlangen des Gekündigten ist keine Wirksamkeitsvoraussetzung (s. auch → außerordentliche Kündigung), wie dies bei der außerordentlichen Kündigung des → Berufsbildungsverhältnisses der Fall ist. In besonders gelagerten Ausnahmefällen kann die Nichtangabe der Kündigungsgründe nach Treu und Glauben für den Gekündigten zu einem Anspruch auf Ersatz des Schadens führen, der dadurch entsteht, daß er die Gründe nicht rechtzeitig erfährt, z. B. erst im Laufe des Prozesses, und die Klage zurückgenommen wird (vgl. BAG AP Nr. 55 zu § 1 KSchG = DB 1959, 892 = BB 1959, 813). Zur Begründungspflicht des Arbeitgebers hinsichtlich der bei einer betriebsbedingten Kündigung zu treffenden → Sozialauswahl s. dort.

Lit.: Schwerdtner BlStSozArbR 1981, 147.

Beharrliche Arbeitsverweigerung → Arbeitsverweigerung

Behördliche Zustimmung. Nach § 4 S. 4 KSchG läuft die Klagefrist gegen eine Kündigung, die einer behördlichen Zustimmung bedarf, erst mit Bekanntgabe der Verwaltungsentscheidung gegenüber dem Arbeitnehmer. Für die Kündigung eines → Schwerbehinderten oder einer Frau, die → Mutterschutz genießt, gilt diese Vorschrift in der Regel nicht, da hier die vorherige Zustimmung der Behörde erforderlich ist, sodaß die Klagefrist gem. § 4 S. 1 KSchG normalerweise mit Zugang der Kündigung zu laufen beginnt. Geht einem Schwerbehinderten der behördliche Zustimmungsbescheid (ausnahmsweise) nach Zustellung der Kündigung zu, beginnt die Klagefrist des § 4 KSchG jedoch erst mit Bekanntgabe der Verwaltungsentscheidung (vgl. BAG AP Nr. 1 zu § 15 SchwbG = DB 1982, 1330 = BB 1982, 1858 = NJW 1982, 2630).

Beiordnung. Wenn eine Partei außerstande ist, ohne Beeinträchtigung des eigenen oder des Familienunterhalts die → Kosten eines arbeitsgerichtlichen Verfahrens zu bestreiten und nicht durch Gewerkschaft oder Arbeitgeberverband vertreten werden will, kann das Gericht auf entsprechenden Antrag hin einen → Rechtsanwalt beiordnen. Voraussetzung ist, daß die Gegenseite anwaltlich vertreten ist und die Rechtsverfolgung nicht offensichtlich mutwillig ist, § 11a ArbGG. Das Gericht hat auf das Antragsrecht hinzuweisen, was aber in der Praxis oftmals unterbleibt. Die Regelung kommt vorwiegend Arbeitnehmern zugute, die außerdem die Möglichkeit haben, Prozeßkostenhilfe mit Anwaltsbeiordnung nach den §§ 114 ff. ZPO zu beantragen. Die Erstattung der Rechtsanwaltsgebühren erfolgt aus der Staatskasse.

Lit.: Dänzer/Vanotti NZA 1985, 619; Lepke DB 1981, 1927.

Beitrittsgebiet. Seit der Herstellung der staatlichen Einheit Deutschlands am 3. 10. 1990 gibt es wieder ein gesamtdeutsches Arbeitsrecht. Die Rechtsgrundlage hierfür bildet vor allem der am 31. 8. 1990 unterzeichnete Staatsvertrag über die Herstellung der Einheit Deutschlands – Einigungsvertrag – (EinigungsV). Gemäß Art. 8 EinigungsV tritt grundsätzlich im Beitrittsgebiet das bisherige bundesdeutsche Arbeitsrecht in Kraft, soweit im EinigungsV selbst und insbesondere in dessen Anlage I und II nichts Abweichendes bestimmt ist. Bisheriges DDR-Recht gilt nach Art. 9 des Vertrags nur fort, soweit es in der Anlage II mit den dortigen Maßgaben aufgeführt ist. In Art. 30 EinigungsV ist der Auftrag an den gesamtdeutschen Gesetzgeber enthalten, u. a. das Arbeitsvertragsrecht möglichst bald einheitlich neu zu regeln. Zu beachten ist, daß gem. Anl. II zum EinigungsV Kap. VIII, Sachgeb. A, Abschn. III, Nr. 1a die Vorschrift des § 55 des Arbeitsgesetzbuchs der ehemaligen DDR (AGB) im Beitrittsgebiet in Kraft bleibt. Danach beträgt die *Kündigungsfrist einheitlich* für Arbeiter und Angestellte *2 Wochen*. Bei einer Beschäftigungsdauer von 5 Jahren in demselben → Betrieb oder Unternehmen erhöht sich die Kündigungsfrist auf 1 Monat zum Monatsende, nach 10 Jahren auf 2 Monate zum Monatsende und nach 20 Jahren auf 3 Monate zum Quartalsschluß. Hierbei werden Beschäftigungszeiten vor Vollendung des 25. Lebensjahres nicht berücksichtigt. Kürzere Kündigungsfristen können durch → Tarifvertrag vereinbart werden; arbeitsvertraglich darf für die Kündigung des Arbeitnehmers keine längere Frist zur Kündigung als für den Arbeitgeber vereinbart werden. Nach Anl. I zum EinigungsV, Kap. VIII,

Beleidigung

Abschn. I und III Nr. 1 gelten im Beitrittsgebiet dementsprechend weder das → Angestelltenkündigungsgesetz (AngKSchG) noch § 622 BGB; siehe auch unter → Warteschleife und → Mindestkündigungsfrist.

Die wichtigsten, kündigungsrechtlich relevanten Besonderheiten für das Beitrittsgebiet betreffen die → Kündigungsfristen, die Geltung des → KSchG, den → Betriebsübergang; sie werden am Ende eines jeden betroffenen Stichwortes abgehandelt.

Verfahrensrechtlich ist die Besonderheit der → Schiedsstellen zu beachten.

Lit.: Kissel NZA 1990, 545 und 833 sowie 1992, 1; Dörner/Widlak NZA 1991, Beil. 1; Beling/Müsgen NZA 1991, Beil. 1; Richardi NZA 1991, 289; Germelmann NZA 1991, 629; Fenski/Linck NZA 1992, 337.

Beleidigung. Das Arbeitsverhältnis setzt gegenseitige Achtung voraus. Deshalb können Beleidigungen des Arbeitgebers durch den Arbeitnehmer und umgekehrt Gründe für ordentliche oder außerordentliche Kündigungen darstellen. Die Umstände des Einzelfalles, die Vorgeschichte (Provokation?), branchenüblicher Umgangston etc. sind ebenso zu berücksichtigen (vgl. BAG AP Nr. 66 zu § 626 BGB = BB 1973, 428) wie eine mögliche Berufung auf die Wahrnehmung berechtigter Interessen gem. § 193 StGB (vgl. LAG Köln DB 1987, 2209. Das LAG Düsseldorf bejahte eine grobe Beleidigung, d.h. eine schwere und bewußte Ehrenkränkung aus gehässigen Motiven, bei der Verwendung des „Götz-Zitates" durch einen Hotelportier in Anwesenheit eines weiblichen Gastes (vgl. DB 1959, 795 = NZA 1984, 200). Wenn ein Arbeitnehmer im engeren Kreise von Mitarbeitern unwahre oder ehrenrührige Tatsachen über den Arbeitgeber behauptet, darf dieser in der Regel nicht außerordentlich kündigen, wenn sich der Arbeitnehmer auf die Vertraulichkeit der Unterhaltung verlassen durfte (vgl. BAG AP Nr. 66 zu § 626 BGB = BB 1973, 428). Zur Kündigung wegen → Tätlichkeiten oder → sexueller Belästigung s. dort; bei Beleidigung von Arbeitskollegen kommt u. U. eine → Druckkündigung in Betracht.

Lit.: v. Hoyningen-Huene BB 1991, 2215.

Benachteiligung. In § 611a Abs. 1 BGB ist festgelegt, daß der Arbeitgeber einen Arbeitnehmer bei einer Kündigung nicht wegen seines Geschlechtes benachteiligen darf. Gleichfalls darf nach § 20 BetrVG ein Arbeitnehmer nicht gekündigt werden, um seine Wahl zum Betriebsrat zu verhindern oder ihn wegen seines Einsatzes bei der Betriebsratswahl zu maßregeln (vgl. BAG AP Nr. 1 zu § 1 KSchG 1969 – Verhaltensbedingte Kündigung – = DB 1978, 641 =

Berufsausbildungsverhältnis

BB 1978, 660 NJW 1978, 1872); ebenso kann eine Kündigung wegen Verstoßes gegen das Benachteiligungsverbot des § 78 S. 2 BetrVG rechtsunwirksam sein. Der Arbeitnehmer trägt in allen diesen Fällen zunächst die → Beweislast für die unzulässige Benachteiligung; es kommen jedoch die Regeln des → Anscheinsbeweises zur Anwendung, die zu einer Umkehr der Beweislast zu Lasten des Arbeitgebers führen können (vgl. ausdrücklich: § 611a Abs. 1 S. 3 BGB und BAG a. a. O.).

Berechnung von Fristen. Die Berechnung von Kündigungsfristen erfolgt, ausgehend vom Zugang der Kündigung, nach den in den §§ 186–193 BGB enthaltenen Regeln, wobei zu beachten ist, daß sich die Kündigungsfristen *nicht* etwa entsprechend § 183 BGB verlängern, wenn das Fristende (z. B. der 30. 6.) auf einen Samstag, Sonn- oder Feiertag fällt. Zur Berechnung der dreiwöchigen → Klagefrist gem. § 4 KSchG und zur Frist für die → nachträgliche Zulassung der Klage s. dort.

Bergmannversorgungsschein. Nur mit Zustimmung einer Zentralstelle kann Inhabern eines Bergmannversorgungsscheins gekündigt werden; gesetzliche Regelungen existieren insoweit in Nordrhein-Westfalen, Niedersachsen und im Saarland.

Berufsausbildungsverhältnis. Das Berufsausbildungsverhältnis ist nach § 13 BBiG ein befristetes Vertragsverhältnis mit vorgeschalteter Probezeit, das gem. § 14 Abs. 1 u. 2 BBiG mit Ablauf der vertraglich festgelegten Ausbildungsdauer oder vorzeitigem Bestehen der Abschlußprüfung endet. Nach § 1 Abs. 2 BBiG hat die Berufsausbildung eine breit angelegte berufliche Grundbildung und die für die Ausübung einer qualifizierten Tätigkeit erforderlichen fachlichen Kenntnisse und Fertigkeiten in einem geordneten Ausbildungsgang zu vermitteln. Das BBiG erfaßt aber *nicht* Volontäre, Umschüler und Praktikanten. Auf das Berufsausbildungsverhältnis sind gem. § 3 Abs. 2 BBiG die normalen arbeitsrechtlichen Vorschriften anzuwenden, soweit dessen Wesen und Zweck keine Abweichungen erfordern. Das Berufsausbildungsverhältnis kann während der mindestens ein-, höchstens dreimonatigen Probezeit durch jederzeitige Kündigung ohne Kündigungsfrist nach § 15 Abs. 1 BBiG beendet werden, danach nur noch durch außerordentliche Kündigung des Auszubildenden oder des Ausbildenden oder Kündigung des Auszubildenden mit vierwöchiger Kündigungsfrist wegen Berufsaufgabe oder -wechsels, § 15 Abs. 2 BBiG. Die Kündigung muß nach Abs. 3 dieser Vorschrift in allen Fällen schriftlich und nach der Probezeit unter Angabe der Kündigungsgründe erfolgen. Ein eventueller Schadensersatzanspruch wegen vorzeitiger Vertragsauflösung muß binnen drei Monaten nach Beendigung des Berufsausbildungsverhältnisses geltend gemacht werden, § 16 BBiG. Die Dreiwochenfrist des § 4 KSchG zur Klageerhebung ist auf eine außerordentliche Kündigung des Berufsausbildungsverhältnisses dann anzuwenden, sofern nicht eine Verhandlung vor einem gem. § 111 Abs. 2 ArbGG gebildeten Ausschuß zur Beilegung von Streitigkeiten aus dem BBiG (z. B. IHK) stattzufinden hat; das Klagerecht kann aber wegen → Verwirkung ausgeschlossen sein (vgl. NZA 1991, 67 = NJW 1991, 2101).

Das Verfahren vor diesem Ausschuß und der nachfolgende arbeitsgerichtliche Prozeß richten sich nach § 111 Abs. 2 ArbGG. Gründe für eine außerordentliche Kündigung nach § 15 Abs. 2 BBiG können, wenn sie im Kündigungsschreiben nicht genannt sind, im Prozeß nicht nachgeschoben werden (vgl. LAG Ba-Wü DB 1990, 588). Für den wichtigen Grund gelten die Erkenntnisse zur außerordentlichen Kündigung gem. § 626 BGB entsprechend, wobei allerdings an das Verhalten von Auszubildenden nicht dieselben Maßstäbe anzulegen sind wie an erwachsene Arbeitnehmer und der Erziehungsauftrag des Ausbilders ebenso zu berücksichtigen ist wie Alter und persönliche Reife des Auszubildenden (vgl. LAG Hamm BB 1977, 1653 zu einem Jugendstreich).

Grundsätzlich ist auch bei der außerordentlichen Kündigung im Rahmen des BBiG eine vorherige → Abmahnung erforderlich. Bei der Berufsaufgabekündigung des Auszubildenden gem. § 15 Abs. 2 BBiG kommt es weder auf dessen Gründe noch darauf an, ob er den Ausbildungsberuf wechseln oder eine Berufsfachschule besuchen will (vgl. LAG Düsseldorf DB 1972, 688). § 78a BetrVG garantiert Auszubildenden besonderen Kündigungsschutz. Gemäß § 17 BBiG geht das Berufsausbildungsverhältnis in ein unbefristetes Arbeitsverhältnis über, wenn der Auszubildende weiterbeschäftigt wird. Der Abschluß eines → Aufhebungsvertrages ist jederzeit möglich; minderjährige Auszubildende benötigen hierfür die Zustimmung ihrer gesetzlichen Vertreter. Unwirksam ist aber beispielsweise ein bedingter Aufhebungsvertrag dahingehend, daß das Berufsausbildungsverhältnis endet, wenn der Auszubildende in einem Zeugnis eine bestimmte Note nicht erreicht (vgl. BAG AP Nr. 10 zu § 620 BGB – Bedingung – = NZA 1987, 20 = DB 1986, 2680 = BB 1986, 2128).

Ein Verzeichnis der Ausbildungsberufe findet sich bei Schaub, Arbeitsrechtshandbuch 7. Aufl. 1992, § 174 m. w. N.

Berufung. Gegen → Urteile des → Arbeitsgerichts in Kündigungsschutzverfahren ist Berufung zum Landesarbeitsgericht (LAG) statthaft. Sie ist innerhalb eines Monats nach Zustellung der vollständig abgefaßten Entscheidung einzulegen und innerhalb eines weiteren Monats nach Einlegung zu begründen, §§ 66 I ArbGG, 516 u. 519 ZPO. Die Berufungsschrift ist von einem Rechtsanwalt oder Koalitionsvertreter zu unterzeichnen; die Begründung kann auch durch Telekopie erfolgen (vgl. BAG AP Nr. 10 zu § 130 ZPO = NZA 1989, 525 = DB 1989, 1144 = BB 1989, 1128 = NJW 1989, 1822).

Lit.: Schaub, Meine Rechte und Pflichten im Arbeitsgerichtsverfahren, Beck-Rechtsberater im dtv Nr. 5205.

Beschäftigungs- und Weiterbeschäftigungsanspruch. Es gibt (noch) kein grundgesetzlich garantiertes Recht auf Arbeit, wohl aber einen aus dem Arbeitsvertrag resultierenden Beschäftigungsanspruch des Arbeitnehmers gegenüber dem Arbeitgeber. Er existiert während des Bestehens des Arbeitsverhältnisses, also grundsätzlich auch nach Ausspruch einer ordentlichen Kündigung bis zum Ablauf der Kündigungsfrist; zur → Freistellung (Suspendierung) s. dort. Man unterscheidet außerdem a) den besonderen und b) den allgemeinen Weiterbeschäftigungsanspruch.

a) Der *besondere Weiterbeschäftigungsanspruch* ist gegeben, wenn der Betriebsrat einer ordentlichen Kündigung des Arbeitgebers frist- und ordnungsgemäß widersprochen und der Arbeitnehmer Kündigungsschutzklage erhoben hat mit der Folge, daß dann der Arbeitgeber auf Verlangen des Arbeitnehmers diesen nach Ablauf der Kündigungsfrist bis zum rechtskräftigen Abschluß des Rechtsstreits bei unveränderten Arbeitsbedingungen weiterbeschäftigen muß, § 102 Abs. 5 S. 2 BetrVG. Unter bestimmten Voraussetzungen kann der Arbeitgeber durch das Arbeitsgericht von dieser Pflicht nach S. 2 dieser Vorschrift entbunden werden. Ebenso wie der besondere Weiterbeschäftigungsanspruch kann die Entbindung hiervon durch → einstweilige Verfügung durchgesetzt werden.

b) Der *allgemeine Weiterbeschäftigungsanspruch* war lange Zeit umstritten. Er wurde aber mit Beschluß des großen Senats des BAG vom 27. 2. 1985 (vgl. AP Nr. 14 zu § 611 BGB – Beschäftigungsanspruch – = NZA 1985, 702 = DB 1985, 2179 = BB 1985, 1978 = NJW 1985, 2968) wie folgt bejaht: Der gekündigte Arbeitnehmer hat einen arbeitsvertraglichen Anspruch auf vertragsgemäße Beschäftigung über den Ablauf der ordentlichen Kündigungsfrist bzw. bei einer außerordentlichen Kündigung über deren Zugang hinaus bis zum rechtskräftigen Abschluß des Kündigungsschutzprozesses, wenn die Kündigung unwirksam ist und überwiegende schutzwürdige Interessen des Arbeitgebers einer solchen Beschäftigung nicht entgegenstehen. Die Ungewißheit über den Prozeßausgang begründet nach Ansicht des BAG jedoch gerade ein schutzwürdiges Interes-

Beschäftigungs- und Weiterbeschäftigungsanspruch

se des Arbeitgebers an der Nichtbeschäftigung des gekündigten Arbeitnehmers während des Verfahrens, es sei denn, die angegriffene Kündigung ist offensichtlich unwirksam oder der Arbeitnehmer im Interesse seiner Qualifikation darauf angewiesen, beschäftigt zu werden (vgl. LAG Köln NZA 1991, 472 für das Berufsausbildungsverhältnis). Gewinnt allerdings der Arbeitnehmer den Kündigungsschutzprozeß in 1. Instanz, so überwiegt sein Beschäftigungsinteresse; verliert er sodann in 2. Instanz, soll wiederum das gegenteilige Arbeitgeber-Interesse überwiegen (BAG a. a. O.). Diese Grundsätze gelten entsprechend für den Fall, daß über die Wirksamkeit einer → Befristung oder einer auflösenden → Bedingung gestritten wird (vgl. BAG AP Nr. 19 zu § 611 BGB – Beschäftigungspflicht – = NZA 1986, 562 = DB 1986, 1827 = BB 1986, 1437 = NJW 1987, 680), und dann, wenn der Arbeitnehmer eine → Änderungskündigung nicht unter dem Vorbehalt gem. § 2 KSchG annimmt, sondern die neuen Arbeitsbedingungen vorbehaltlos ablehnt und auf seine Kündigungsschutzklage hin im Prozeß über den Fortbestand des Arbeitsverhältnisses gestritten wird. Letzteres gilt entsprechend, wenn die Parteien darüber streiten, ob diese Vorbehaltsannahme wirksam ist, also beispielsweise rechtzeitig erfolgte (vgl. BAG AP Nr. 4 zu § 767 ZPO = NZA 1985, 709 = DB 1985, 2461 = BB 1985, 2179). Nimmt hingegen der Arbeitnehmer die geänderten Arbeitsbedingungen in einer Änderungskündigung wirksam unter dem Vorbehalt des § 2 KSchG an, besteht nicht über den Fortbestand, sondern lediglich über den Inhalt des Arbeitsverhältnisses Streit. Dann ist der Arbeitnehmer verpflichtet, während des Änderungsverfahrens nach Ablauf der Kündigungsfrist bzw. nach Zugang einer außerordentlichen Kündigung zu den angebotenen, geänderten Arbeitsbedingungen weiterzuarbeiten (vgl. BAG AP Nr. 27 zu § 2 KSchG 1969 = NZA 1990, 734 = DB 1990, 1773 = BB 1990, 1843). Werden mehrere Kündigungen ausgesprochen und hat das Arbeitsgericht die Unwirksamkeit der 1. Kündigung festgestellt, kommt es für die obengenannte Interessenabwägung darauf an, ob die weiteren Kündigungen zu einer (erneuten) Unsicherheit bei der Beurteilung der Rechtslage führen (vgl. BAG AP Nr. 17 zu § 611 BGB – Beschäftigungspflicht – = NZA 1986, 566 = DB 1986, 176 = BB 1986, 1435 = NJW 1986, 2965). Bei einvernehmlicher Weiterbeschäftigung wird in der Regel das Arbeitsverhältnis auflösend bedingt fortgesetzt bis zur rechtskräftigen Abweisung der Kündigungsschutzklage mit der Folge, daß der Arbeitnehmer alle Ansprüche behält (vgl. BAG AP Nr. 22 zu § 611 BGB – Beschäftigungspflicht – = NZA 1987, 376 = DB 1987, 1154 = BB 1987, 1109). Bei erzwungener Weiterbeschäftigung nimmt das BAG im Falle einer späteren Klageabweisung eine bereicherungsrechtliche Rückabwicklung vor (vgl. BAG AP Nr. 1

Besitzstandsklausel

zu § 611 – Weiterbeschäftigung – = NZA 1987, 373 = DB 1987, 1110). Der Weiterbeschäftigungsanspruch kann im Wege der Klagehäufung gleichzeitig mit der Kündigungsschutzklage geltend gemacht werden; die Vollstreckung erfolgt nach § 888 ZPO. Jedenfalls als uneigentlicher Hilfsantrag ist der Weiterbeschäftigungsanspruch auch von der Rechtsschutzversicherung des Arbeitnehmers kostenmäßig abzudecken.

Lit.: Baur ZTR 1989, 375 u. 419; Falkenberg DB 1987, 1543; Stephan NZA 1989, 354; Schwerdtner DB 1989, 878; Süß NZA 1988, 719.

Beschäftigungsförderungsgesetz. Das Beschäftigungsförderungsgesetz gilt für die Zeit vom 1. 5. 1985 bis zum 31. 12. 1995 und enthält vor allem im § 1 Regeln über die erleichterte Zulassung befristeter Arbeitsverträge: Danach ist es zulässig, die einmalige Befristung eines Arbeitsverhältnisses für die Dauer von 18 Monaten zu vereinbaren, wenn der Arbeitnehmer neu eingestellt oder in unmittelbarem Anschluß an ein Berufsausbildungsverhältnis mangels unbefristeter Beschäftigungsmöglichkeit nur vorübergehend beschäftigt wird. Die Verlängerung eines befristeten Arbeitsverhältnisses ist nicht möglich; der Abschluß kann sogar durch Tarifvertrag ganz ausgeschlossen sein (vgl. zur SR 2y des BAT: BAG AP Nr. 1 zu § 1 – Beschäftigungsförderungsgesetz – 1985 = NZA 1988, 358 = DB 1988, 1022 = BB 1988, 1042 und Slaby ZTR 1989, 142). Hat der Arbeitgeber beim Arbeitnehmer einen gewissen Vertrauenstatbestand geschaffen, hat dieser Anspruch auf Weiterbeschäftigung auch über die nach dem Beschäftigungsförderungsgesetz vereinbarte Vertragsdauer hinaus (vgl. BAG AP Nr. 8 zu § 1 – Beschäftigungsförderungsgesetz – 1985 = NZA 1989, 719 = DB 1989, 1728 = BB 1989, 1823 = NJW 1989, 3171).

Lit.: Friedhofen/Weber NZA 1985, 337 und NZA 1990, 713.

Besitzstandsklausel. § 23 Abs. 1 S. 4 KSchG enthält eine Besitzstandsklausel dahingehend, daß Arbeitnehmern, deren Arbeitsverhältnis schon vor dem 1. 5. 1985 bestand, der Kündigungsschutz erhalten bleibt, wenn vor diesem Zeitpunkt sowohl die betriebliche Mindestgröße (6 Arbeitnehmer) erreicht als auch die jeweilige Wartezeit gem. § 1 Abs. 1 KSchG (6 Monate) erfüllt war (vgl. BAG AP Nr. 9 zu § 23 KSchG = NZA 1990, 977 = DB 1991, 500 = BB 1990, 2192). Der Arbeitnehmer soll aber nach der Rechtsprechung des BAG durch nachfolgende betriebliche Veränderungen (Personalabbau!) seinen Kündigungsschutz wieder verlieren können (vgl. BAG AP Nr. 10 zu § 23 KSchG 1969 = NZA 1991, 309 = DB 1991, 1467), wobei rechtsmißbräuchliches Verhalten des Arbeitgebers den Kündigungsschutz nicht berühren soll und kann.

Betrieb

Betrieb. Unter dem Begriff des Betriebes im Sinne des KSchG und des BetrVG versteht man die organisatorische Einheit, innerhalb derer ein Unternehmer allein bzw. gemeinsam mit seinen Mitarbeitern mit Hilfe von sachlichen und immateriellen Mitteln bestimmte arbeitstechnische Zwecke fortgesetzt verfolgt; ein Arbeitgeber kann mehrere Betriebe haben. Ein gemeinsamer Betrieb kann von mehreren rechtlich selbständigen Unternehmen gebildet werden mit der Folge des Ausschlusses eines → Kleinbetriebes im Sinne des § 23 Abs. 1 S. 2 KSchG (vgl. BAG AP Nr. 4 zu § 23 KSchG 1969 = NZA 1984, 88 = DB 1984, 1684), sowie der Erstreckung auch der → Sozialauswahl gem. § 1 Abs. 2 S. 2 Nr. 1b KSchG (vgl. BAG AP Nr. 10 zu § 1 KSchG = NZA 1986, 600 = DB 1986, 1287).

Voraussetzung für die Annahme eines einheitlichen Betriebes mehrerer Unternehmen ist das Vorliegen einer einheitlichen Leistungsmacht und Organisation, wobei es keiner ausdrücklichen Abrede hierüber bedarf (vgl. BAG AP Nr. 30 zu § 15 KSchG 1969 = NZA 1988, 32 = DB 1987, 2362 = BB 1987, 1304). Der Arbeitnehmer ist im Falle eines Kündigungsschutzprozesses für die Anwendbarkeit des KSchG und somit auch für den einheitlichen Betrieb grundsätzlich beweispflichtig, wobei in der Regel zunächst die Darlegung der äußeren Umstände ausreicht, die für dessen Vorliegen sprechen. Danach hat der Arbeitgeber die hiergegen sprechenden Fakten vorzutragen (vgl. BAG AP Nr. 4 zu § 23 KSchG 1969 = NZA 1984, 88 = DB 1984, 1684).

Lit.: Haase NZA 1988, Beil. 3; Kamphausen NZA 1988, Beil. 4.

Betriebsbedingte Kündigung. Eine ordentliche Kündigung des Arbeitgebers aus betrieblichen Gründen ist sozial ungerechtfertigt, wenn sie nicht durch dringende betriebliche Erfordernisse, die einer Weiterbeschäftigung des Arbeitnehmers entgegenstehen, begründet ist, § 1 Abs. 2 S. 1 KSchG. Die betrieblichen Erfordernisse müssen dabei so dringlich sein, daß eine Kündigung im Betriebsinteresse unvermeidbar ist (vgl. BAG AP Nr. 42 zu § 1 KSchG 1969 – Betriebsbedingte Kündigung – = NZA 1987, 776 = DB 1987, 2207 = BB 1987, 2303). Die Ursache kann inner- oder außerbetrieblicher Natur sein, z. B. Rationalisierung, Produktionseinstellung einerseits oder → Auftragsmangel, Umsatzrückgang (vgl. BAG AP Nr. 45 zu § 1 KSchG 1969 – Betriebsbedingte Kündigung – = NZA 1990, 65 = DB 1989, 2384 = BB 1989, 2119) andererseits, wofür der Arbeitgeber im Kündigungsschutzprozeß die volle Darlegungs- und Beweislast trägt (vgl. AP Nr. 11 zu § 1 KSchG 1969 = NZA 1986, 823, DB 1986, 2236 = BB 1986, 2129). Eine hinter dem Kündigungsentschluß stehende unternehmerische Entscheidung ist nicht auf ihre Zweckmäßigkeit, wohl aber dahingehend zu überprüfen, ob sie willkürlich

Betriebsbedingte Kündigung

oder sachwidrig ist, was wiederum vom Arbeitnehmer vorgetragen werden muß (vgl. BAG a. a. O.). Die Kündigung als solche ist aber keine von den Arbeitsgerichten als bindend hinzunehmende Unternehmerentscheidung (vgl. BAG AP Nr. 14 zu § 2 KSchG 1969 = NZA 1986, 824 = DB 1986, 2442 = BB 1986, 2130). Ebensowenig genügt der Entschluß des Arbeitgebers, die Lohnkosten zu senken; es müssen vielmehr Maßnahmen ergriffen werden, die zu einer Verringerung des Arbeitskräftebedarfs führen (vgl. BAG a. a. O.). Durch die Arbeitsgerichte voll überprüfbar ist hingegen, ob eine Unternehmerentscheidung bei Kündigungsausspruch bereits greifbare Formen angenommen hatte oder durchgeführt war und wie sie sich unmittelbar oder mittelbar auf den Arbeitsplatz des gekündigten Arbeitnehmers auswirkte (vgl. BAG AP Nr. 45 zu § 1 KSchG – Betriebsbedingte Kündigung – = NZA 1990, 65 = DB 1989, 2384 = BB 1989, 2119). Nach der Rechtsprechung des BAG ist nicht erforderlich, daß der konkrete Arbeitsplatz des gekündigten Arbeitnehmers weggefallen ist; es soll ausreichen, wenn ein Arbeitsplatz „entbehrlich" wird (vgl. BAG AP Nr. 24 zu § 1 KSchG 1969 = NZA 1986, 155 = DB 1986, 232 = BB 1986, 135). Die Kündigung ist aber nicht unvermeidbar, d. h. nicht dringend betrieblich erforderlich, wenn sie durch andere innerbetriebliche Maßnahmen technischer, organisatorischer oder wirtschaftlicher Art, insbesondere durch Abbau von Überstunden, Arbeitsteilung, Um- und Fortbildung der Arbeitnehmer etc., vermieden werden kann (vgl. BAG a. a. O.). Nach neuerer Ansicht des BAG soll jedenfalls dann, wenn der → Betriebsrat von seinem Initiativrecht gem. § 87 Abs. 1 Nr. 3 BetrVG keinen Gebrauch macht, die Einführung von Kurzarbeit zur Vermeidung betriebsbedingter Kündigungen nicht in Betracht kommen (vgl. zum Baugewerbe: BAG BB 1987, 1882). Kann der betroffene Arbeitnehmer an einem anderen Arbeitsplatz im selben Betrieb des Unternehmens weiterbeschäftigt werden, ist die Kündigung unzulässig, § 1 Abs. 2 Nr. 1b KSchG. In die Prüfung sind in diesem Zusammenhang auch Arbeitsplätze einzubeziehen, die nicht bereits im Kündigungszeitpunkt frei sind, sondern erst im Laufe der Kündigungsfrist frei werden (vgl. BAG BB 1991, 412). Während das BAG hierbei allein auf den Kündigungszeitpunkt abstellt, kommt es nach Ansicht des LAG Berlin auch darauf an, ob in dem Zeitpunkt, in dem der Wegfall des bisherigen Arbeitsplatzes und die Kündigung absehbar waren, ein anderer Arbeitsplatz frei war, der vom Arbeitgeber bis zum Kündigungszugang durch eine Neueinstellung besetzt wurde; ist dies der Fall, nimmt das LAG Berlin ebenfalls die Sozialwidrigkeit der Kündigung an (vgl. LAG Berlin LAGE Nr. 14 zu § 1 KSchG = NZA 1989, 274 = DB 1988, 2264). Nach Ansicht des LAG Köln kann ein zunächst wirksam gekündigter Arbeitnehmer aufgrund des

Betriebsbuße

Wegfalls der seiner Weiterbeschäftigung entgegenstehenden Umstände einen → Wiedereinstellungsanspruch haben; bei Kündigung mehrerer Arbeitnehmer hat der Arbeitgeber nach diesem Urteil bei der Wiedereinstellung soziale Gesichtspunkte zu berücksichtigen (vgl. LAG Köln LAGE Nr. 1 zu § 611 BGB – Einstellungsanspruch – = 1989, 1475; s. auch Preis DB 1988, 1392). Nach herrschender Ansicht ist der Kündigungsschutz und somit auch die Versetzungspflicht des Arbeitgebers nur unternehmens-, nicht auch konzernbezogen (vgl. BAG AP Nr. 4 zu § 1 KSchG 1969 – Konzern – = NZA 1987, 125 = DB 1986, 2547 = BB 1986, 2270); in der Literatur und von den Instanzgerichten wird dann ein konzernbezogener Kündigungsschutz (vgl. ArbG Oldenburg Urt. v. 24. 4. 1987 – 2 Ca 2743/86 – RzK 5b Nr. 3) angenommen, wenn das herrschende Konzernunternehmen das gesamte Stamm- oder Grundkapital eines abhängigen Konzernunternehmens besitzt (s. hierzu unter → Konzern). Wegen des das gesamte Kündigungsrecht beherrschenden → Verhältnismäßigkeitsgrundsatzes (Ultima-ratio-Prinzip) hat vor dem Ausspruch jeder Beendigungskündigung ein → Änderungsangebot bzw. eine → Änderungskündigung zu erfolgen, im einzelnen s. dort und BAG AP Nr. 8 zu § 2 KSchG = NZA 1985, 455 = DB 1985, 1186 = BB 1985, 1130). Wie bei → personen- und → verhaltensbedingten Kündigungen findet auch bei der betriebsbedingten Kündigung eine → Interessenabwägung statt. Sie ist nach der Rechtsprechung des BAG jedoch insoweit eingeschränkt, als sich bei einer „an sich" betriebsbedingten Kündigung die Abwägung nur noch ausnahmsweise zugunsten des Arbeitnehmers auswirken könne (vgl. BAG AP Nr. 42 zu § 1 KSchG 1969 – Betriebsbedingte Kündigung – = NZA 1987, 776 = DB 1982, 2207 = BB 1987, 2303). Eine „an sich" betriebsbedingte Kündigung kann aber dennoch sozial ungerechtfertigt sein, nämlich dann, wenn die → Sozialauswahl durch den Arbeitgeber nicht korrekt erfolgt ist; s. dort und § 1 Abs. 3 KSchG. Im Falle des Kündigungsschutzprozesses hat der Arbeitgeber die volle Darlegungs- und → Beweislast für die der betriebsbedingten Kündigung zugrundeliegenden Umstände, § 1 Abs. 2 S. 4 KSchG.

Lit.: Schaub NZA 1987, 217; Ascheid DB 1987, 1114; Preis DB 1988, 1387 u. 1444; Schwerdtner ZIP 1984, 12; Berkowsky NJW 1983, 1292.

Betriebsbuße. Im Gegensatz zur → Abmahnung liegt bei der Betriebsbuße der Schwerpunkt in der Sanktionierung vergangenen Unrechts, insbesondere Verstößen gegen die betriebliche Ordnung gem. § 87 Abs. 1 Nr. 1 BetrVG. Die Betriebsbuße setzt die wirksame Schaffung und Bekanntgabe einer Bußordnung (Betriebsvereinbarung gem. § 77 BetrVG) voraus (vgl. BAG AP Nr. 12 zu § 87

BetrVG – Betriebsbuße – = NZA 1990, 193 = DB 1990, 483 = BB 1990, 705); die einseitige Verhängung einer Betriebsbuße durch den Arbeitgeber ist unwirksam. Nach neuerdings geänderter Rechtsprechung des BAG soll die Betriebsbuße nicht mehr als vorrangig milderes Mittel vor Ausspruch einer → verhaltensbedingten Kündigung einzustufen sein (vgl. BAG = NZA 1991, 557 = DB 1991, 1226 = BB 1991, 1637 = NJW 1991, 1906).

Lit.: Heinze NZA 1990, 169; Leßmann 1989, 1769

Betriebsfrieden. Eine abstrakte oder sogar konkrete Gefährdung der betrieblichen Ordnung vermag eine Kündigung nicht zu begründen. Voraussetzung ist vielmehr eine ganz konkrete Störung des Betriebsfriedens (vgl. BAG AP Nr. 99 zu § 626 BGB = NZA 1989, 261 = DB 1989, 329 = BB 1989, 289 = NJW 1989, 546). In Betracht kommen → Tätlichkeiten zwischen Arbeitnehmern, Verletzung eines betrieblichen Alkoholverbots (vgl. LAG Niedersachsen DB 1981, 1985), Bedrohung eines Vorgesetzten (vgl. LAG Frankfurt/M. LAGE Nr. 27 zu § 626 BGB n.F.) und → sexuelle Belästigungen durch Vorgesetzte (BAG NZA 1986, 467 = DB 1986, 1339 = BB 1986, 943). Regelmäßig ist eine vorherige → Abmahnung erforderlich. Zur → politischen Betätigung s. dort.

Lit.: v. Hoyningen-Huene BB 1991, 2215.

Betriebsgeheimnisse. Die schuldhafte Verletzung der Pflicht zur Wahrung von Betriebsgeheimnissen kann eine Kündigung rechtfertigen, wenn die Schweigepflicht des Arbeitnehmers durch berechtigte betriebliche Erfordernisse begründet ist (vgl. LAG Hamm DB 1989, 783).

Betriebsgröße → Betrieb und → Kleinbetrieb

Betriebsobmann → Betriebsrat

Betriebsrat. Mitglieder des Betriebsrats oder anderer Arbeitnehmervertretungen genießen besonderen Kündigungsschutz gem. § 15 KSchG, nach dessen Abs. 1 die ordentliche Kündigung gegenüber diesem Personenkreis während der Amtszeit und bis zum Ablauf eines Jahres nach deren Ende unzulässig ist; dies gilt auch für Massenänderungskündigungen (vgl. BAG AP Nr. 28 zu § 15 KSchG 1969 = NZA 1987, 807 = DB 1987, 2209 = BB 1987, 1885). Der nachwirkende Kündigungsschutz besteht ebenso für Ersatzmitglieder des Betriebsrats, unabhängig davon, ob sie endgültig nachgerückt oder nur vorübergehend als Stellvertreter für ein zeitweilig verhindertes Betriebsratsmitglied tätig geworden sind (vgl. BAG AP Nr. 7 zu

Betriebsrat

§ 15 KSchG 1969 = DB 1980, 451 = BB 1980, 317). Auch gegenüber Mitgliedern des Wahlvorstandes ist ab ihrer Bestellung und gegenüber Wahlbewerbern ab ihrer Aufstellung die ordentliche Kündigung unzulässig; der Kündigungsschutz wirkt hier sechs Monate nach, § 15 Abs. 3 KSchG. Ausnahmsweise sind diese besonders geschützten Arbeitnehmer ordentlich kündbar im Falle einer → Betriebsstillegung nach § 15 Abs. 4 KSchG. Der Vertrauensmann der Schwerbehinderten hat nach § 26 Abs. 3 SchwbG denselben Kündigungsschutz wie ein Betriebsratsmitglied. Die → außerordentliche Kündigung dieses Personenkreises ist möglich, wenn ein wichtiger Grund vorliegt. Voraussetzung ist aber, daß der Betriebsrat vorher der Kündigung zugestimmt hat oder die Zustimmung des Betriebsrates durch eine rechtskräftige Entscheidung des Arbeitsgerichts ersetzt wurde, § 15 Abs. 1 KSchG, § 103 BetrVG. Eine Verletzung von Amtspflichten eines Betriebsratsmitgliedes ist kein wichtiger Grund i. S. d. § 626 Abs. 1 BGB, allenfalls für ein Ausschlußverfahren nach § 23 Abs. 1 BetrVG. Bei einem Verhalten des Arbeitnehmers, das aus der Betriebsratstätigkeit resultiert und sowohl eine Amts-, als auch eine Arbeitsvertragsverletzung darstellt, ist bei einem Betriebsratsmitglied ein strengerer Maßstab anzulegen als beim „normalen" Arbeitnehmer (vgl. BAG AP Nr. 96 zu § 626 BGB = NZA 1987, 808 = DB 1988, 236). Kündigt der Arbeitgeber nur einem Betriebsratsmitglied außerordentlich wegen eines Vorfalls, an dem mehrere Arbeitnehmer beteiligt waren, so ist diese Kündigung bereits nach den §§ 75, 78 BetrVG i. V. m. § 134 BGB nichtig (vgl. BAG AP Nr. 3 zu § 13 KSchG 1969 = DB 1979, 1659 = BB 1979, 1347). Als wichtiger Grund für die außerordentliche Kündigung sind in diesem Zusammenhang von der Rechtsprechung z. B. anerkannt die Bereitschaft zur vorsätzlichen Falschaussage gegen den Arbeitgeber (vgl. BAG AP Nr. 95 zu § 626 BGB = NZA 1987, 392 = DB 1987, 1304 = BB 1987, 1952) und die Unterschlagung von Geldern des Arbeitgebers (vgl. BAG AP Nr. 1 zu § 103 BetrVG = DB 1974, 2370 = BB 1974, 1578), während wiederholte Verspätungen (auch nach mehreren Abmahnungen) nicht als außerordentlicher Kündigungsgrund gewertet wurden (vgl. BAG AP Nr. 99 zu § 626 BGB = NZA 1989, 261 = DB 1989, 329 = BB 1989, 289). Der Betriebsrat muß bei einem Zustimmungsantrag des Arbeitgebers unverzüglich zusammentreten. Anders als bei § 102 Abs. 2 S. 2 BetrVG gilt hier die Zustimmung als verweigert, wenn sich der Betriebsrat nicht innerhalb von 3 Tagen äußert (vgl. BAG AP Nr. 10 zu § 103 BetrVG = DB 1978, 109 = BB 1978, 43). Eine Kündigung vor Abschluß des Zustimmungsverfahrens ist immer rechtsunwirksam; dies gilt auch dann, wenn der Betriebsrat nachträglich zustimmt. Das Betriebsratsmitglied, dem gekündigt werden soll, ist gem. § 25 Abs. 1 BetrVG

Betriebsrat

zeitweilig verhindert und daher von Beratung und Beschlußfassung des Betriebsrats über den Antrag des Arbeitgebers ausgeschlossen (vgl. BAG AP 17 zu § 103 BetrVG = NZA 1985, 254 = DB 1985, 554 = BB 1985, 335 = NJW 1985, 1976). Nimmt das betroffene Betriebsratsmitglied trotzdem teil, ist der Beschluß nichtig; es kann aber angehört werden, wobei ein Ersatzmitglied gem. § 25 Abs. 2 BetrVG nachrückt. Der Arbeitgeber kann auf die Wirksamkeit eines ihm vom Betriebsrat mitgeteilten Zustimmungsbeschluß grundsätzlich vertrauen; dies gilt aber dann nicht, wenn er die zur Unwirksamkeit führenden Tatsachen kennt oder kennen muß (vgl. BAG a. a. O.) Die außerordentliche Kündigung muß auch in den Fällen des § 103 BetrVG innerhalb der → Zweiwochenfrist des § 626 Abs. 2 BGB erklärt werden. Verweigert der Betriebsrat die Zustimmung, kann der Arbeitgeber beim Arbeitsgericht deren Ersetzung beantragen; eine vorsorgliche Einleitung dieses Verfahrens für den Fall der Nichterteilung durch den Betriebsrat ist nicht zulässig (vgl. BAG AP Nr. 18 zu § 103 BetrVG = NZA 1986, 719 = DB 1986, 1882). Das Arbeitsgericht entscheidet im Beschlußverfahren; das betroffene Betriebsratsmitglied ist Beteiligter und selbständig beschwerdeberechtigt. Ersetzt das ArbG/LAG rechtskräftig die Zustimmung des Betriebsrats, so muß der Arbeitgeber die außerordentliche Kündigung unverzüglich aussprechen (vgl. BAG AP Nr. 3 zu § 103 BetrVG = DB 1975, 1610 = BB 1975, 1014, das § 21 Abs. 5 SchwbG analog anwendet). Nach Zugang einer solchen Kündigung kann das betroffene Betriebsratsmitglied beim Arbeitsgericht Kündigungsschutzklage erheben, wobei der Arbeitnehmer wegen der sog. Präklusionswirkung des Zustimmungsverfahrens nur noch neue Tatsachen vorbringen kann (vgl. BAG a. a. O.). Wird das Beschlußverfahren ohne Beteiligung des Arbeitnehmers durchgeführt, gibt es eine solche Präklusionswirkung jedoch nicht. Zur Vermeidung von Prozeßrisiken ist die Klage des Betriebsratsmitgliedes gegen die außerordentliche Kündigung innerhalb der Frist des § 4 KSchG zu erheben, und zwar unabhängig von der Art des Vorbringens im Kündigungsschutzprozeß (z. B. nicht ordnungsgemäßer Zustimmungsantrag des Arbeitgebers gegenüber dem Betriebsrat oder zwischenzeitlich eingetretene/festgestellte Schwangerschaft etc.). Der Arbeitgeber hat die → Anwaltskosten des Betriebsrats im Zustimmungsersetzungsverfahren nach § 40 BetrVG als Kosten des Betriebes zu tragen. Die Kosten auch des beteiligten Betriebsratsmitglieds sind von ihm zu ersetzen, wenn auf dessen Beschwerde ein Ersetzungsantrag des Arbeitgebers, dem das Arbeitsgericht stattgegeben hatte, vom LAG rechtskräftig abgewiesen wird (vgl. BAG AP Nr. 28 zu § 103 BetrVG = NZA 1991, 152 = DB 1991, 495). Wird die beantragte Zustimmung vom Betriebsrat erteilt oder durch das Arbeitsgericht

Betriebsstillegung

ersetzt, ist das betroffene Betriebsratsmitglied für die Dauer des Kündigungsschutzprozesses an seiner Amtsausführung zeitweilig verhindert. Bei offensichtlich unwirksamer oder willkürlicher Kündigung kann jedoch das Zutrittsrecht zum Betrieb zur Wahrnehmung betriebsverfassungsrechtlicher Aufgaben durch einstweilige Verfügung durchgesetzt werden (LAG Hamburg BB 1976, 310). Dasselbe gilt erst recht bei Verweigerung der Zustimmung durch den Betriebsrat bis zu deren rechtskräftiger arbeitsgerichtlicher Ersetzung und Suspendierung des Arbeitnehmers durch den Arbeitgeber: Auch hier kann der Zugang zum Betrieb zur Sicherstellung der Betriebsratstätigkeit im Wege der einstweiligen Verfügung erreicht werden (vgl. LAG Düsseldorf DB 1977, 1053; ArbG München Beschl. v. 26. 7. 1991 – 25 BVGa 113/91). Polizeilicher Zwang zur Durchsetzung eines Hausverbots des Arbeitgebers ist in diesem Zusammenhang unzulässig (vgl. Zabel AiB 1991, 200 m. w. N.).

Lit.: Wilhelm NZA 1988, Beil. 3; Dütz DB 1978, Beil. 13.

Betriebsstillegung. Eine betriebsbedingte Kündigung kann aufgrund Betriebsstillegung begründet sein. Das BAG hat offengelassen, ob der Arbeitgeber völlig frei unternehmerisch entscheiden kann oder ob eine eingeschränkte Mißbrauchskontrolle auch hier stattzufinden hat (BAG AP Nr. 41 zu § 1 KSchG 1969 – Betriebsbedingte Kündigung – = NZA 1987, 700 = DB 1987, 1896 = BB 1987, 2021). Voraussetzung – und insofern von den Arbeitsgerichten zu prüfen – ist, daß eine Betriebsstillegung erfolgte oder zumindest beabsichtigt war. Der Arbeitgeber muß ernstlich und endgültig entschlossen sein, die Betriebsorganisation für eine bestimmte, wirtschaftlich nicht unerhebliche Zeit aufzulösen (BAG a. a. O.). Dieser Entschluß muß bei Kündigungszugang vorliegen. Kommt es während der Kündigungsfrist zu einer → Betriebsveräußerung, spricht eine tatsächliche Vermutung gegen eine endgültige Stillegungsabsicht des Arbeitgebers im Kündigungszeitpunkt (BAG AP Nr. 39 zu § 613a BGB = NZA 1985, 493 = DB 1985, 1399 = BB 1985, 1333). Eine lediglich vorübergehende Betriebsstillegung ist allein noch kein Kündigungsgrund. Der Arbeitgeber hat seine im Kündigungszeitpunkt anzustellende Prognose darzulegen und zu beweisen; eine baldige Wiedereröffnung nach Kündigungsausspruch ist hier ein Indiz gegen eine endgültige Schließungsabsicht. Bei Eigenkündigung der Arbeitnehmer kann ebenfalls eine vom Arbeitgeber geplante Betriebsstillegung vorliegen (BAG AP Nr. 27 zu § 111 BetrVG = NZA 1990, 280 = DB 1990, 485 = BB 1989, 2256). Auch bei Stillegung von Betriebsabteilungen können betriebsbedingte Kündigungen in Betracht kommen; hier gilt das zur Betriebsstillegung Gesagte entsprechend. Kann ein Teil der Arbeitnehmer eines stillgelegten Betriebes in ei-

nem anderen Betrieb des Unternehmers weiterbeschäftigt werden, gilt § 1 Abs. 3 KSchG (vgl. LAG Hamm LAGE Nr. 5 zu § 1 KSchG – Soziale Auswahl –); vgl. im einzelnen zur → Sozialauswahl dort; zur Kündigung wegen Betriebsstillegung von → Betriebsratsmitgliedern sowie → Massenentlassungen s. dort.
Lit.: Schaub NZA 1987, 217; Preis DB 1988, 1387 u. 1444.

Betriebsübergang. Der durch das Arbeitsrechtliche EG-Anpassungsgesetz vom 13. 8. 1980 (BGBl. 1980 I S. 1308) in das BGB eingeführte § 613a bezweckt 1. die Erhaltung der Arbeitsplätze der Arbeitnehmer, 2. die Sicherung der Kontinuität des Betriebsrates und 3. die Regelung des Haftungssystems zwischen neuem und altem Arbeitgeber. Betriebsübergang und → Betriebsschließung schließen sich aus, weil der Erwerber eines Betriebes nach § 613a BGB in die Rechte und Pflichten aus dem im Zeitpunkt des Übergangs bestehenden Arbeitsverhältnissen eintritt (vgl. BAG AP Nr. 39 zu 613a BGB = NZA 1985, 493 = DB 1985, 1399 = BB 1985, 1333).

Das Vorliegen eines Betriebsübergangs hat das BAG z. B. bejaht im Fall des Kaufs aller Maschinen und Einrichtungsgegenstände ohne Erwerb des Betriebsgrundstückes, wenn mit den Maschinen an jedem anderen Ort vom Betriebserwerber weiterproduziert werden kann (vgl. BAG AP Nr. 2 zu § 613a BGB = DB 1976, 391 = BB 1976, 315 = NJW 1976, 535), ebenso bei Übernahme der Kundenkartei eines Werbe- und Anzeigenblattes (vgl. BAG AP Nr. 41 zu § 613a BGB = NZA 1985, 736 = BB 1985, 1794 = NJW 1986, 454), desgleichen bei einem → Handelsvertreter, der allein in seinem Bezirk akquirieren darf und ausschließlich einen Unternehmer vertritt, wenn die von ihm geworbenen Kunden zur Betreuung übernommen werden (vgl. BAG AP Nr. 72 zu § 613a BGB = NZA 1988, 838 = DB 1988, 2155 = BB 1988, 1895). Auch die rechtsgeschäftliche Übernahme eines fremdgenutzten Mietshauses kann einen Betriebsübergang darstellen mit der Folge, daß das Arbeitsverhältnis des Hausmeisters auf den Erwerber übergeht (vgl. BAG AP Nr. 69 zu § 613a BGB = DB 1988, 712 = BB 1988, 207); ebenso ist § 613a BGB selbst bei einer Betriebsaufspaltung erfüllt, wenn die Produktionsgesellschaft eine wesentlich geringere Haftungssubstanz als die Besitzgesellschaft hat (vgl. BAG AP Nr. 9 zu § 111 BetrVG = DB 1981, 1190 = BB 1981, 1214). Der Betriebsübergang muß durch Rechtsgeschäft erfolgen, worunter das BAG die Einigung zwischen Betriebsveräußerer und -erwerber dahingehend, daß die Verfügungsgewalt über die sachlichen und immateriellen Betriebsmittel übergehen soll, vesteht (vgl. BAG AP Nr. 6 zu § 1 BetrAVG – Betriebsveräußerung – = NZA 1989, 679 = DB 1989, 1526 = BB 1989, 1127).

Gem. § 613a Abs. 4 BGB ist die Kündigung eines Arbeitsverhält-

Betriebsübergang

nisses durch den alten oder neuen Arbeitgeber aus Anlaß des Betriebsübergangs oder eines Teilbetriebsübergangs unwirksam; das Recht zur Kündigung aus anderen Gründen bleibt unberührt. Der Betriebsübergang muß das tragende Motiv für die Kündigung sein, was dann zu verneinen ist, wenn es daneben noch sachliche Kündigungsgründe anderer Art gibt (vgl. BAG AP Nr. 74 zu § 613a BGB = NZA 1989, 265 = DB 1989, 430 = BB 1989, 75). Ist der Betriebsübergang äußerer Anlaß, ist die Kündigung unwirksam; abzustellen ist auf die Gründe bei Kündigungsausspruch (BAG a. a. O.).

Der Arbeitnehmer trägt die Darlegungs- und → Beweislast dafür, daß die Kündigung wegen des Betriebsübergangs ausgesprochen wurde (BAG AP Nr. 47 zu § 613a BGB = NZA 1986, 522 = DB 1986, 1290 = BB 1986, 1092 = NJW 1986, 2008). Das eigenständige Kündigungsverbot des § 613a Abs. 4 BGB gilt unabhängig von der Anwendbarkeit des KSchG (BAG AP Nr. 40 zu § 613a BGB = NZA 1985, 593 = DB 1985, 1842 = BB 1985, 1913 = NJW 1986, 87). Aus diesem Grunde ist auch bei einer Klage gegen eine Kündigung wegen Betriebsüberganges die Klagefrist des § 4 KSchG nicht einzuhalten (vgl. BAG a. a. O.); es liegt nämlich ein selbständiger Unwirksamkeitsgrund i. S. d. § 13 Abs. 3 KSchG i. V. m. § 134 BGB vor. Das Klagerecht unterliegt aber der → Verwirkung (vgl. BAG AP Nr. 5 zu § 242 BGB – Prozeßverwirkung – = NZA 1989, 16 = DB 1988, 2156 = BB 1988, 2112). Auf § 613a Abs. 4 BGB können sich auch Mitarbeiter von → Kleinbetrieben (vgl. § 23 KSchG) und Arbeitnehmer berufen, die noch nicht die sechsmonatige → Wartezeit nach § 1 KSchG erfüllt haben. Auch Umgehungsgeschäfte fallen unter das Kündigungsverbot des § 613a Abs. 4 BGB: Werden alle Arbeitnehmer eines Betriebes anläßlich des Betriebsübergangs zu fristlosen Eigenkündigungen oder dem Abschluß von Aufhebungsverträgen vom Veräußerer oder Erwerber veranlaßt, um dann mit letzterem neue Arbeitsverträge abzuschließen, liegen unwirksame Umgehungsgeschäfte vor (vgl. BAG AP Nr. 5 zu § 1 BetrAVG = NZA 1988, 198 = DB 1988, 400 = BB 1988, 831). § 613a BGB gilt auch bei einer Betriebsveräußerung durch den → Konkursverwalter (BAG AP Nr. 34 zu § 613a BGB = DB 1983, 2690 = BB 1983, 2116 = NJW 1984, 627). Zum Übergang des Arbeitsverhältnisses ist weder die Zustimmung des Veräußerers, des Erwerbers oder des Arbeitnehmers erforderlich; sie erfolgt aufgrund Gesetzes. Der Arbeitnehmer kann aber aufgrund seiner Freiheit, selbst darüber bestimmen, mit wem er ein Arbeitsverhältnis eingeht, dem Übergang widersprechen (vgl. BAG AP Nr. 55 zu § 613a BGB = NZA 1987, 524 = DB 1987, 942 = BB 1987, 970). Der widersprechende Arbeitnehmer bleibt dann Arbeitnehmer des Veräußerers, riskiert aber eine Kündigung durch diesen. Dieses Widerspruchsrecht des Arbeitnehmers ist in jüngerer Vergangenheit in die Diskussion geraten, nachdem es vom EuGH in der Entscheidung vom 5. 5. 1988 (vgl. NZA 1990, 885) verneint worden war (vgl. Bauer NZA 1990, 881 und 1991, 139 sowie Däubler, Heither und Oetker NZA 1991, 134 ff.). Die Entscheidung des EuGH über das Vorabentscheidungsersuchen des ArbG Bamberg vom 7. 5. 1991 (DB 1991, 1328) steht derzeit noch aus; das LAG Berlin und das ArbG Hamburg bejahen in neueren Urteilen (DB 1991, 1333 und 1992, 44) das Widerspruchsrecht des Arbeitnehmers beim Betriebsübergang.

Im Beitrittsgebiet ist mit dem Gesetz über die Spaltung der von der Treuhandanstalt verwalteten Unternehmen (SpTrUG) vom 5. 4. 1991 (BGBl. I 1991, 854) die Geltung des § 613a für die 5 neuen Bundesländer auf 2 Jahre suspendiert, soweit ein Betriebsübergang im → Gesamtvollstreckungsverfahren erfolgt (vgl. hierzu Commandeur NZA 1991, 705; Richardi NZA 1991, 289; Oetker/Busche NZA 1991, Beil. 1; Weimar/Alfes DB 1991, 1830 und NZA 1991, 833; Ising/Thiell DB 1991, 2082).

Lit.: Löw DB 1991, 546; Helpertz DB 1990, 1562; Pottmeyer NZA 1988, 521; Schmalenberg NZA 1989, Beil. 3; Gaul ZTR 1989, 432 u. 1990, 13; Berkowsky DB 1983, 2683.

Betriebszugehörigkeit → Wartezeit

Betriebsveräußerung → Betriebsübergang

Betrug → strafbare Handlungen

Beurteilungszeitpunkt. Maßgeblicher und damit Beurteilungszeitpunkt für die soziale Rechtfertigung einer Kündigung gem. § 1 KSchG und für die → Wartezeit sowie die → Betriebsgröße i. S. d. § 23 KSchG ist der Zeitpunkt des Zugangs einer Kündigung. Zu den Besonderheiten bei → betriebsbedingter bzw. → krankheitsbedingter Kündigung sowie zur → Verdachtskündigung s. jeweils dort.

Bevollmächtigung. Der Arbeitgeber kann das Arbeitsverhältnis mit einem Arbeitnehmer durch eine bevollmächtigte Person, z. B. einen Rechtsanwalt, kündigen lassen; geschieht dies ohne Vorlage einer Originalvollmachtsurkunde, ist der Arbeitnehmer zur Zurückweisung der Kündigung gem. § 174 BGB berechtigt. Diese Zurückweisung muß nicht ausdrücklich, jedoch eindeutig und unverzüglich erfolgen, wobei dem Arbeitnehmer eine gewisse, ausreichende Erkundigungsfrist sowie eventuelle postlaufbedingte Verzögerungen zugestanden werden müssen (das BAG wendet hier aber die → Zweiwochenfrist des § 626 Abs. 2 BGB entspr. an, vgl. BAG AP

Beweislast

Nr. 4 zu § 119 BGB = DB 1980, 739 = BB 1980, 834 = NJW 1980, 1302). Ist mit der Position des Kündigenden im Betrieb üblicherweise das Kündigungsrecht verbunden, bedarf es i. d. R. keiner gesonderten Bevollmächtigung (vgl. in diesem Zusammenhang BAG AP Nr. 7 zu § 174 BGB = NZA 1990, 63 = DB 1910, 635 = BB 1989, 2256); in jedem Fall sind aber die konkreten Einzelfallumstände entscheidend (zum Kündigungsrecht eines Vereinsvorstandes s. LAG Frankfurt BB 1989, 1901). Wird eine gegen diese Grundsätze verstoßende Kündigung des Arbeitgebers durch einen Bevollmächtigten des Arbeitnehmers, etwa durch einen Rechtsanwalt, zurückgewiesen, muß dieser hierbei keine Originalvollmacht vorlegen, da es sich bei der Zurückweisung nicht um eine Willenserklärung wie bei der Kündigung selbst handelt.

Beweislast. Der Arbeitgeber trägt im Kündigungsschutzprozeß die Beweislast für die Kündigungsgründe. Dies folgt für ordentliche Kündigungen aus § 1 Abs. 2 S. 4 KSchG und gilt nach der Rechtsprechung des BAG auch im Bereich der außerordentlichen Kündigungen, wo der Arbeitgeber auch die Unzumutbarkeit der Weiterbeschäftigung bis zur ordentlichen Kündigungsfrist und den Ausschluß von Rechtfertigungsgründen des Arbeitnehmers zu beweisen hat (vgl. BAG AP Nr. 97 zu § 626 BGB = DB 1988, 451 = BB 1988, 487 = NJW 1988, 438). Eine Relativierung der Beweislast erfolgt nach Ansicht des BAG dadurch, daß je nachdem, wie substantiiert der Arbeitnehmer auf das Vorbringen des Arbeitgebers reagiert, dieser weiteren Sachvortrag und Beweisangebote folgen lassen muß (vgl. BAG a. a. O.). Der Arbeitnehmer hat bei einer ordentlichen betriebsbedingten Kündigung gem. § 1 Abs. 3 S. 3 KSchG die Fehlerhaftigkeit der vom Arbeitgeber vorgenommenen → Sozialauswahl zu beweisen, s. zu den Einzelheiten dort. Zur Beweislast bei → betriebsbedingter, → personenbedingter sowie → verhaltensbedingter Kündigung s. ebenfalls jeweils dort; s. auch unter → Anscheinsbeweis, → Anfechtung sowie → Betrieb und → Kleinbetrieb.

Lit.: Becker-Schaffner BB 1992, 557; Reinecke NZA 1989, 577; Falkenberg DB 1984, 1984.

Bewerbung → Abkehrwille

Bordvertretung. Für die Bordvertretung sowie den Seebetriebsrat i. S. d. § 15 KSchG i. V. m. §§ 115 u. 116 BetrVG gilt grundsätzlich das zum → Betriebsrat Gesagte entsprechend; siehe also dort. Der nachwirkende Kündigungsschutz beträgt bei der Bordvertretung 6 Monate, beim Seebetriebsrat 1 Jahr nach Beendigung der Amtszeit.

C

Checklisten. Die weitverbreiteten und beliebten Checklisten für die Bearbeitung von Kündigungen, Aufhebungsverträgen etc. (vgl. Bauer NZA 1989, 256 und 1985, 20 sowie Weber NZA 1989, 51) können zwar Richtschnur sein, jedoch eine genaue Prüfung des jeweiligen Einzelfalles nicht ersetzen.

D

Darlegungsrecht → Beweislast

Dauerstellung. Bei Vorliegen besonderer Einzelfallumstände, z. B. bei Betonung seitens des Arbeitgebers beim Abschluß des Arbeitsvertrags, daß es sich um eine Lebens- oder Dauerstellung des Arbeitnehmer handelt, gilt als vereinbart, daß der gesetzliche Kündigungsschutz, der sonst erst nach 6 Monaten eintritt (s. → Wartezeit), schon zu Beginn des Arbeitsverhältnisses eingreifen soll (vgl. BAG AP Nr. 1 zu KSchG 1969 = DB 1972, 2070 = BB 1972, 1370). Wird eine bestimmte Arbeit als Lebensaufgabe (z. B. Privatsekretär) übertragen, gilt nach der Rechtsprechung des BAG eine Dauerstellung und ein Ausschluß der ordentlichen Kündigung während der ersten Jahre des Arbeitsverhältnisses als vereinbart (vgl. BAG AP Nr. 2 zu § 611 BGB – Vertragsschluß – = DB 1967, 557 = BB 1967, 415 = NJW). Siehe auch unter → Ausschluß der ordentlichen Kündigung.

DDR → Beitrittsgebiet

Diebstahl → strafbare Handlungen

Dienstsiegel. Bei Kündigungen im öffentlichen Dienst stehen Dienstsiegel einer Vollmachtsurkunde i. S. d. § 174 S. 1 BGB gleich (vgl. BAG AP Nr. 6 zu § 174 BGB = NZA 1989, 143 = DB 1988, 1806 = BB 1988, 1675 = NJW 1989, 549).

Direktionsrecht. Als Direktionsrecht wird die Weisungsbefugnis des Arbeitgebers bezeichnet, kraft derer er – im Rahmen des Arbeitsvertrags – Leistungspflichten des Arbeitnehmers konkretisieren darf. Der Arbeitgeber hat hierbei gesetzliche und tarifvertragliche Grenzen sowie die Konkretisierung der Arbeitspflicht nach jahrelanger, gleichförmiger Verrichtung zu beachten und das Direktionsrecht im Rahmen „billigen Ermessens" gem. § 315 BGB auszuüben (vgl. BAG AP Nr. 36 zu § 611 BGB – Direktionsrecht – NZA 1990, 561 = DB 1990, 2026 = BB 1990, 711). Der Arbeitgeber darf dem Arbeitnehmer keine Arbeit zuweisen, die diesen in einen vermeidbaren Gewissenskonflikt bringt; s. dazu → Arbeitsverweigerung. Eine andere als die vertraglich geschuldete Arbeit kann der Arbeitgeber dem Arbeitnehmer nur nach einvernehmlicher Änderung des Arbeitsvertrags oder im Wege einer → Änderungskündigung zuweisen; durch das Direktionsrecht kann der Vertragsinhalt jedoch nicht geändert werden (vgl. BAG AP Nr. 26 zu § 611 BGB – Direktionsrecht – = DB 1980, 1603 = BB 1980, 1267). In diesem Zusammenhang wurde vom BAG eine vertragliche Erweiterung des Direktionsrechts für unwirksam erklärt, mit der der Bestands- bzw. Kündigungsschutz des Arbeitnehmers umgangen werden sollte (BAG AP Nr. 6 zu § 2 KSchG 1969 = NZA 1985, 321 = DB 1985, 1240 = BB 1985, 731 = NJW 1985, 2151). Gegen eine unzulässige Ausübung des Direktionsrechts kann der Arbeitnehmer sich mit einer arbeitsgerichtlichen Klage zur Wehr setzen, für die die Klagefrist des § 4 KSchG nicht einzuhalten ist (vgl. BAG AP Nr. 8 zu § 611 BGB – Direktionsrecht – = DB 1960, 980 = BB 1960, 445); zu beachten ist aber die → Verwirkung.

Lit.: Friedhofen NZA 1986, 145; Leßmann DB 1992, 1137.

Dringende betriebliche Erfordernisse → Betriebsbedingte Kündigung

Drittmittelfinanzierte Arbeitsverträge. Sie liegen vor, wenn der Arbeitgeber die gesamten Arbeitgeber-Pflichten innehat, die finanziellen Belastungen jedoch von einem Dritten getragen werden, und finden sich vor allem im Hochschul- und Forschungsbereich als → befristete Arbeitsverträge. Die §§ 57 ff. HRG enthalten hierfür Regelungen, zu denen sich umfangreiche Rechtsprechung des BAG (vgl. BAG NZA 1991, 105 = DB 1991, 179 = BB 1990, 2050) entwickelt hat.

Lit.: Otte NZA 1988, 830.

Drogen. Hier gilt das zum Themenkreis → Alkohol Gesagte entsprechend; s. im übrigen zur Kündigung wegen Drogensucht unter Kündigung wegen → Krankheit.

Drohung → Anfechtung

Druckkündigung. Unter einer Druckkündigung versteht man die vom Arbeitgeber unter dem Druck eines Dritten (der übrigen Belegschaft, des Betriebsrats, der Kunden etc.) ausgesprochene Kündigung eines Arbeitsverhältnisses. Sie wird von der Rechtsprechung, soweit personen- oder verhaltensbedingte Kündigungsgründe nicht vorliegen, nur in engen Grenzen zugelassen. Vor allem hat der Arbeitgeber unberechtigten und unangemessenen Forderungen Dritter hinreichenden und zumutbaren Widerstand zu Gunsten des betroffenen Arbeitnehmers entgegenzusetzen (vgl. BAG AP Nr. 33 zu § 1 KSchG 1969 – Betriebsbedingte Kündigung – = NZA 1987, 21 =

Druckkündigung

DB 1986, 2498 = BB 1986, 2271 = NJW 1987, 211). Aufgrund seiner Fürsorgepflicht ist der Arbeitgeber verpflichtet, durch Aufklärung dem Kündigungsverlangen Dritter entgegenzuwirken; gelingt dies nicht, muß er gegebenenfalls vor Ausspruch einer Beendigungs- eine Änderungskündigung vornehmen. Kann trotz Ausschöpfung aller rechtlichen Möglichkeiten der Druck nicht abgewehrt werden, ist als Ultima-ratio die Druckkündigung möglich, wenn nur auf diese Weise schwere wirtschaftliche Schäden für das Unternehmen abgewendet werden können (BAG a.a.O.). Dies gilt namentlich bei der Ablehnung einer weiteren Zusammenarbeit mit einem HIV-Infizierten oder an → Aids erkrankten Arbeitnehmer durch die übrige Belegschaft oder Geschäftspartner. Auf seine Drucksituation kann der Arbeitgeber sich aber nicht berufen, wenn er sie selbst hervorgerufen hat (BAG AP Nr. 8 zu § 626 BGB – Druckkündigung – = NJW 1962, 1431 = DB 1962, 744 = BB 1962, 598). Eine vorherige Anhörung des Arbeitnehmers wie bei der → Verdachtskündigung ist nach neuester Rechtsprechung des BAG keine Wirksamkeitsvoraussetzung für den Ausspruch einer Druckkündigung (BAG NZA 1991, 468 = NJW 1991, 2307).

Lit.: Blaese DB 1988, 178.

E

Ehegattenverträge. Ehegattenverträge sind dadurch gekennzeichnet, daß auf Arbeitnehmer-Seite nicht nur eine enge personelle Verbindung (z.B. Hausmeisterehepaar) vorliegt, sondern auch gegenseitige Vertretung bei der Erbringung der Arbeitsleistung zulässig und üblich ist. Das BAG hat vor circa 30 Jahren hierzu angenommen, daß bei Hausmeistern das Arbeitsverhältnis der Ehefrau unter der auflösenden Bedingung des Fortbestehens des Arbeitsverhältnisses ihres Ehemanns stehe, was selbst dann gelten soll, wenn die Frau den absoluten Kündigungsschutz nach § 9 MuSchG genießt (vgl. BAG AP Nr. 2 zu § 620 BGB – Bedingung – = DB 1962, 969 = BB 1962, 839). Nach einer 20 Jahre alten Entscheidung des BAG ist eine solche Abhängigkeit freilich nur zu bejahen, wenn die Ehefrau unter Anleitung des Ehemannes Hilfstätigkeiten erbringt (vgl. BAG AP Nr. 1 zu § 611 BGB – Gruppenarbeitsverhältnis – = DB 1972, 244 = BB 1972, 221). Ist dies nicht der Fall, kann ein Ehegattenvertrag nur gegenüber *beiden* Partnern gemeinsam gekündigt werden. Dann greift aber z.B. auch das Kündigungsverbot nach § 9 MuSchG für den ganzen Ehegattenvertrag ein, wenn die Frau schwanger ist (vgl. BAG a.a.O.). Dies führt zwar indirekt zu einem „Mutterschutz für Väter", ist aber hinzunehmen als Konsequenz der nur ausnahmsweise und in engen Grenzen bejahten Zulässigkeit → bedingter Arbeitsverträge.

Eheschließung. Sonderstellung der → Kirche

Ehrenämter → Abgeordnete

Eignung. Fehlende Fähigkeiten und die persönliche Eignung des Arbeitnehmers für die vertraglich vereinbarte Tätigkeit stellen sich in der Regel bereits im → Probearbeitsverhältnis heraus. Nach der 6-monatigen Wartezeit des § 1 Abs. 1 KSchG kann mangelnde Eignung keine außerordentliche Kündigung rechtfertigen. Beruhen Eignungsmängel auf vom Arbeitnehmer beeinflußbaren Umständen, so kommt die → verhaltensbedingte Kündigung in der Regel erst nach vorheriger → Abmahnung in Betracht. Unter die vom Arbeitnehmer in der Regel nicht steuerbaren Eignungsdefizite fallen z.B. gesundheitliche Mängel und andere objektive Gründe, so z.B. die Nichterteilung einer → Arbeitserlaubnis oder der → Führerscheinentzug. Eine → personenbedingte Kündigung kommt bei fachlichen

Eignungsübung

Qualifikationsmängeln erst nach vorheriger → Abmahnung in Frage, da durch entsprechende Aus- bzw. Fortbildung derartige Defizite oftmals abgestellt werden können. Eine längere und ohne Beanstandung gebliebene Beschäftigung des Arbeitnehmers geht in diesem Zusammenhang jedenfalls zu Lasten des Arbeitgebers.

Eignungsübung → Arbeitsplatzschutzgesetz

Einheitlicher Betrieb → Betrieb

Einheitliches Arbeitsverhältnis. Ebenso wie auf Arbeitnehmer-Seite (s. → Gruppenarbeitsverhältnisse und → Ehegattenverträge) können auch auf Arbeitgeber-Seite mehrere Rechtssubjekte (z.B. mehrere natürliche Personen oder mehrere rechtlich selbständige Gesellschaften) an einem Arbeitsverhältnis beteiligt sein. Für die Annahme eines sog. einheitlichen Arbeitsverhältnisses ist ein rechtlicher Zusammenhang zwischen den arbeitsvertraglichen Beziehungen des Arbeitnehmers zu den einzelnen Arbeitgebern erforderlich, der es verbietet, diese Beziehungen rechtlich getrennt zu betrachten (vgl. BAG AP Nr. 1 zu § 611 BGB – Arbeitgebergruppe – = DB 1982, 1569 = NJW 1984, 1703). Ein einheitliches Arbeitsverhältnis kann in der Regel nur von und gegenüber allen auf einer Vertragsseite Beteiligten gekündigt werden, wobei die Kündigungsvoraussetzungen grundsätzlich im Verhältnis zu jedem Beteiligten vorliegen müssen. Das Vorliegen eines Kündigungsgrundes im Verhältnis zu dem einen kann sich auch gegenüber dem anderen Arbeitgeber auswirken. Voraussetzung für die Annahme eines einheitlichen Arbeitsverhältnisses ist nicht das Vorliegen eines einheitlichen → Betriebs; es kann aber bei Abschluß mehrerer Arbeitsverträge mit verschiedenen Konzernunternehmen vorliegen. Der Arbeitnehmer erwirbt den allgemeinen Kündigungsschutz im einheitlichen Arbeitsverhältnis bereits dann, wenn im Verhältnis zu einem der mehreren Arbeitgeber die Voraussetzungen gem. §§ 1, 23 KSchG vorliegen.

Lit.: Schwerdtner ZiP 1982, 900.

Einigungsvertrag → Beitrittsgebiet

Einschreiben → Zugang der Kündigung und → Anscheinsbeweis

Einspruch. Gemäß § 3 KSchG kann ein Arbeitnehmer gegen eine sozial ungerechtfertigte Kündigung innerhalb einer Woche beim Betriebsrat Einspruch einlegen, der bei dessen Begründetheit zwischen Arbeitnehmer und Arbeitgeber vermitteln soll. Auf Verlangen hat er seine Stellungnahme zum Einspruch Arbeitnehmer und Arbeitgeber mitzuteilen. Zu beachten ist, daß durch die Einlegung des Einspruchs die →Klagefrist des § 4 KSchG weder unterbrochen noch gehemmt wird.

Einstweilige Verfügung. Sowohl der →Beschäftigungs- als auch der Weiterbeschäftigungsanspruch des Arbeitnehmers können in „normalen" Klageverfahren, aber auch im Wege einer einstweiligen Verfügung durchgesetzt werden. Weiterbeschäftigungsurteile sind nach § 62 Abs. 1 S. 1 ArbGG ArbGG vorläufig vollstreckbar, bei einem hierdurch eintretenden, nicht zu ersetzenden Nachteil kann der Arbeitgeber von der Weiterbeschäftigungspflicht gem. § 62 Abs. 1 S. 2 ArbGG entbunden werden. Für die Verwirklichung des allgemeinen Weiterbeschäftigungsanspruchs ist, ausgehend vom Beschluß des Großen Senats des BAG vom 27. 2. 1985 (vgl. BAG AP Nr. 14 zu § 611 BGB – Beschäftigungspflicht – = NZA 1985, 702 = DB 1985, 2197 = BB 1985, 2197 = BB 1985, 1978 = NJW 1985, 2968), bis zu einer Entscheidung im Hauptprozeß über die (Un-)-wirksamkeit der Kündigung eine einstweilige Verfügung möglich, wenn diese Kündigung offensichtlich unwirksam ist (z.B. Verstoß gegen § 9 MuSchG) oder besondere, vom Arbeitnehmer glaubhaft zu machende Gründe für dessen Interesse an einer sofortigen Weiterbeschäftigung sprechen (vgl. LAG Köln LAGE Nr. 8 zu § 611 BGB – Beschäftigungspflicht – = NZA 1986, 136). In Betracht kommt z.B. der Fall, daß der Arbeitnehmer ohne die sofortige Weiterbeschäftigung für seine Berufsausübung notwendige Kenntnisse und Fähigkeiten verlieren würde; nach Ansicht des LAG Niedersachsen reichen aber auch schon wesentliche Nachteile, die bei einer Nichtbeschäftigung drohen, zum Erlaß einer einstweiligen Verfügung aus (vgl. LAG Niedersachsen LAGE Nr. 20 zu § 611 BGB – Beschäftigungspflicht – = DB 1987, 2664; ebenso ArbG Herne NZA 1989, 236). Mit der Stellung eines Antrags auf Erlaß einer einstweiligen Beschäftigungsverfügung darf der Arbeitnehmer aber nicht längere Zeit nach Kenntnis der den Verfügungsgrund der Eilbedürftigkeit begründenden Umstände zuwarten (vgl. LAG Hamm NZA 1986, 399).

Erzwungen wird die ausgeurteilte, im Antrag auf einstweilige Verfügung so genau wie möglich zu bezeichnende Weiterbeschäftigung gem. § 888 ZPO als sog. unvertretbare Handlung; es ist ein Zwangsgeldantrag zu stellen.

Lit.: Baur ZTR 1989, 375 u. 119; Schäfer NZA 1985, 691; Faecks NZA 1985 Beil. 2.

Entbindung → Mutterschutz

Entzug der Fahrerlaubnis

Entzug der Fahrerlaubnis → Führerscheinentzug

Erbe. Gemäß § 1922 BGB treten Erben grundsätzlich in die Rechtsstellung des Verstorbenen ein. Beim Tod des Arbeitnehmers erlischt dessen Arbeitsverhältnis, ohne daß es einer Kündigung bedarf, da die Pflicht zur Arbeitsleistung nach § 613 BGB höchstpersönlich und daher nicht auf die Erben übertragbar ist. Beim Tod des Arbeitgebers erlöschen Arbeitsverhältnisse nicht automatisch; hier ist zur Beendigung eine ordentliche Kündigung erforderlich. Eine Ausnahme kann allenfalls – quasi als Pendant zu § 613 BGB – zugelassen werden für Arbeitsverhältnisse, die dadurch gekennzeichnet sind, daß der Arbeitnehmer seine Arbeitsleistung ausschließlich und unmittelbar für die Person des Arbeitgebers erbracht hat (z. B. als Privatsekretär, Krankenpflegerin u. ä.). Im übrigen wird das Arbeitsverhältnis mit den Erben fortgesetzt. Stirbt der Arbeitnehmer nach Ablauf der Kündigungsfrist und ist die Klagefrist gem. §§ 4 ff. KSchG noch nicht verstrichen, können die Erben, um die Wirkung des § 7 KSchG zu verhindern, Kündigungsschutzklage erheben zur Durchsetzung der Lohnansprüche bis zum Tod des Arbeitnehmers. Stirbt der Arbeitnehmer im Falle einer ordentlichen Kündigung hingegen noch vor Ablauf der Kündigungsfrist, wird eine bereits erhobene Kündigungsschutzklage bedeutungslos. Zur Vererblichkeit von → Abfindungen s. dort.

Erledigungsklausel → Aufhebungsvertrag und → Ausgleichsquittung

Ersatzmitglieder → Betriebsrat

Ersatzzustellung → Zugang der Kündigung

Erweiterung des Kündigungsrechts. Die Erweiterung des außerordentlichen Kündigungsrechts im Einzelarbeits- oder Tarifvertrag ist grundsätzlich ohne Wirkung (vgl. BAG AP Nr. 8 zu § 626 BGB = DB 1956, 427 = BB 1956, 400; ebenso LAG Berlin DB 1980, 2195). Dies ist begründet dadurch, daß ansonsten durch Festschreibung von Kündigungsgründen die gesetzlichen Mindestkündigungsfristen unterlaufen werden könnten. Derartige Vereinbarungen sollen aber nach der Rechtsprechung des BAG bei der Abwägung der Interessen von Arbeitnehmer und Arbeitgeber im Rahmen des wichtigen Grundes i. S. v. § 626 Abs. 1 BGB mit zu berücksichtigen sein (vgl. BAG AP Nr. 67 zu § 626 BGB = DB 1974, 878 = BB 1974, 463 = NJW 1974, 1155). S. ergänzend unter → Ausschluß der ordentlichen Kündigung und unter → außerordentliche Kündigung

Erziehungsurlaub

Erziehungsurlaub. Gemäß § 18 Abs. 1 S. 1 BErzGG darf der Arbeitgeber das Arbeitsverhältnis während der Dauer des Erziehungsurlaubs nicht kündigen. Die für den Arbeitsschutz zuständige oberste Landesbehörde kann in besonderen Fällen ausnahmsweise gem. S. 2 der Vorschrift eine Kündigung für zulässig erklären; hierzu existieren Verwaltungsvorschriften, die aber die Arbeitsgerichte im Fall einer Kündigungsschutzklage nicht binden. § 21 BErzGG enthält Sonderregelungen für den Abschluß von → befristeten Arbeitsverträgen. Der besondere Kündigungsschutz nach § 18 Abs. 1 S. 1 BErzGG beginnt mit dem Tag, an dem der Erziehungsurlaub berechtigt angetreten wird. Dies ist der Fall, wenn die gesetzlichen Voraussetzungen nach den §§ 15 ff. BErzGG vorliegen, so z.B. auch nach Beendigung einer Arbeitsunfähigkeit (vgl. BAG NZA 1991, 320 = DB 1991, 448). Eine Zustimmungserklärung des Arbeitgebers ist nicht erforderlich (vgl. BAG AP Nr. 1 zu § 15 BErzGG = NZA 1989, 13 = DB 1989, 280 = BB 1989, 147). Erfolgt eine Kündigung wegen der Inanspruchnahme des Erziehungsurlaubs, ist sie wegen Verstoßes gegen das Maßregelungsverbot nach den §§ 612, 134 BGB nichtig; für das Gegenteil ist der Arbeitgeber beweispflichtig. Da es sich um einen sonstigen Unwirksamkeitsgrund i.S.d. § 13 Abs. 3 KSchG handelt, ist für eine entsprechende Kündigungsschutzklage die Klagefrist des § 4 KSchG nicht einschlägig; zu beachten ist aber die → Verwirkung. Der Kündigungsschutz endet mit Ablauf des Erziehungsurlaubs und dauert bei Kindern, die nach dem 30. 6. 1989 geboren werden, 15 Monate, bei Geburt nach dem 30. 6. 1990 18 Monate. Er entfällt bei vorzeitiger Beendigung gem. § 16 Abs. 3 S. 2 BErzGG. Nach § 20 des Gesetzes genießen den besonderen Kündigungsschutz auch Auszubildende und →Heimarbeiter. Die Vorschrift des § 18 BErzGG gilt – im Gegensatz zu § 9 MuSchG – sowohl für Mütter als auch Väter, die berechtigterweise Erziehungsurlaub nehmen, dabei nicht nur für leibliche, sondern auch Adoptivmütter oder -väter. Nicht vor, sondern erst nach Zugang einer Kündigung kann auf den besonderen Kündigungsschutz, jedoch durch Vertrag gar nicht verzichtet werden, § 15 Abs. 4 BErzGG. Hinsichtlich der besonderen Fälle, in denen ausnahmsweise eine Kündigung gem. § 18 Abs. 1 S. 2 des Gesetzes durch die Behörde für zulässig erklärt werden kann, ist auf die entsprechende Allgemeine Verwaltungsvorschrift vom 2. 1. 1986 (Bundesanzeiger v. 3. 1. 1986) zu verweisen; als Beispiel seien lediglich genannt: schwere Verstöße des Arbeitnehmers gegen den Arbeitsvertrag, vorsätzliche Straftaten, Stillegung des Betriebs, wirtschaftliche Existenzgefährdung u.ä. § 21 BErzGG enthält Sonderregelungen zum Abschluß → befristeter Vertretungs-Arbeitsverträge und zur Kündigung wegen vorzeitiger Beendigung des Erziehungsurlaubes. Der Erziehungsurlaubsberechtig-

Eventualantrag

te selbst kann nach § 19 des Gesetzes das Arbeitsverhältnis zum Ende des Erziehungsurlaubs unter Einhaltung einer Frist von 3 Monaten kündigen.

Im *Beitrittsgebiet* gilt das BErzGG seit dem 1. 1. 1991 und ist für Kinder anzuwenden, die nach dem 31. 12. 1990 geboren wurden, vgl. Anl. I 2. Einigungsvertrag, Kap. X, Sachgebiet H, Abschn. III.
Lit.: Viethen NZA 1986, 245; Zmarzlik BB 1992, 130.

Eventualantrag. Ein Hilfs- bzw. Eventualantrag wird für den Fall der Abweisung des Hauptantrags in einer Klage gestellt (sog. echter Eventualantrag). Der Auflösungsantrag des Arbeitnehmers gem. § 9 Abs. 1 KSchG (s. → Auflösung des Arbeitsverhältnisses) wird als unechter Eventualantrag gestellt, da er eine positive Entscheidung über den Hauptantrag betreffend die Unwirksamkeit der Kündigung voraussetzt. Der Klageantrag auf Weiterbeschäftigung kann sowohl unbedingt und zusätzlich zum Erstantrag betr. die Kündigung (Klagehäufung) als auch in der Form des unechten Eventualantrags für den Fall der Unwirksamkeit der Kündigung gestellt werden (vgl. BAG AP Nr. 4 zu § 611 BGB – Weiterbeschäftigung – = NZA 1988, 741 = DB 1988, 1660 = BB 1988, 1468). Jedenfalls in letztgenanntem Fall ist auch für den Weiterbeschäftigungsantrag von der → Rechtsschutzversicherung des Arbeitnehmers Deckungsschutz zu gewähren; s. ergänzend → Beschäftigungs- u. Weiterbeschäftigungsanspruch.

F

Fähigkeiten → Eignung

Fachanwälte für Arbeitsrecht → Rechtsanwälte

Faktisches Arbeitsverhältnis. Von einem faktischen Arbeitsverhältnis spricht man, wenn der Arbeitsvertrag von vornherein z.B. wegen Verstoßes gegen die §§ 134 oder 138 BGB nichtig war oder durch → Anfechtung beseitigt wurde, der Arbeitnehmer aber bereits die Arbeit aufgenommen hat. In Vollzug gesetzte, unwirksame Arbeitsverträge werden für die Vergangenheit als wirksam behandelt. Eine → Anfechtung wirkt hier – wie eine außerordentliche Kündigung – nur für die Zukunft; die Vorschriften des Kündigungsschutzgesetzes gelten allerdings nicht. Ausnahmsweise soll die arbeitsrechtliche Anfechtung das faktische Arbeitsverhältnis rückwirkend beseitigen, nämlich dann, wenn es wieder außer Vollzug gesetzt wurde (vgl. BAG AP Nr. 27 zu § 123 BGB = NZA 1985, 58 = DB 1984, 2707 = BB 1985, 197 = NJW 1985, 646). Die Grundsätze des faktischen Arbeitsverhältnisses werden jedoch dann nicht angewandt, wenn der Arbeitsvertrag einen besonders gravierenden Nichtigkeitsfehler aufweist, z.B. dann, wenn er gegen Strafgesetze (Arbeitsvertrag mit der Pflicht zur Begehung von Diebstählen u.ä.) verstößt (BAG NJW 1976, 1958).

Falschaussagen. Nach der Rechtsprechung (vgl. BAG AP Nr. 95 zu § 626 BGB = NZA 1987, 392 = DB 1987, 1304 = BB 1987, 1952) können Falschaussagen des Arbeitnehmers zu Lasten des Arbeitgebers als Verstoß gegen die arbeitsvertragliche Loyalitätspflicht (→ Treuepflicht) kündigungsrelevant sein. Ob der Kündigung eine erfolglose → Abmahnung vorauszugehen hat, ist unter Berücksichtigung aller Einzelfallumstände zu prüfen.

Fehlbestand → Manko

Fehlerhafte Sozialauswahl → Sozialauswahl

Fehlgeburt. Nach der Rechtsprechung des BAG ist die Fehlgeburt keine Entbindung i.S.d. § 9 MuSchG. Sie liegt vor, wenn die Leibesfrucht weniger als 1000g wiegt oder sich kein Lebenszeichen bemerkbar macht (vgl. BAG AP Nr. 2 zu § 9 MuSchG 1968 = DB

Fehlzeiten

1973, 879 = BB 1973, 566 = NJW 1973, 1431; *a.A.* Schwerdtner JZ 1974, 480). Vgl. die umfassenden Ausführungen unter → Mutterschutz.

Fehlzeiten → krankheitsbedingte Kündigung

Feststellungsklage. Eine vom Arbeitnehmer gegen eine Kündigung des Arbeitgebers, die dem KSchG unterliegt, erhobene Klage muß auf die Feststellung gerichtet sein, daß das Arbeitsverhältnis nicht durch die Kündigung aufgelöst bzw. im Falle einer → Änderungskündigung, daß die Änderung der Arbeitsbedingungen sozial ungerechtfertigt sei (§ 4 KSchG). Da sich eine solche Feststellungsklage allein gegen eine bestimmte Kündigung richtet, spricht man hier vom punktuellen Streitgegenstand des Kündigungsschutzprozesses. Aus diesem Grund kann die Klage mit einem allgemeinen Feststellungsantrag gemäß § 256 ZPO dahingehend verbunden werden, festzustellen, daß das Arbeitsverhältnis über einen bestimmten Zeitpunkt hinaus (bei außerordentlicher Kündigung deren Zugang, bei ordentlicher Kündigung der Ablauf der Kündigungsfrist) fortbesteht (vgl. BAG AP Nr. 19 zu § 4 KSchG 1969 = NZA 1988, 651 = DB 1988, 1758 = BB 1988, 1533 = NJW 1988, 2691). Bei derartiger Antragstellung wird der Fortbestand des Arbeitsverhältnisses insgesamt geprüft, also auch, ob spätere oder frühere Kündigungen, Anfechtungen, Aufhebungsverträge etc. das Arbeitsverhältnis beendet haben; erfaßt wird hierbei der gesamte Zeitraum bis zu dem im Klageantrag zu benennenden Zeitpunkt, jedoch nicht über die letzte mündliche Verhandlung in der Tatsacheninstanz hinaus (BAG a.a.O.). Das Rechtsschutzbedürfnis für diesen allgemeinen neben dem konkreten Feststellungsantrag wird man immer dann bejahen können, wenn die Geltendmachung weiterer Beendigungsgründe durch den Arbeitgeber im Rahmen des Kündigungsschutzprozesses vom Arbeitnehmer nicht auszuschließen ist (vgl. LAG Köln LAGE Nr. 12 zu § 1 KSchG – Krankheit –).

Für eine mit der Kündigungsschutzklage nach § 4 KSchG verbundene Klage gem. § 256 ZPO auf Feststellung des Fortbestandes des Arbeitsverhältnisses entfällt nach neuester Rechtsprechung des BAG allerdings das Rechtsschutzbedürfnis, wenn sie sich nur auf weitere Kündigungen bezieht, die der Arbeitnehmer später jeweils mit Kündigungsschutzklagen nach § 4 KSchG selbständig angreift (vgl. BAG AP Nr. 10 zu § 611 BGB – Treuepflicht – = NZA 1991, 141 = NJW 1991, 518). Der Arbeit*geber* kann seinerseits im Falle einer außerordentlichen Kündigung des Arbeit*nehmers* Klage auf Feststellung von deren Unwirksamkeit erheben, falls Vorwürfe des Arbeitnehmers

Form der Kündigung

sein Ansehen beeinträchtigen könnten (vgl. BAG AP Nr. 9 zu § 256 ZPO = NZA 1986, 714 = DB 1986, 2678 = BB 1986, 2418).

Mit rechtskräftigem Abschluß des Kündigungsschutzverfahrens vor dem ArbG bzw. LAG entsteht die sogenannte Präklusionswirkung, d.h. die unterlegene Partei kann sich nicht mehr – auch nicht in einem neuen Prozeß – auf Tatsachen berufen, die bereits zur Zeit der letzten Tatsachenverhandlung vorlagen, unabhängig davon, ob sie damals bekannt waren oder nicht (vgl. BAG AP Nr. 17 zu § 4 KSchG 1969 = NZA 1987, 273). Wird die Klage abgewiesen, so steht fest, daß das Arbeitsverhältnis durch die bzw. eine angegriffene Kündigung beendet wurde. Wird der Kündigungsschutzklage stattgegeben, steht mit Rechtskraft des Urteils nicht nur fest, daß das Arbeitsverhältnis durch die bzw. eine Kündigung nicht aufgelöst wurde; es wird außerdem festgestellt, daß im Zeitpunkt des Zugangs der Kündigung zwischen den Parteien ein Arbeitsverhältnis bestanden hat (BAG a.a.O.). Mit der allgemeinen Feststellungsklage gem. § 256 ZPO präkludiert der Arbeitnehmer den Arbeitgeber im Hinblick auf alle Beendigungsmodalitäten bis zur letzten mündlichen Verhandlung. Unterliegt ein Arbeitsverhältnis nicht dem → KSchG, kann der Arbeitnehmer gleich eine Leistungsklage auf Gehaltszahlung erheben; die Rechts(un-)wirksamkeit der Kündigung wird dann als Vorfrage im Prozeß vorweg entschieden. Die → Klagefrist gilt hier nicht, jedoch ist auf mögliche → Verwirkung sowie → Verjährung und → Ausschlußfristen zu achten.

Lit.: Schaub NZA 1990, 85; Schwerdtner NZA 1987, 263.

Finanzierungsmittel → Drittmittelfinanzierte Arbeitsverträge

Folgekündigung → Feststellungsklage und → Beschäftigungs- u. Weiterbeschäftigungsanspruch

Form der Kündigung. Grundsätzlich ist der Ausspruch einer Kündigung formfrei möglich, d.h. er kann auch mündlich erfolgen. Durch Tarif- oder Arbeitsvertrag sowie Betriebsvereinbarung kann allerdings Schriftform und/oder eine besondere Versendungsart (Einschreiben) vorgeschrieben werden. Erkennbar für den Kündigungsempfänger muß aber in allen Fällen der endgültige Wille des Kündigenden sein, das Arbeitsverhältnis zu beenden. Aber auch in einem Gesetz (z.B. § 15 BBiG) kann Schriftform der Kündigung vorgesehen sein (vgl. hierzu → Berufsausbildungsverhältnis); hier führt die Nichteinhaltung der Form zur Nichtigkeit der Kündigung gem. § 125 S. 1 BGB. Dasselbe gilt, wenn die in einem Tarifvertrag oder einer Betriebsvereinbarung enthaltene Formvorschrift nicht nur zur Beweissicherung (deklaratorisch), sondern als Wirksamkeitsvor-

Fortbildungsmaßnahmen

aussetzung der Kündigung (konstitutiv) wirken soll; ob dies der Fall ist, muß im jeweiligen Einzelfall durch Auslegung ermittelt werden. Vorstehendes trifft auch grundsätzlich auf in Einzelarbeitsverträgen vereinbarte Schriftformklauseln zu, die aber nach der zu Recht auf viel Widerspruch gestoßenen Rechtsprechung des BAG auch formlos wieder aufgehoben werden können (vgl. BAG AP Nr. 1 zu § 127 BGB = BB 1963, 977). Eine wegen des Formmangels nichtige Kündigung kann durch Bestätigung gem. § 141 BGB gültig werden, wobei Bestätigungswille des Kündigenden und Einhaltung der gesetzlichen Form erforderlich ist. Da eine Kündigung bei Verstoß gegen eine konstitutive Formvorschrift aus einem anderen als den in § 1 KSchG genannten Gründen unwirksam ist, kann sich der Arbeitnehmer hierauf auch noch nach Ablauf der dreiwöchigen → Klagefrist berufen, § 13 Abs. 3 KSchG; auf → Verwirkung ist aber auch hier zu achten. Zur sog. Schriftsatzkündigung vgl. Weidemann NZA 1989, 246 und im übrigen → Feststellungsklage.

Fortbildungsmaßnahmen. Nach § 1 Abs. 2 S. 3 KSchG ist eine Kündigung auch dann sozial ungerechtfertigt, wenn statt der Beendigung des Arbeitsverhältnisses die Weiterbeschäftigung des Arbeitnehmers nach zumutbaren Umschulungs- oder Fortbildungsmaßnahmen oder eine Weiterbeschäftigung unter geänderten Arbeitsbedingungen möglich und der Arbeitnehmer hiermit einverstanden ist. In diesem Zusammenhang ist dem Betroffenen eine angemessene Einarbeitungszeit zu gestatten, die insbesondere von seinem Alter und seiner Beschäftigungsdauer abhängig ist. Unterbleibt ein solches Angebot des Arbeitgebers, ist die Kündigung rechtsunwirksam, vgl. → Änderungskündigung und → Änderungsangebot.

Freie Mitarbeiter. Hierbei handelt es sich um Personen, die nicht im Rahmen eines dauernden und festen Beschäftigungsverhältnisses, sondern lediglich aufgrund einzelner Aufträge tätig werden, deren Übernahme sie ablehnen können, auf deren Erteilung aber auch kein Anspruch besteht. Sie sind zumeist → arbeitnehmerähnliche Personen; das KSchG findet auf die freien Mitarbeiter keine Anwendung. Tarifverträge können gem. § 12a TVG für freie Mitarbeiter jedoch abgeschlossen werden.

Beschäftigungszeiten als freie Mitarbeiter vor der Übernahme in ein festes Arbeitsverhältnis bei demselben Arbeitgeber sind bei der Berechnung der verlängerten Kündigungsfristen gem. § 2 AngKSchG anzurechnen; siehe auch → Angestelltenkündigungsschutzgesetz.

Lit.: Berger-Delhey/Alfmeier NZA 1991, 257; Wank DB 1992, 90.

Führerscheinentzug

Freiheitsstrafe, Untersuchungshaft. Die Arbeitsverhinderung eines Arbeitnehmers wegen der Aufnahme in Untersuchungshaft oder der Verbüßung einer Freiheitsstrafe kann eine → personenbedingte Kündigung begründen (vgl. BAG AP Nr. 87 zu § 626 BGB = NZA 1985, 661 = DB 1986, 50 = BB 1985, 1917). Einen absoluten Kündigungsgrund stellen beide Fälle indessen nicht dar; vielmehr kommt es entscheidend auf Art und Ausmaß der Betriebsbeeinträchtigungen im Einzelfall an. Vom Arbeitgeber werden aus hier gewisse Bemühungen verlangt, um den haftbedingten Ausfall des Arbeitnehmers zu überbrücken (BAG a.a.O.), wobei die betrieblichen Auswirkungen beim Antritt einer Freiheitsstrafe naturgemäß leichter zu kalkulieren sind als bei einer Untersuchungshaft.

Freistellung. Unter Freistellung versteht man den einseitig durch den Arbeitgeber erklärten oder mit dem Arbeitnehmer vereinbarten Verzicht auf dessen Arbeitsleistung bei trotzdem erfolgender Vergütungszahlung. Eine Freistellung erfolgt häufig im Zusammenhang mit dem Ausspruch einer ordentlichen Kündigung für die Restdauer des Arbeitsverhältnisses oder im Wege eines gerichtlichen oder außergerichtlichen Vergleichs über die Beendigung des Arbeitsverhältnisses. Eine Freistellung steht aber einer Urlaubserteilung nicht gleich; insbesondere können Urlaubstage nicht nachträglich vom Arbeitgeber auf eine Freistellung verrechnet werden (vgl. LAG Bremen BB 1960, 50). Die spätere Geltendmachung von Urlaubsabgeltungsansprüchen ist auch dann nicht ausgeschlossen, wenn in einem gerichtlichen Vergleich die unwiderrufliche Freistellung vereinbart wurde und sich die entsprechende Klausel nur auf den betreffenden Rechtsstreit bezieht (vgl. LAG Baden-Württemberg LAGE Nr. 5 zu § 794 ZPO; siehe auch → Aufhebungsvertrag).

Fristen → AngestelltenKSchG, → Arbeiter, → Berechnung von Fristen, → Klagefrist

Fristlose Kündigung → außerordentliche Kündigung

Frühgeburt. Die Frühgeburt gilt als Entbindung i.S.d. § 9 MuSchG und zwar auch dann, wenn das Kind nur im Brutkasten lebensfähig ist. Siehe dazu umfassend → Mutterschutz; vgl. auch → Fehlgeburt.

Führerscheinentzug. Bei einem Arbeitnehmer, der zur Erbringung seiner Arbeitsleistung auf die Fahrerlaubnis angewiesen ist, kann ein Führerscheinentzug eine ordentliche und unter Umständen auch eine → außerordentliche Kündigung begründen. Nach Ansicht

Fürsorgepflicht

des LAG Schleswig-Holstein kann der Führerscheinentzug eines Außendienstmitarbeiters, der seine Arbeitspflicht ohne Fahrerlaubnis nicht erfüllen kann, eine außerordentliche Kündigung begründen (LAG Schleswig-Holstein NZA 1987, 669). Das BAG fordert in solchen Fällen vor dem Ausspruch der Kündigung eine Prüfung des Arbeitgebers dahingehend, ob der betroffene Arbeitnehmer nicht wenigstens vorübergehend anderweitig eingesetzt werden kann (vgl. BAG AP Nr. 2 zu § 297 BGB = NZA 1987, 377 = DB 1987, 1359 = BB 1987, 1953). Danach wird eine außerordentliche Kündigung immer nur dann gerechtfertigt sein, wenn dem Arbeitgeber beispielsweise wegen alkoholbedingten Führerscheinentzuges die Fortsetzung des Arbeitsverhältnisses unzumutbar bzw. unmöglich geworden ist. Nach Ansicht des LAG Rheinland-Pfalz kann vom Arbeitgeber im Einzelfall verlangt werden, das Angebot eines Außendienstmitarbeiters, durch persönliche Maßnahmen (z.B. Einstellung eines privaten Chauffeurs) seine Mobilität aufrecht zu erhalten, zu akzeptieren, um so eine Kündigung entbehrlich zu machen (vgl. LAG Rheinland-Pfalz LAGE Nr. 43 zu § 626 BGB = NZA 1990, 28 = BB 1989, 2192).

Vorstehendes gilt sowohl für den dienstlichen als auch außerdienstlichen Führerscheinentzug bei Arbeitnehmern, die zur Erfüllung ihrer Arbeitspflicht auf die Fahrerlaubnis unverzichtbar angewiesen sind; s. ergänzend unter → Alkohol.

Fürsorgepflicht. Aufgrund der Fürsorgepflicht kann der Arbeitgeber bei einer von ihm veranlaßten Beendigung des Arbeitsverhältnisses, insbesondere vor Abschluß eines → Aufhebungsvertrags, verpflichtet sein, den Arbeitnehmer auf drohende Nachteile im Hinblick auf dessen Versorgungssituation hinzuweisen (vgl. BAG AP Nr. 23 zu § 1 BetrAVG – Zusatzversorgungskasse – = NZA 1989, 690 = DB 1989, 1527 = BB 1989, 1274). Entschließt sich der Arbeitgeber hierbei, den Arbeitnehmer über renten- oder sozialversicherungsrechtliche Konsequenzen eines Aufhebungsvertrags aufzuklären, müssen seine Auskünfte zutreffend und vollständig sein; andernfalls können dem Arbeitnehmer Schadensersatzansprüche entstehen. Im Einzelfall kann auch der Ausspruch einer → außerordentlichen Kündigung durch den Arbeitgeber wegen Verstoßes gegen die Fürsorgepflicht unwirksam sein und zum Schadensersatz verpflichten, nämlich dann, wenn der Arbeitgeber das Arbeitsverhältnis bereits rechtswirksam ordentlich gekündigt hat (vgl. BAG AP Nr. 80, 82 zu § 611 BGB – Fürsorgepflicht – = NJW 1975, 751 = DB 1975, 356 = BB 1975, 282). Aufgrund der Fürsorgepflicht darf der Arbeitgeber auch – wenn überhaupt – nur zutreffende Informationen über Mitarbeiter erteilen; s. hierzu unter → Auskunftserteilung.

G

Gastarbeiter. Siehe zunächst unter → ausländische Arbeitnehmer und → Ausgleichsquittung. Da die Gerichtssprache gem. § 184 GVG deutsch ist, müssen die Arbeitsgerichte auch nur in deutscher Sprache abgefaßte Schriftsätze beachten (vgl. BAG AP Nr. 1 zu § 15 SchbG = NJW 1982, 2630 = DB 1982, 1329 = BB 1982, 1858). Bei Versäumung der → Klagefrist durch einen sprachunkundigen G. kommt aber eine → nachträgliche Klagezulassung in Frage.

Gemeinsamer Betrieb → Betrieb

Gerichtliche Auflösung → Auflösung des Arbeitsverhältnisses

Gerichtskosten. Im Gegensatz zur übrigen ordentlichen Zivilgerichtsbarkeit gibt es im Arbeitsgerichtsverfahren der 1. Instanz keinen Anspruch der obsiegenden Partei auf Kostenerstattung gegenüber dem unterlegenen Prozeßgegner (§ 12a ArbGG). Im Berufungsverfahren gelten die normalen Regeln der §§ 99ff. ZPO über die Kostenerstattung. Als Gerichtskosten werden im 1. Rechtszug einmalige Gebühren aufgrund des → Streitwerts des Verfahrens erhoben. Gerichtskostenvorschüsse erhebt das Arbeitsgericht nicht. Überhaupt keine Gerichtskosten fallen an, wenn der Rechtsstreit durch einen vor dem Gericht abgeschlossenen oder diesem mitgeteilten, außergerichtlichen → Vergleich beendet wird; entsprechendes gilt für das Anerkenntnis und die Klagerücknahme; ergänzendes s. unter → Beiordnung.

Gerichtsstand. Unter Gerichtsstand versteht man den Ort, an dem eine natürliche oder juristische Person verklagt werden kann. Im Bereich des Kündigungsrechts kommt in der Regel als Gerichtsstand der Firmensitz des Arbeitgebers gemäß den §§ 12ff. ZPO bzw. der Ort einer Niederlassung i.S.d. § 21 ZPO ebenso wie der Erfüllungsort gem. § 29 ZPO i.V.m. § 269 BGB in Frage. Gerichtsstandsvereinbarungen zwischen Arbeitgeber und Arbeitnehmer im Arbeitsvertrag sind unzulässig gemäß § 38 Abs. 1 und 2 ZPO, können aber im Verlauf eines Prozesses wirksam getroffen werden.

Gesamtbetriebsrat. Im Hinblick auf den Sonderkündigungsschutz von Mitgliedern des Gesamtbetriebsrats gilt das zum → Betriebsrat Gesagte entsprechend, da in diesem Gremium nur entsandte Mitglieder aus einem Betriebsrat vertreten sein können.

Gesamtvollstreckung

Gesamtvollstreckung. Im → Beitrittsgebiet gilt nach Anl. I zum EinigungsV Kap. III, Sachgeb. A Abschn. I, Nr. 2 die Konkursordnung nicht, sondern nach Anl. II, Kap. III, Sachgeb. A, Abschn. II, Nr. 1 die Gesamtvollstreckungsordnung (GesO) im Falle des → Konkurses bzw. der Insolvenz eines Betriebes (vgl. hierzu die Neufassung der GesO vom 23. 5. 1991 (BGBl. I 1991, 1185), abgedruckt in der Textsammlung *Schönfelder II* unter Nr. 255). Nach § 9 Abs. 2 GesO können mit dem Unternehmen bestehende Arbeitsverhältnisse vom Arbeitnehmer und vom Verwalter unabhängig von einer vertraglich vereinbarten Kündigungsfrist unter Einhaltung der gesetzlichen Frist gekündigt werden; hierunter dürften auch Kündigungsfristen aufgrund eines → Tarifvertrages fallen; siehe ergänzend auch → Konkurs sowie → Betriebsübergang und allgemein → Beitrittsgebiet.
  Lit.: Schaub NZA 1991, 785.

Geschäftsfähigkeit/Minderjährige. Die Geschäftsfähigkeit ist elementare Voraussetzung rechtsverbindlichen Handelns. Geschäftsunfähig ist ein Jugendlicher oder Erwachsener dann, wenn er dauerhaft wegen Geisteskrankheit oder Geistesschwäche außerstande ist, seine Entscheidungen von vernünftigen Erwägungen abhängig zu machen (§ 104 Nr. 2 BGB). Die Kündigung eines Geschäftsunfähigen ist unwirksam gemäß § 105 BGB. Die Kündigung gegenüber einem Geschäftsunfähigen wird nicht wirksam, bevor sie dem gesetzlichen Vertreter zugeht. Besteht ein sog. qualifizierter Formzwang (s. → Form der Kündigung), müssen dem gesetzlichen Vertreter auch die Kündigungsgründe zugehen (vgl. BAG AP Nr. 4 zu § 15 BBiG = DB 1977, 868 = BB 1977, 546).

  Bei der Kündigung durch einen Minderjährigen, der als beschränkt geschäftsfähig gilt (§ 106 BGB), ist die vorherige Einwilligung des gesetzlichen Vertreters erforderlich, § 107 BGB. Ansonsten finden die §§ 112, 113 BGB Anwendung, und zwar sowohl für die Kündigung *durch* als auch *gegenüber* Minderjährigen; die genannten Vorschriften lassen einen Handlungsspielraum für Minderjährige im Hinblick auf Arbeitsverhältnisse zu. § 113 BGB findet aber keine Anwendung auf → Berufsbildungsverhältnisse (vgl. BAG AP Nr. 6 zu § 113 BGB = DB 1974, 2062 = BB 1974, 1397).

Geschäftsführer. Der Geschäftsführer einer GmbH befindet sich in einem Spannungsverhältnis zwischen Arbeitgeberfunktion und Arbeitnehmereigenschaft. Es ist zu differenzieren: Ein nichtbeteiligter Geschäftsführer gilt als Arbeitnehmer, wenn zwischen ihm und der GmbH zwei Rechtsverhältnisse bestehen, von denen eines ein Arbeitsverhältnis ist (vgl. BAG AP Nr. 2 zu § 5 ArbGG 1979 = NZA 1986, 68).

Hat der Geschäftsführer einer Komplementär-GmbH mit der GmbH & Co. KG einen Arbeitsvertrag geschlossen, gilt für ihn das KSchG (vgl. BAG AP Nr. 1 zu § 5 ArbGG 1979 = DB 1981, 276 = BB 1980, 1696 = NJW 1981, 302). Darüber hinaus ist der nichtbeteiligte Geschäftsführer dann Arbeitnehmer, wenn zwischen der GmbH und ihm nach Beendigung seiner Organstellung d.h. Abberufung als Geschäftsführer, ausdrücklich oder konkludent durch Weiterbeschäftigung ein Arbeitsverhältnis begründet wird. Dasselbe gilt im umgekehrten Fall, wenn ein Arbeitnehmer zum Geschäftsführer einer GmbH berufen wird: Ändert sich an den Vertragsbedingungen hierbei nichts Wesentliches (kein „Hinausbefördern aus dem Kündigungsschutz"), so ist im Zweifel davon auszugehen, daß das Arbeitsverhältnis nicht beendet, sondern nur suspendiert wird. Wird ein solcher, zum Geschäftsführer bestellter Arbeitnehmer später als Geschäftsführer wieder abberufen, lebt das ruhende Arbeitsverhältnis wieder auf. Dann sind – unabhängig davon, ob eine Kündigung des Arbeitsverhältnisses gleichzeitig oder erst nach der Abberufung als Geschäftsführer erfolgt – die Arbeitsgerichte für die Entscheidung über eine Kündigungsschutzklage zuständig (vgl. BAG AP Nr. 3 zu § 5 ArbGG 1979 = NZA 1986, 792 = DB 1986, 1474 u. 2132 = BB 1986, 1579). Aber auch Gesellschafter einer GmbH können Arbeitnehmer sein. Entscheidend ist, ob die für ihre Gesellschaft erbrachte Tätigkeit in persönlicher Abhängigkeit erbracht wird, was nicht der Fall ist, wenn der Gesellschafter über eine Sperrminorität verfügt (vgl. BAG NZA 1991, 392 = DB 1991, 659 = BB 1991, 479). Hinsichtlich der → außerordentlichen Kündigung sei auf die dortigen Ausführungen verwiesen, wobei für den wichtigen Grund i.S. § 626 Abs. 1 BGB die hervorgehobene Position des Geschäftsführers zu berücksichtigen ist. Die Frist für eine ordentliche Kündigung ist § 622 Abs. 1 BGB zu entnehmen; das AngKSchG findet Anwendung, wenn der Geschäftsführer nicht Mehrheitsgesellschafter der GmbH ist und persönliche Abhängigkeit vorliegt (vgl. BAG AP Nr. 3 zu § 5 ArbGG 1979 = NZA 1986, 794 = DB 1986, 2132 = BB 1986, 2270). Im Falle eines → Betriebsübergangs soll das Dienstverhältnis eines GmbH-Geschäftsführers nicht auf den Betriebserwerber übergehen, weil § 613a BGB ausdrücklich nur Arbeitsverhältnisse erfaßt; eine BAG-Entscheidung hierzu ist bislang nicht bekannt. S. auch → leitende Angestellte.

Lit.: Schwab NZA 1987, 839.

Geschäftsgrundlage. Unter der Geshäftsgrundlage werden allgemein die bei einem Vertragsabschluß von beiden Parteien als grundlegend angesehenen oder von einer Partei als wesentlich empfundenen und von der anderen nicht beanstandeten Umstände und Vor-

Gesetzlicher Vertreter

stellungen verstanden, auf denen der Vertragsabschlußwille beruht. Das im übrigen Zivilrecht geltende Institut des Wegfalls der Geschäftsgrundlage ist auf das Arbeitsrecht nicht übertragbar, da es zu einer Umgehung des Kündigungsschutzes führen würde. Bei Vorliegen der entsprechenden Voraussetzungen ist also jedenfalls der Ausspruch einer außerordentlichen oder ordentlichen Kündigung zur Beendigung des Arbeitsverhältnisses erforderlich. Aus diesem Grunde läuft auch die vertragliche Vereinbarung eines Rücktrittsrechts wegen Wegfalls der Geschäftsgrundlage leer. Dies gilt auch dann, wenn dem Arbeitnehmer die Erfüllung seiner Arbeitspflicht auf Dauer unmöglich wird; auch hier ist stets eine Kündigung erforderlich (vgl. LAG Hamm LAGE Nr. 14 zu § 1 KSchG – Krankheit – = NZA 1990, 482 = DB 1990, 943). Ein gleichwohl erklärter Rücktritt kann in eine außerordentliche Kündigung umgedeutet werden; → Umdeutung.

Gesetzlicher Vertreter → Geschäftsfähigkeit/Minderjährige und → Organmitglieder

Gewerbsmäßige Arbeitnehmerüberlassung → Leiharbeitsverhältnis

Gewissenskonflikt → Arbeitsverweigerung und → Direktionsrecht

Gleichbehandlung. Der Gleichheitssatz bedeutet im Kündigungsrecht, daß der Arbeitgeber einzelne Arbeitnehmer bei gleichgelagerten Sachverhalten nicht ohne vernünftigen Grund benachteiligen darf. Das bedeutet, daß der Arbeitgeber wegen eines Vorfalles, der in der Vergangenheit unbeanstandet geblieben ist, nun nicht plötzlich Kündigungen aussprechen darf. Auch darf bei gleichzeitigen und gleichartigen Pflichtverstößen mehrerer beteiligter Arbeitnehmer nicht exemplarisch allein einem Arbeitnehmer gekündigt werden (sog. herausgreifende Kündigung). Die vorstehenden Überlegungen sind jedenfalls im Rahmen der Interessenabwägung zu beachten. Im Bereich der → Änderungskündigung rechtfertigt die Gleichbehandlung nicht den Ausspruch von Kündigungen zum Zweck der Einsparung einer übertariflichen Entlohnung, da der arbeitsrechtliche Gleichbehandlungsgrundsatz immer nur anspruchsbegründend, niemals – vernichtend wirkt (vgl. BAG AP Nr. 3 zu § 2 KSchG 1969 = DB 1982, 1776 = BB 1989, 1413 = NJW 1982, 2687). Siehe auch unter → Benachteiligung und zu den unterschiedlich langen, gegen den Gleichheitssatz des Art. 3 Abs. 1 GG verstoßenden Kündigungsfristen des § 622 Abs. 2 BGB unter → Arbeiter.

Gute Sitten

Lit.: Hunold DB 1991, 1670; Schaub NZA 1984, 73; Kempff DB 1977, 1413.

Grundwehrdienst → Arbeitsplatzschutzgesetz

Gruppenarbeitsverhältnis. Ein Gruppenarbeitsverhältnis liegt vor, wenn mehrere Arbeitnehmer zu einer gemeinsamen Arbeitsleistung zusammengefaßt sind. Der allgemeine Kündigungsschutz gilt auch hier (vgl. BAG AP Nr. 1 zu § 611 BGB – Gruppenarbeitsverhältnis – = DB 1972, 244 = BB 1972, 221). Besteht für ein Gruppenmitglied Sonderkündigungsschutz, z.B. gem. § 9 MuSchG, kann das Gruppenarbeitsverhältnis auch gegenüber den übrigen Mitgliedern nicht ordentlich gekündigt werden, s. → Ehegattenverträge. Vom Gruppenarbeitsverhältnis ist das sogenannte → einheitliche Arbeitsverhältnis zu unterscheiden; zum → Job-sharing-Vertrag s. dort.

Güteverhandlung. Die Güteverhandlung ist im Kündigungsschutzklageverfahren vor dem Arbeitsgericht als erster Termin eine Verhandlung vor dem Vorsitzenden Richter ohne Beisitzer zum Zwecke der gütlichen Einigung, § 54 ArbGG. Der Gütetermin, der gem. § 61a Abs. 2 ArbGG innerhalb von zwei Wochen nach Klageerhebung stattfinden soll, endet in vielen Fällen mit dem Abschluß eines → Vergleichs: Dessen Inhalt kann im Rahmen eines Kündigungsrechtsstreits eine Fortsetzung des Arbeitsverhältnisses oder dessen Beendigung gegen Zahlung einer → Abfindung sein. Kommt eine Einigung nicht zustande, hat der Vorsitzende Termin zur Streitverhandlung anzuberaumen und den Parteien gegebenenfalls Fristen zum Vortrag zu setzen. Auch im Streittermin soll das Gericht eine gütliche Erledigung des Rechtsstreits fördern, § 57 Abs. 2 ArbGG.

Vgl. dazu Schaub, Meine Rechte und Pflichten im Arbeitsgerichtsverfahren, Beck-Rechtsberater im dtv Nr. 5205.

Im → Beitrittsgebiet ist die Möglichkeit einer gütlichen Beilegung auch durch das Verfahren vor den → Schiedsstellen eröffnet.

Gute Sitten. Ein Rechtsgeschäft, also auch ein Arbeitsvertrag, der gegen die guten Sitten verstößt, ist gemäß § 138 Abs. 1 BGB nichtig. Eine Kündigung kann aus diesem Grund ebenfalls nichtig sein, s. insoweit bei → Treu und Glauben.

H

Haft → Freiheitsstrafe/Untersuchungshaft

Halbtagsarbeitsplatz. Die von seinem Arbeitgeber aus betrieblichen Gründen gewünschte Umwandlung eines Halbtagsarbeitsplatzes in einen Ganztagsarbeitsplatz stellt nach einer Entscheidung des LAG Rheinland-Pfalz i.d.R. kein dringendes betriebliches Erfordernis i.S.d. § 1 Abs. 2 S. 1 KSchG zum Ausspruch einer Kündigung dar (vgl. LAG Rheinland-Pfalz LAGE Nr. 16 zu § 1 KSchG – Betriebsbedingte Kündigung – = NZA 1989, 273 = DB 1988, 2263). Der Arbeitgeber muß danach der Halbtagskraft zunächst die Vollzeitstelle anbieten. Wird dieses Angebot abgelehnt, ist vor Ausspruch einer Kündigung erst die Einstellung einer zweiten Halbtagskraft zu prüfen. Ist dies technisch, wirtschaftlich oder organisatorisch nicht möglich, muß der Arbeitgeber dies bei Bestreiten des Arbeitnehmers im Kündigungsschutzprozeß darlegen und beweisen (LAG Rheinland-Pfalz a.a.O.).

Handelsvertreter. Handelsvertreter ist, wer als selbständiger Gewerbetreibender ständig damit betraut ist, für einen anderen Unternehmer Geschäfte zu vermitteln oder in dessen Namen abzuschließen. Fehlt es hierbei an der Selbständigkeit, so gilt der Handelsvertreter als Angestellter, § 84 Abs. 1 u. 2 HGB. Für die Kündigung des Handelsvertrags gilt grundsätzlich die Regelung des § 89 HGB, bei fehlender Selbständigkeit jedoch § 622 Abs. 1 BGB und § 2 AngKSchG. Daneben gelten die sog. Einfirmenvertreter des § 92a HGB als Arbeitnehmer i.S.d. § 5 Abs. 3 ArbGG, mit der Folge, daß deren Rechtsstreitigkeiten in die Zuständigkeit der → Arbeitsgerichte fallen (vgl. BGH AP Nr. 2 zu § 84 HGB = DB 1982, 590 = BB 1982, 1876). Streitig ist, ob im Hinblick auf die Möglichkeit der außerordentlichen Kündigung gem. § 89a HGB die → Zweiwochenfrist des § 626 Abs. 2 BGB Anwendung findet (s. Wolterek DB 1984, 279).

Lit.: Eckert NZA 1990, 384; Ankele DB 1989, 2211.

Hauptfürsorgestelle → Schwerbehinderte

Hausmeisterehepaar → Ehegattenarbeitsverhältnis

Heilung. Der Mangel einer unterlassenen oder fehlerhaften Betriebsratsanhörung vor Ausspruch einer Kündigung kann weder durch deren Nachholung noch durch nachträgliche Zustimmung des Betriebsrates geheilt werden. Eine Heilung tritt auch nicht durch eine abschließende Stellungnahme des Betriebsrates ein (vgl. BAG AP Nr. 6 zu § 102 BetrVG 1972 = DB 1976, 344 = BB 1976, 227 = NJW 1976, 536); dies gilt auch, wenn die Zustimmung des Betriebsrats durch das Verstreichen der Frist gem. § 102 Abs. 2 S. 2 BetrVG fingiert wird. Vor Ausspruch einer Kündigung kann der Arbeitgeber aber die fehlende oder unwirksame Anhörung noch nachholen und damit diesen Mangel heilen. Siehe ergänzend → Anhörung des Betriebsrats.

Heimarbeiter. Gemäß § 2 Abs. 1 HAG ist Heimarbeiter, wer in selbstgewählter Arbeitsstätte (eigene Wohnung oder Betriebsstätte) allein oder mit Familienangehörigen im Auftrag von Gewerbebetreibenden oder Zwischenmeistern erwerbsmäßig arbeitet, jedoch die Verwertung der Arbeitsergebnisse dem Auftraggeber überläßt (vgl. BAG AP Nr. 10 zu § 2 HAG = NZA 1989, 141 = DB 1989, 1426 = BB 1988, 2392). Das Beschäftigungsverhältnis eines Heimarbeiters kann gem. 29 HAG beiderseits täglich für den Ablauf des Folgetages, nach 4 Wochen nur mit einer Frist von 2 Wochen gekündigt werden. Nach einer Vertragsdauer von 5, 10 oder 20 Jahren kann gegenüber einem Heimarbeiter nur mit Frist von 1 bzw. 2 Monaten bzw. 3 Monaten zum Quartalsende gekündigt werden. Zeiten vor Vollendung des 35. Lebensjahres bleiben hierbei unberücksichtigt; diese Regelung ist verfassungsgemäß (vgl. BAG AP Nr. 2 zu § 29 HAG = NZA 1987, 275 = DB 1987, 1796 = BB 1987, 477). Das KSchG gilt neben § 29 HAG nicht. Das Heimarbeitsverhältnis geht nicht gem. § 613a BGB auf einen Betriebsnachfolger über; s. → Betriebsübergang (vgl. BAG AP Nr. 23 zu § 613a BGB = NJW 1981, 1399 = BB 1981, 1466). § 29a HAG beinhaltet den besonderen Kündigungsschutz von Heimarbeitern im Rahmen der Betriebsverfassung; s. insoweit → Betriebsrat. Heimarbeiter genießen auch den besonderen Schutz nach dem MuSchG, dem SchwbG sowie dem BErzGG.

Im → *Beitrittsgebiet* gilt das HAG seit dem 1. 7. 1991. § 29 HAG gilt mit der Maßgabe, daß kürzere Kündigungsfristen durch Tarifverträge vereinbart werden können, s. Anl. I z. EinigungsV, Kap. VIII, Sachgeb. A Abschn. III.

Hilfsantrag → Eventualantrag

Hochschule → Drittmittelfinanzierte Arbeitsverträge

Homosexualität

Homosexualität. Als Kündigungsgrund kommt Homosexualität nur in besonderen Fallgestaltungen, dann als → personenbedingte Kündigung, in Betracht. Das BAG (vgl. BAG AP Nr. 15 zu Art. 140 GG = NJW 1984, 917) hält vor der Kündigung eines kirchlichen Mitarbeiters wegen Homosexualität die Erteilung einer → Abmahnung für erforderlich.

Horizontale Vergleichbarkeit → Sozialauswahl

I

Innerbetriebliche Ursachen → Betriebsbedingte Kündigung

Inseratskosten. Der in vielen Arbeitsverträgen enthaltene Ausschluß der → Kündigung vor Dienstantritt wird zuweilen dazu benutzt, vom gleichwohl kündigenden Arbeitnehmer jedenfalls in Form der Erstattung von Inseratskosten Schadensersatz zu verlangen. Inseratskosten können – von Beweisproblemen für den Arbeitgeber abgesehen – nur geltend gemacht werden, wenn sie bei ordnungsgemäßer Kündigung nicht angefallen wären (vgl. BAG AP Nr. 7 zu § 276 BGB – Vertragsbruch – = DB 1981, 1832 = BB 1981, 1898 = NJW 1981, 2430).

Inseratskosten können auch dann Gegenstand von Schadensersatzansprüchen gem. § 628 Abs. 2 BGB sein, wenn der Arbeitgeber dem Arbeitnehmer zu Recht außerordentlich gekündigt hat (vgl. BAG AP Nr. 6 zu § 276 BGB – Vertragsbruch – = DB 1980, 1847 = BB 1981, 1217 = NJW 1980, 2375); in jedem Fall aber muß der Schadensersatzanspruch in angemessenem Verhältnis zur Bedeutung des Arbeitsplatzes stehen. S. ergänzend unter → Schadensersatz und → Vertragsstrafe.

Interessenabwägung → Kündigung

Irrtum → Anfechtung

J

Job-sharing. Job-sharing bedeutet die Aufteilung von Arbeitsplätzen zwischen Arbeitnehmern, deren Zahl größer als die Zahl der Arbeitsplätze ist (vgl. § 5 Abs. 1 S. 1 BeschFG). Das Job-sharingverhältnis ist ein Arbeitsverhältnis; es kann ein Gruppenarbeitsverhältnis sein. Grundsätzlich kann jeder am Job-sharing beteiligte Arbeitnehmer kündigen und gekündigt werden. Nach § 5 Abs. 2 BeschFG ist im Falle der Arbeitsplatzteilung die Kündigung des Arbeitsverhältnisses eines Arbeitnehmers durch den Arbeitgeber wegen des Ausscheidens eines anderen Arbeitnehmers unwirksam. Das Recht zur → Änderungskündigung und zur Kündigung aus anderen Gründen bleibt unberührt; dies gilt auch für das sog. Turnusarbeitsverhältnis gem. § 5 Abs. 3 BeschFG. Die genannten Vorschriften enthalten eigenständige Kündigungsverbote (vergleichbar mit § 613a Abs. 4 BGB, s. → Betriebsübergang). Das bedeutet, daß es für die Anwendung dieser Normen nicht auf Betriebsgröße und Dauer der Betriebszugehörigkeit (§§ 1, 23 KSchG) ankommt und der Arbeitnehmer die Unwirksamkeit einer Kündigung auch nach Ablauf der → Klagefrist gem. § 4 KSchG geltend machen kann. Das Recht des Arbeitgebers zur Änderungskündigung und zur Kündigung aus anderem Grund unterliegt, wenn das KSchG Anwendung findet, dessen Beschränkungen, d.h. die soziale Rechtfertigung muß gegeben sein. Ergänzend s. → Beschäftigungsförderungsgesetz.
 Lit.: Eich DB 1982, Beil. 9; Franke DB 1985, 1635.

Jugendvertreter. Die Jugend- und Auszubildendenvertreter genießen den Schutz des § 78 BetrVG vor Benachteiligung wegen ihrer betriebsverfassungsrechtlichen Tätigkeit. Darüber hinaus ordnet § 78a Abs. 1 BetrVG an, daß ein Arbeitgeber, der beabsichtigt, einen Jugendvertreter nach Beendigung seines → Berufsbildungsverhältnisses nicht in ein unbefristetes Arbeitsverhältnis zu übernehmen, dies dem Jugendvertreter 3 Monate zuvor schriftlich mitteilen muß. Verlangt ein Jugendvertreter innerhalb der letzten 3 Monate vor dem Ende des Berufsausbildungsverhältnisses schriftlich vom Arbeitgeber die Weiterbeschäftigung, so gilt im Anschluß an die Ausbildung ein Arbeitsverhältnis auf unbestimmte Zeit als begründet (vgl. BAG AP Nr. 18 zu § 78a BetrVG 1972 = NZA 1989, 439 = DB 1988, 2414 = BB 1988, 2414). Dagegen kann der Arbeitgeber gem. § 78a Abs. 3 BetrVG bis zum Ablauf von 2 Wochen nach Beendigung des Berufsausbildungsverhältnisses beim → Arbeitsgericht beantragen, daß entweder ein Arbeitsverhältnis nach Abs. 2 und 3 nicht begründet wird oder daß das bereits begründete Arbeitsverhältnis aufzulösen ist. Hierfür müssen Tatsachen vorliegen, auf Grund derer dem Arbeitgeber unter Abwägung aller Umstände die Weiterbeschäftigung unzumutbar ist. Der Schutz des § 78a ist dem Schutz für → Betriebsräte angeglichen. Er gilt sowohl für staatlich anerkannte (§ 25 BBiG) als auch für sonstige Ausbildungsverhältnisses (vgl. BAG AP Nr. 7 zu § 78a BetrVG 1972 = NJW 1984, 1179 = DB 1984, 1786). Schutz genießen auch Ersatzmitglieder der Jugendvertreter bei Vertretung eines ordentlichen Mitgliedes (vgl. BAG AP Nr. 3 zu § 9 BPersVG = NZA 1986, 836 = DB 1986, 2235 = BB 1987, 827). Hinsichtlich der Unzumutbarkeit der Weiterbeschäftigung des Jugendvertreters für den Arbeitgeber ist nach der Rechtsprechung des BAG ein wichtiger Grund im Sinne des § 626 BGB nicht erforderlich, da dieser ja eine außerordentliche Kündigung rechtfertigen würde. Ausreichend sollen demnach Nichtbestehen der Wiederholungsprüfung, dringende betriebliche Erfordernisse oder das Fehlen eines Arbeitsplatzes sein (vgl. BAG AP Nr. 5 zu § 78a BetrVG = DB 1979, 1138 = BB 1979, 1037). Der Antrag des Arbeitgebers gem. § 78a Abs. 4 BetrVG ist im arbeitsgerichtlichen Beschlußverfahren zu stellen, das nach neuerer Rechtsprechung des BAG nur der Klärung dient, ob dem Arbeitgeber die Weiterbeschäftigung des Auszubildenden in einem unbefristeten Arbeitsverhältnis unzumutbar ist oder nicht. Dabei spielt es keine Rolle, ob überhaupt ein wirksames Weiterbeschäftigungsverlangen und damit die Voraussetzungen für die Begründung eines Arbeitsverhältnisses gem. § 78a Abs. 2 bzw. 3 BetrVG gegeben sind. Ein Streit hierüber ist hingegen im arbeitsgerichtlichen Urteilsverfahren zu klären (vgl. BAG NZA 1991, 233 = DB 1991, 234 = BB 1991, 65). Der besondere Kündigungsschutz der Jugendvertreter gem. §§ 15 KSchG, 103 BetrVG beginnt mit der Bekanntgabe des Wahlergebnisses; siehe ergänzend unter → Betriebsrat sowie → Berufsbildungsverhältnis.

Lit.: Matthes NZA 1989, 916.

Juristische Personen. Bei den gesetzlichen Vertretern von juristischen Personen ist mangels Arbeitnehmereigenschaft Kündigungsschutz nicht gegeben bzw. eingeschränkt, vgl. § 14 Abs. 1 KSchG. S. ergänzend auch unter → gesetzliche Vertreter und → Organmitglieder.

K

Kampagnebetrieb/Saisonbetriebe. Nach § 22 KSchG sind Kampagnebetriebe und Saisonbetriebe von der Geltung des 3. Abschnittes des Kündigungsschutzgesetzes ausgenommen. Kampagnebetriebe sind solche, in denen nur einige Monate pro Jahr gearbeitet wird (z. B. Freibäder), Saisonbetriebe solche, deren Mitarbeiterzahl saisonbedingten Schwankungen unterworfen ist (z. B. Hotels und Gaststätten in Kurorten). Auf diese Betriebe finden die Vorschriften des Kündigungsschutzgesetzes über → Massenentlassungen keine Anwendung; vgl. dort.

Kettenarbeitsverhältnis. Ein Kettenarbeitsverhältnis liegt vor, wenn mehrere → befristete Arbeitsverträge aneinandergereiht werden, daß eine durchgehende vertragliche Beziehung zwischen Arbeitgeber und Arbeitnehmer entsteht. Nach insoweit geänderter Rechtsprechung des BAG soll es nunmehr für die Prüfung der Wirksamkeit der Befristungsabreden nur noch auf den letzten Arbeitsvertrag ankommen (vgl. BAG AP Nr. 97 zu § 620 BGB – Befristeter Arbeitsvertrag – = NZA 1986, 569 = DB 1986, 1826 = NJW 1987, 150). Diese Rechtsprechung ist bedenklich, da den Parteien unterstellt wird, sie wollten mit Abschluß eines (weiteren) befristeten Arbeitsverhältnisses die möglicherweise vorliegende Rechtsunwirksamkeit einer vorangegangenen Befristung „quasi" heilen. Stellt sich aber der letzte befristete Arbeitsvertrag lediglich als sog. Annex (Verlängerungsabrede), zum vorletzten Arbeitsvertrag dar, so ist bei der Wirksamkeitsprüfung auf diesen abzustellen (vgl. BAG AP Nr. 4 zu § 620 BGB – Hochschule – = NZA 1988, 280 = DB 1987, 2210 = NJW 1988, 1870). Mit zunehmender Dauer der Beschäftigung des Arbeitnehmers steigen aber die Anforderungen an den sachlichen Grund der Befristung (BAG a. a. O.). Vgl. → befristetes Arbeitsverhältnis.

Kirche. Durch Art. 140 GG i. V. m. Art. 137 WRV ist den Kirchen das Recht zur Regelung ihrer Angelegenheiten im Rahmen der für alle geltenden Gesetze eingeräumt. Auf die Arbeitnehmer der Kirchen ist grundsätzliches staatliches Arbeitsrecht, also auch das → KSchG anzuwenden; ebenso ist der Rechtsweg zu den → Arbeitsgerichten eröffnet. Dies gilt nicht für Personen, die in engstem Verhältnis (Treueverhältnis eigener Art) zur Kirche stehen (Mönche, Nonnen etc.). Im Bereich des Kündigungsrechts haben die Kirchen das Recht, über die Maßstäbe der arbeitsvertraglichen Loyalitätspflichten des einzelnen Arbeitnehmers zu befinden (vgl. BVerfG AP Nr. 24 zu Art. 140 GG = DB 1985, 2103 = BB 1985, 1600 = NJW 1986, 356). Danach können die Kirchen selbst entscheiden, was kirchenspezifische Aufgaben und Nähe hierzu, wesentliche Glaubensgrundsätze und Verstöße hiergegen bedeuten; auch die Abstufung der jeweiligen Loyalitätspflicht des einzelnen Arbeitnehmers soll aufgrund des Selbstbestimmungsrechts der Kirchen diesen vorbehalten bleiben. Das bedeutet aber keinen gesetzesfreien Raum für die Kirchen; vielmehr unterliegen auch Kündigungen im kirchlichen Bereich der arbeitsgerichtlichen Nachprüfung gem. den §§ 1 KSchG, 626 BGB. Absolute Kündigungsgründe existieren auch hier nicht. Beispielhaft seien hier als möglicherweise kündigungsrelevante Sachverhalte nur genannt: Kirchenaustritt (vgl. BAG AP Nr. 21 zu Art. 140 GG = DB 1985, 1647 = BB 1985, 1265 = NJW 1985, 2781), homosexuelle Betätigung eines kirchlichen Mitarbeiters (vgl. BAG AP Nr. 15 zu Art. 140 GG = NJW 1984, 1917), Abgabe von Stellungnahmen zugunsten bzw. Durchführung von Schwangerschaftsabbrüchen durch einen an katholischem Krankenhaus angestellten Arzt (BVerfG AP Nr. 24 zu Art. 140 GG = DB 1985, 2103 = BB 1985, 1600 = NJW 1986, 356), Eheschließung einer katholischen Kindergärtnerin mit nicht laiisiertem katholischen Priester (vgl. BAG AP Nr. 3 zu Art. 140 GG = DB 1980, 2529 = BB 1980, 1639). Nicht als Kündigungsgrund wurde jedoch der Kirchenaustritt des Buchhalters in einem Jugendheim angesehen (vgl. BAG AP Nr. 16 zu Art. 140 GG = NZA 1984, 287 = BB 1984, 1552 = NJW 1984, 2596).

Lit.: Struck NZA 1991, 249; Dütz NJW 1990, 2025; Krüger ZTR 1991, 11.

Klage. Ist nach Ansicht des Arbeitnehmers die Kündigung des Arbeitsverhältnisses durch den Arbeitgeber sozialwidrig, muß er innerhalb von 3 Wochen Klage beim Arbeitsgericht erheben mit dem Antrag festzustellen, daß durch die Kündigung das Arbeitsverhältnis nicht aufgelöst wurde, andernfalls mit Ablauf der Frist die Kündigung als sozial gerechtfertigt gilt, §§ 4, 7 KSchG, s. auch → Feststellungsklage. Die Klage muß gewisse formale Erfordernisse erfüllen, mindestens die Parteien und die Beschäftigung des Arbeitnehmers sowie zudem erkennen lassen, daß dieser die Kündigung als unberechtigt angreift (vgl. BAG AP Nr. 7 zu § 4 KSchG 1969 = DB 1981, 2236 = BB 1981, 1645). Verlangt der Arbeitnehmer vom Arbeitgeber mit seiner Klage die Zahlung einer → Abfindung wegen der behaupteten Sozialwidrigkeit der Kündigung, so ist neben dem Antrag auf → Auflösung des Arbeitsverhältnisses denknotwendig

Klage

auch ein Antrag auf Feststellung der Unwirksamkeit der Kündigung darin enthalten (vgl. BAG AP Nr. 9 zu § 9 KSchG 1969 = DB 1983, 663 = BB 1983, 704). Die Klageschrift muß vom Kläger oder seinem Rechtsanwalt eigenhändig unterschrieben sein (zur Heilung dieses eventuellen Mangels: BAG AP Nr. 14 zu § 4 KSchG 1969 = NZA 1986, 761 = DB 1986, 2292 = BB 1987, 200 = NJW 1986, 3224). Sie kann auch zu Protokoll der Rechtsantragsstelle beim Arbeitsgericht erhoben werden; auf die Möglichkeit der → Beiordnung eines Rechtsanwalts muß der Kläger dann hingewiesen werden. Die dreiwöchige Klagefrist des § 4 KSchG gilt für die Erhebung von Klagen gegen alle Arten von Kündigungen, die unter der Geltung des → Kündigungsschutzgesetzes ausgesprochen werden (vgl. BAG AP Nr. 3 zu § 55 BAT = NZA 1985, 62 = DB 1985, 446); auch für die Bekanntgabe der Vorbehaltungserklärung gem. § 2 KSchG gegenüber dem Arbeitgeber bei → Änderungskündigungen ist die 3-Wochen-Frist einzuhalten. Die Nichteinhaltung der Klagefrist bei Geltung des Kündigungsschutzgesetzes heilt aber nur die Sozialwidrigkeit einer Kündigung bzw. das Fehlen eines wichtigen Grundes im Sinne des § 626 Abs. 1 BGB 1 (außerordentliche Kündigung). Gem. § 13 Abs. 3 KSchG kann sich der Arbeitnehmer auf andere Unwirksamkeitsgründe (z. B. Verstoß gegen → Formvorschriften, gegen § 9 MuSchG, fehlende → Anhörung des Betriebsrats etc.) auch noch außerhalb der Frist von 3 Wochen berufen; bei längerem Zuwarten kann aber → Verwirkung eintreten. Letzteres gilt entsprechend bei Klage gegen die Wirksamkeit eines → befristeten Arbeitsverhältnisses, für die die Frist des § 4 KSchG nicht gilt und auch nicht entsprechend gilt (vgl. BAG NZA 1990, 746 DB 1990, 1923 = BB 1991, 207). Zur umgehenden Klageerhebung muß aber auch hier geraten werden, da sich die Arbeitsgerichte vereinzelt bei der Prüfung der Verwirkung an die 3-Wochen-Frist anlehnen. Die 3-wöchige Klagefrist des § 4 KSchG beginnt mit dem → Zugang der Kündigungserklärung und endet nach den §§ 187 Abs. 1, 188 Abs. 2 BGB mit dem Ablauf des Tages der dritten Woche, der durch seine Benennung dem Tag entspricht, an dem die Kündigung zuging. Fällt das Fristende auf einen Sonntag, einen Samstag oder einen staatlichen Feiertag, tritt an dessen Stelle – anders als bei der → Berechnung von Kündigungsfristen – der nächste Werktag; Fristende ist um 24.00 Uhr. Der Arbeitnehmer ist für die Einhaltung der Frist, also den rechtzeitigen Eingang der Klage bei Gericht, beweispflichtig. Erforderlich ist nach § 46 Abs. 2 ArbGG i. V. m. § 270 Abs. 3 ZPO außerdem, daß die Klage dem Arbeitgeber „demnächst" zugestellt wird, wobei geringfügige Verzögerungen (bis ca. 14 Tage) nicht ins Gewicht fallen. Längere Verzögerungen führen nur dann zur Versäumung der Frist gem. § 4 KSchG, wenn sie vom Arbeitnehmer selbst oder seinem Rechtsan-

Klage

walt in vermeidbarer Weise verursacht wurden. Wird die Dreiwochenfrist des § 4 KSchG einmal versäumt, kann die Klage nachträglich zugelassen werden, wenn der Arbeitnehmer nach Kündigungszugang trotz Anwendung aller ihm nach Lage der Umstände zuzumutenden Sorgfalt an der rechtzeitigen Klageerhebung gehindert war. Die nachträgliche Klagezulassung erfolgt auf Antrag des Arbeitnehmers, der innerhalb von 2 Wochen nach Behebung des Hindernisses zu stellen ist und die den Antrag begründenden Tatsachen und die Mittel für ihre Glaubhaftmachung enthalten muß, § 5 KSchG. Von jedem – auch ausländischen – Arbeitnehmer wird hier große Sorgfalt verlangt; gegebenenfalls muß er die Beratung eines Rechtsanwalts in Anspruch nehmen (LAG München DB 1976, 732).

Unterschiedlich beurteilt wird die Frage, ob ein Arbeitnehmer im Verfahren nach § 5 KSchG sich das Verschulden seines Prozeßbevollmächtigten anrechnen lassen muß (so LAG Rheinland-Pfalz NZA 1990, 328; LAG Frankfurt NZA 1984, 40; LAG Köln DB 1987, 1796; LAG München BB 1981, 915) oder nicht (so LAG Hamm AnwBl. 1989, 158; LAG Hamburg NJW 1978, 446). Vertraut ein Arbeitnehmer im Rahmen des Verfahrens über die nachträgliche Klagezulassung auf die falsche Auskunft eines Betriebsrates, so handelt er schuldhaft; er muß sich an einen Rechtsanwalt oder eine Gewerkschaft wenden (vgl. LAG Berlin DB 1991, 1887).

Die reine Unkenntnis der Klagefrist rechtfertigt – auch bei → ausländischen Arbeitnehmern – die nachträgliche Klagezulassung nicht. Dasselbe gilt für Krankheitszeiten – Ausnahme: objektive Unmöglichkeit der Klageerhebung – sowie Verstreichen der Frist wegen verzögerter Postlaufzeiten. Ein Irrtum des Arbeitnehmers über die Erfolgsaussichten rechtfertigt die nachträgliche Zulassung der Klage dann, wenn ihn der Arbeitgeber verursacht hat. Geht einem Arbeitnehmer eine Kündigung während des Urlaubs zu (s. → Zugang), ist nachträgliche Klagezulassung ebenfalls möglich (vgl. BAG AP Nr. 16 zu § 130 BGB = NZA 1988, 875 = DB 1988, 2415 = BB 1989, 150), nicht jedoch, wenn der Arbeitnehmer wegen schwebender Vergleichsverhandlungen mit dem Arbeitgeber keine Klage erhebt, es sei denn, der Arbeitgeber hat den Eindruck erweckt, er werde sich auf den Fristablauf nicht berufen. Die Zweiwochenfrist des §5 KSchG kann als sog. Notfrist vom Arbeitsgericht nicht verlängert werden. Nach Ablauf von 6 Monaten, vom Ende der versäumten Frist an gerechnet, kann der Antrag nicht mehr gestellt werden. Über den Antrag entscheidet das Arbeitsgericht durch Beschluß, gegen den Beschwerde zum LAG möglich ist, § 5 Abs. 4 KSchG. Der Antrag ist stets ein Hilfs- bzw. → Eventualantrag, über den das Gericht nur entscheidet, wenn es die Klage für verspätet eingelegt hält (vgl. BAG AP Nr. 6 zu § 5 KSchG 1969 = NZA 1984, 123 = DB 1984, 1835 = BB 1984, 2006).

Kleinbetrieb

Zur Klagefrist bei Erforderlichkeit einer → behördlichen Zustimmung s. dort.

Von Bedeutung insbesondere für rechtsunkundige Arbeitnehmer kann die verlängerte Anrufungsfrist des § 6 KSchG dann sein, wenn eine Kündigung zunächst klageweise nur wegen anderer als der in § 1 Abs. 2 u. 3 KSchG bezeichneten Mängel, z. B. wegen fehlerhafter → Anhörung des Betriebsrats, angegriffen wurde. Hier hat das Arbeitsgericht den Arbeitnehmer darauf hinzuweisen, daß er noch bis zum Schluß der mündlichen Verhandlung auch die → Sozialwidrigkeit der Kündigung geltend machen kann. Dies gilt auch dann, wenn der Arbeitnehmer sich zunächst nur gegen eine außerordentliche Kündigung wendet, diese aber in eine ordentliche Kündigung umzudeuten bzw. auszulegen ist. Hat sich der Arbeitnehmer jedoch mit einer ordentlichen Kündigung einverstanden erklärt und greift nur noch eine gleichzeitige außerordentliche Kündigung an, kann er sich nicht auf § 6 KSchG stützen (vgl. BAG AP Nr. 3 zu § 6 KSchG 1969 = NZA 1988, 129 = DB 1988, 813 = BB 1988, 568). Versäumt das Arbeitsgericht, den Arbeitnehmer auf seine sich aus dieser Vorschrift ergebende Möglichkeit hinzuweisen, so liegt ein Verfahrensmangel vor; hier kommt auch eine Zurückweisung durch das LAG ans Arbeitsgericht – trotz § 68 ArbGG – in Frage gem. § 539 ZPO (vgl. BAG AP Nr. 3 zu § 5 KSchG 1951 = DB 1962, 411 = BB 1962, 373). Eine bereits erhobene Klage kann vom Arbeitnehmer – ohne daß es bis zur Streitverhandlung einer Zustimmung des Arbeitgebers bedarf – zurückgenommen werden. Eine Verpflichtung hierzu kann sich nur aus einer entsprechenden Vereinbarung mit dem Arbeitgeber ergeben, s. insoweit → Aufhebungsvertrag und → Ausgleichsquittung; vgl. ergänzend auch → Rücknahme der Kündigung und → Verzicht auf Kündigungsschutz.

Lit.: Lepke DB 1991, 2034.

Kleinbetrieb. Kündigungsschutz ist nicht gegeben in sog. Kleinbetrieben, d. h. → Betrieben, in denen regelmäßig nicht mehr als 5 Arbeitnehmer beschäftigt sind (§ 23 Abs. 1 KSchG). Hierbei werden Auszubildende und solche Arbeitnehmer nicht mitgezählt, die weniger als 10 Stunden in der Woche oder 45 Stunden im Monat (Reinigungskraft) arbeiten; beachte aber die → Besitzstandsklausel in § 23 Abs. 1 S. 4 KSchG, bezogen auf den Stichtag 1. Mai 1985!

Mitgerechnet werden Familienangehörige mit Arbeitsvertrag und Teilzeitbeschäftigte (vgl. LAG Berlin NZA 1989, 849) sowie leitende Angestellte; *nicht* mitzuzählen sind tatsächlich → freie Mitarbeiter, → Handelsvertreter und, → Leiharbeitnehmer, da keine Arbeitsverhältnisse zum Arbeitgeber vorliegen. Ob Praktikanten, Volontäre u. ä. den Auszubildenden gleichzustellen oder mitzuberücksichtigen

Konkurrenztätigkeit

sind, ist streitig (vgl. ArbG Köln DB 1981, 700); hier kommt es auf die jeweilige konkrete Durchführung der vertraglichen Beziehung zum Arbeitgeber und die betriebliche Einbindung an. Bei der Ermittlung der Betriebsgröße ist nicht ausschließlich auf den Zeitpunkt des Kündigungszugangs abzustellen; es bedarf vielmehr auch eines Rückblicks auf die bisherige personelle Situation und einer Einschätzung der zukünftigen Entwicklung (vgl. BAG NZA 1991, 562 = BB 1991, 1047). Die Beweislast für das Vorliegen der erforderlichen Betriebsgröße zur Anwendung des Kündigungsschutzgesetzes trägt der Arbeitnehmer (vgl. BAG AP Nr. 4 zu § 23 KSchG = NZA 1984, 88 = DB 1984, 1684). Ein Verstoß gegen den Gleichheitssatz des Art. 3 GG durch die Herausnahme von Kleinbetrieben aus dem allgemeinen Kündigungsschutz ist nicht gegeben (vgl. BAG AP Nr. 8 zu § 23 KSchG 1969 = NZA 1990, 724 = DB 1990, 2193 = BB 1990, 1653 = NJW 1990 2405). Wenn die Voraussetzungen der §§ 1, 23 KSchG erfüllt sind, genießt auch der geringfügig Beschäftigte Kündigungsschutz (vgl. BAG AP Nr. 37 zu § 1 KSchG 1969 – Betriebsbedingte Kündigung – = NZA 1987, 629 = DB 1987, 1443).

Konkurrenztätigkeit. Dem Arbeitnehmer ist während des rechtlichen Bestehens des Arbeitsverhältnisses grundsätzlich jede Konkurrenztätigkeit zum Nachteil des Arbeitgebers verboten; dies ergibt sich aus der arbeitsvertraglichen → Treuepflicht des Arbeitnehmers (vgl. BAG AP Nr. 97 zu § 626 BGB = DB 1988, 451 = BB 1988, 487 = NJW 988, 438). Schon vor Beendigung des Arbeitsverhältnisses darf der Arbeitnehmer aber Vorbereitungsarbeiten für eine Tätigkeit, z. B. ein eigenes Gewerbe, verrichten. Eine Kündigung ist dann nur bei Hinzutreten weiterer gravierender Umstände gerechtfertigt; siehe z. B. → Abwerbung und → Abkehrwille. Immer ist eine genaue Wertung aller Einzelfallumstände erforderlich (vgl. BAG AP Nr. 10 zu § 611 BGB – Treuepflicht – NZA 1991, 141 = DB 1991, 1682 = BB 1991, 71 = NJW 1991, 518). Ist streitig, ob und in welchem Umfang der Arbeitgeber dem Arbeitnehmer die Konkurrenztätigkeit gestattet hat, trägt die Darlegungs- und Beweislast für das Vorliegen und den Umfang der Arbeitgeber; der Arbeitnehmer hat aber zuvor die Tatsachen vorzutragen, aus denen sich diese Gestattung ergibt. Nebentätigkeiten kann der Arbeitnehmer – vorbehaltlich eines wirksamen Ausschlusses im Arbeitsvertrag – grundsätzlich unbegrenzt aufnehmen, solange sie keinen Wettbewerb darstellen und den Arbeitnehmer nicht so übermäßig beanspruchen, daß das Hauptarbeitsverhältnis darunter leidet; dies gilt auch während Zeiten der Arbeitsunfähigkeit (vgl. BAG AP Nr. 5 zu § 1 KSchG 1969 – Krankheit – = DB 1980, 741 = BB 1990, 836 = NJW 1980, 1917).

Lit.: Willemsen DB 1981, 2619.

Konkurs

Konkurs. Die Eröffnung des Konkursverfahrens über das Vermögen des Arbeitgebers läßt das Arbeitsverhältnis grundsätzlich unberührt; die Kündigungsschutzvorschriften finden Anwendung (KSchG, SchwbG, MuSchG etc.).

Konkursverwalter und Arbeitnehmer können unter Einhaltung der gesetzlichen Kündigungsfrist gem. § 622 BGB das Arbeitsverhältnis kündigen (§ 22 KO), wobei tarifvertragliche Kündigungsfristen wie gesetzliche behandelt werden (vgl. BAG AP Nr. 5 zu § 22 KO = NZA 1985, 121 = DB 1985, 235 = BB 1984, 1163 = NJW 1985, 1238). Die Eröffnung des Konkurses ist kein wichtiger Kündigungsgrund i. S. d. § 626 BGB. Kündigt der Konkursverwalter vorzeitig, so kann der Arbeitnehmer Schadensersatz gem. § 22 Abs. 2 KO verlangen; dieser Anspruch hat aber nur den Rang einer nicht bevorrechtigten Konkursforderung nach §§ 26 S. 2, 61 Abs. 1 Nr. 6 KO. Wurden im Arbeitsvertrag kürzere Fristen zulässigerweise vereinbart, gehen sie den gesetzlichen vor. Darüber hinaus bleiben aber Vorschriften über die → Form der Kündigung und → behördliche Genehmigungen ebenso anwendbar wie das KSchG selbst. Das bedeutet, daß der Konkursverwalter bei einer etappenweise durchgeführten → Betriebsstillegung eine → Sozialauswahl vorzunehmen hat, und zwar auch dann, wenn noch einige Arbeitnehmer mit Abwicklungsarbeiten betraut werden (vgl. BAG AP Nr. 4 zu § 22 KO = DB 1983, 314 = NJW 1983, 1341). Auch bei einem rechtsgeschäftlichen → Betriebsübergang im Konkurs gilt das Kündigungsverbot des § 613 Abs. 4 BGB, das allen Arbeitnehmern unabhängig von der Anwendbarkeit des Kündigungsschutzgesetzes zugute kommt (vgl. BAG AP Nr. 34 zu § 613a BGB = DB 1983, 2690 = BB 1983, 2116 = NJW 1984, 627); zum gerichtlichen Vergleichsverfahren s. BAG AP Nr. 1 zu § 1 BetrAVG – Betriebsveräußerung – = NZA 1990, 188 = DB 1989, 2541 = BB 1990, 1204). Wird während eines bereits anhängigen Kündigungsschutzprozesses ein Konkursverfahren über das Vermögen des Arbeitgebers eröffnet, so wird der Prozeß gem. § 240 ZPO unterbrochen. War bei Konkurseröffnung noch keine Klage erhoben, ist sie gegen den Konkursverwalter zu richten, insbesondere dann, wenn dieser die Kündigung ausspricht. Zum Zeugnisanspruch gegen den Konkursverwalter s. BAG NZA 1991, 599 = DB 1991, 1626 = BB 1991, 1199 = NJW 1991, 1971. Eine → Abfindung nach den §§ 9, 10 KSchG ist einfache Konkursforderung gem. § 61 Abs. 1 Nr. 6 KO (vgl. BAG AP Nr. 14 zu § 61 KO = NZA 1985, 394 = DB 1985, 1349 = BB 1985, 998 = NJW 1985, 1724).

Im Beitrittgebiet gilt die KO nicht, vgl. Anl. I z. EinigungsV, Kap. III Sachgeb. A, Abschn. I; s. auch → Gesamtvollstreckung.

Lit.: Hillebrecht ZIP 1985, 257.

Kontrolleinrichtungen. Einen regelmäßig kündigungsrechtlichen relevanten Verstoß gegen arbeitsvertragliche Pflichten stellt der Mißbrauch von betrieblichen Kontrolleinrichtungen, z. B. Stempeluhren dar. Die Kontrolleinrichtung ist von jedem Arbeitnehmer persönlich zu bedienen, andernfalls ihr Zweck vereitelt würde. Im Einzelfall kommt es darauf an, ob der Arbeitnehmer sich Lohn für nicht geleistete Arbeit erschleichen wollte; hier ist die Veränderung von Zeitangaben auf der Kontrollkarte durch handschriftliche Eintragungen geeignet, eine außerordentliche Kündigung zu rechtfertigen (LAG Hamm DB 1986, 1338). Nach Ansicht des LAG Berlin ist sowohl eine ordentliche als auch eine außerordentliche Kündigung zu rechtfertigen, wenn die Stempeluhr durch einen Kollegen des Arbeitnehmers betätigt wird, der den Betrieb bereits drei Stunden vorher verlassen hat (LAG Berlin LAGE Nr. 18 zu § 1 KSchG – Verhaltensbedingte Kündigung – = DB 1988, 1908). Das LAG Düsseldorf hat einen wichtigen Grund i. S. d. § 626 BGB verneint, wenn der Arbeitnehmer zuvor die Stempeluhr durch einen Kollegen bedienen ließ, sich selbst jedoch bis zum Schluß der Arbeitszeit am Arbeitsplatz aufhielt (LAG Düsseldorf DB 1967, 1096 und DB 1977, 501). Zu → strafbaren Handlungen siehe dort.

Konversion → Umdeutung.

Konzern. Der Kündigungsschutz nach dem Kündigungsschutzgesetz ist grundsätzlich betriebs- und nicht konzernbezogen, s. → betriebsbedingte Kündigung. Eine konzernbezogene Pflicht des Arbeitgebers zur Weiterbeschäftigung ist allerdings dann gegeben, wenn im Arbeitsvertrag von vorneherein die Einstellung des Arbeitnehmers für den Unternehmens- bzw. Konzernbereich geregelt ist bzw. sich der Arbeitnehmer später mit einer konzernweiten Versetzung einverstanden erklärt hat oder eine entsprechende Zusage des Arbeitgebers bzw. durch den Konzern vorliegt (vgl. BAG AP Nr. 1 zu § 1 KSchG – Konzern – = DB 1983, 2635 = NJW 1984, 381).
Lit.: Haase NZA 1988, Beil. 3; Abbrent BB 1988, 756;

Konzernbetriebsrat. Hier gilt das zum → Betriebsrat Gesagte entsprechend.

Kosten → Anwaltskosten und → Gerichtskosten sowie → Beiordnung

Krankheit. Unter Krankheit versteht man rechtlich einen regelwidrigen Körper- oder Geisteszustand, der in der Notwendigkeit von Krankenpflege oder in der → Arbeitsunfähigkeit zutage tritt; hierun-

Krankheit

ter fällt auch die Trunksucht, s. → Alkohol. Für eine Kündigung *während* Krankheit gelten grundsätzlich keine Besonderheiten, s. auch → Zugang. Im Hinblick auf die Kündigung *wegen* Krankheit, einem Unterfall der personenbedingten Kündigung gem. § 1 Abs. 2 KSchG, hat die Rechtsprechung drei Fallgestaltungen herausgebildet:
a) die Kündigung wegen krankheitsbedingter Leistungsunmöglichkeit,
b) die Kündigung wegen langandauernder Erkrankung und
c) die Kündigung wegen häufiger Kurzerkrankungen

zu a) Ist ein Arbeitnehmer aufgrund einer lang andauernden Krankheit nicht mehr in der Lage, seine vertraglich geschuldete Arbeitsleistung zu erbringen, kann eine ordentliche Kündigung sozial gerechtfertigt sein, was allerdings dann zu verneinen ist, wenn der Arbeitgeber einen Arbeitsunfall des Arbeitnehmers verschuldet hat, notwendige gesundheitsschützende Maßnahmen nicht ergreift etc. Fehlt dem Gericht für die Beurteilung der Frage einer krankheitsbedingten Leistungsunmöglichkeit die notwendige Fachkunde, ist ein arbeitsmedizinisches Gutachten einzuholen (vgl. BAG AP Nr. 25 zu § 1 KSchG – Krankheit – = NZA 1990, 727 = DB 1990, 2430 = BB 1990, 1207).

zu b) Eine Kündigung wegen lang anhaltender Krankheit ist nur dann sozial gerechtfertigt, wenn aufgrund objektiver Umstände im Kündigungszeitpunkt auf eine Arbeitsunfähigkeit für nicht absehbare Zeit zu schließen ist und gerade die Ungewißheit über die Rückkehr des Arbeitnehmers an seinen Arbeitsplatz zu unzumutbaren betrieblichen bzw. wirtschaftlichen Belastungen für den Arbeitgeber führt. Mögliche und zumutbare Überbrückungsmaßnahmen (z. B. Einstellung einer Aushilfskraft) werden vom Arbeitgeber zur Vermeidung der Kündigung, die nur ultima-ratio sein darf, verlangt (vgl. BAG AP Nr. 16 zu § 1 KSchG 1969 – Krankheit – = NJW 1983, 2897 = DB 1983, 1047 = BB 1983, 899). Im übrigen ist die Kündigung wegen lang andauernder Arbeitsunfähigkeit nach den Regeln für die Kündigung wegen häufiger Kurzerkrankungen (unten c), zu beurteilen (vgl. BAG AP Nr. 20 zu § 1 KSchG 1969 – Krankheit – = NZA 1989, 923 = DB 1989, 2075 = BB 1990, 422).

zu c) Die Prüfung erfolgt in 3 Stufen:
1. negative Gesundheitsprognose,
2. erhebliche Beeinträchtigung betrieblicher Interessen und
3. Interessenabwägung.

1. Im Kündigungszeitpunkt müssen objektive Anhaltspunkte für eine Arbeitsunfähigkeit auf nicht absehbare Zeit oder für weitere häufige Kurzerkrankungen vorliegen (BAG a. a. O.). Nachdem der 2. Senat des BAG bei der anzustellenden Prognose zunächst zwar

Krankheit

grundsätzlich auf den Kündigungszeitpunkt abstellte, spätere Krankheitsentwicklungen bis zum Schluß der Tatsacheninstanz jedoch zur Korrektur oder Bestätigung der Prognose berücksichtigte (Vgl. BAG AP Nr. 11 zu § 1 KSchG 1969 – Krankheit – = DB 1984, 832 = BB 1984, 917 = NJW 1984, 1417), trat dem der 7. Senat des BAG mit Rechtssicherheitsbedenken entgegen und schloß nach dem Kündigungszeitpunkt liegende Umstände aus (vgl. BAG AP Nr. 16 zu § 1 KSchG 1969 – Krankheit – = DB 1985, 976 = BB 1985, 800 = NJW 1985, 2783). Diese Rechtsprechung hat der 2. Senat nunmehr ebenfalls übernommen und gleichzeitig entschieden, daß es nicht darauf ankommt, ob ein neuer Kausalverlauf durch subjektiv vom Arbeitnehmer beeinflußbare Umstände ausgelöst wurde oder durch die Entwicklung bzw. das Bekanntwerden neuer Heilmethoden oder erstmalige Anwendung zuvor nicht erwogener Heilmittel bedingt ist (BAG AP Nr. 26 zu § 1 KSchG – Krankheit – NZA 1991, 185 = DB 1990, 2274).

Diese Grundsätze gelten auch bei Kündigung wegen Trunksucht (vgl. BAG AP Nr. 18 zu § 1 KSchG 1969 – Krankheitsbedingte Kündigung – = NZA 1987, 811 = DB 1987, 2156 = BB 1987, 1815); s. ergänzend → Alkohol.

2. Neben der negativen Zukunftsprognose ist erforderlich, daß die Fehlzeiten des Arbeitnehmers zu erheblichen Beeinträchtigungen betrieblicher Interessen geführt haben. In Frage kommen betriebliche Beeinträchtigungen wie z. B. Organisationsprobleme, Schwierigkeiten, Ersatzkräfte einzustellen, Störungen des Betriebsablaufs etc. Als wirtschaftliche Beeinträchtigungen sind vor allem Produktionsausfallkosten, Überstundenzulagen für Arbeitskollegen in erheblichem Umfang, extrem hohe Lohnfortzahlungskosten etc. zu sehen, wobei der Arbeitgeber die sechswöchige Fortzahlung des Arbeitsentgelts gem. § 1 Abs. 1 LFZG aber in jedem Fall hinzunehmen hat (vgl. BAG AP Nr. 20 zu § 1 KSchG 1969 – Krankheit – NZA 1989, 923 = DB 1989, 2075 = BB 1990, 422), da sie eine gesetzliche Pflicht darstellt.

3. Bei der abschließend vorzunehmenden Interessenabwägung sind die konkreten Einzelfallumstände zu bewerten. Hierbei ist insbesondere bei der Höhe der Lohnfortzahlungskosten zu berücksichtigen, wie lange das Arbeitsverhältnis schon ungestört zuvor besteht und ob die Fehlzeiten erheblich über dem betrieblichen Durchschnitt liegen. Zugunsten des Arbeitnehmers sind außerdem Alter, Betriebszugehörigkeit und Unterhaltsverpflichtungen zu berücksichtigen (vgl. BAG AP Nr. 17 zu § 1 KSchG 1969 – Krankheit – = NZA 1986, 359 = DB 1986, 863 = BB 1986, 595). Ebenso wirkt es zugunsten des Arbeitnehmers, wenn die Krankheit betriebliche Ursachen hat (BAG NZA 1991, 185 = DB 1990, 2274). Die Vorhaltung einer

Kündigung

Personalreserve soll zugunsten des Arbeitgebers Beachtung finden (vgl. BAG AP Nr. 20 zu § 1 KSchG 1969 – Krankheit – = NZA 1989, 923 = DB 1989, 2075 = BB 1990, 422).
Die → Beweislast für die häufigen Kurzerkrankungen als Indiz für weitere Fehlzeiten in der Zukunft hat der Arbeitgeber, feste Quoten existieren nicht, auf die sich der Arbeitgeber berufen könnte (vgl. BAG AP Nr. 11 zu § 1 KSchG 1969 – Krankheit – = DB 1984, 831 = BB 1984, 917 = NJW 1984, 1417). Bestreitet der Arbeitnehmer die Gesundheitsprognose des Arbeitgebers, ist sein Vortrag insoweit ausreichend, wenn er erkennen läßt, daß die Ärzte ihm gegenüber die gesundheitliche Entwicklung positiv beurteilt haben (vgl. BAG AP Nr. 21 zu § 1 KSchG 1969 – Krankheit – = NZA 1990, 305 = DB 1990, 429 = BB 1990, 553). Die Beweislast für eingetretene und zu erwartende betriebliche Beeinträchtigungen, die kausal auf der Krankheit beruhen müssen, trägt ebenfalls der Arbeitgeber; hier werden strenge Anforderungen gestellt, da allein der Arbeitgeber die erforderliche Sachnähe hat (vgl. BAG AP Nr. 12 zu § 1 KSchG 1969 – Krankheit – = DB 1984, 831 = BB 1984, 1165 = NJW 1984, 1837). Abschließend ist festzuhalten, daß die Kündigung wegen Krankheit nach der Rechtsprechung des BAG keine Sanktion für Fehlzeiten des Arbeitnehmers in der Vergangenheit ist und sein darf (vgl. BAG AP Nr. 10 zu § 1 KSchG 1969 – Krankheit – = DB 1983, 2524 = BB 1983, 1988 = NJW 1984, 1836). Zur → Anhörung des Betriebsrats vor Kündigungen wegen Krankheit s. dort; s. a. → Aids und → Alkohol.

Kündigung. Die Kündigung ist eine einseitige, empfangsbedürftige, bedingungsfeindliche, unwiderrufliche und rechtsgestaltende Willenserklärung, s. a. → bedingte Kündigung. Ihr Zweck besteht darin, ein Arbeitsverhältnis mit zukünftiger Wirkung zu beenden. Sie unterliegt grundsätzlich keiner → Form, Ausnahmen s. dort. Die Kündigung kommt als → außerordentliche Kündigung, als ordentliche Kündigung, als Beendigungs- und als → Änderungskündigung vor; als → Teilkündigung ist sie unzulässig. Es haben sich die Rechtsfigur der → Druckkündigung und der → Verdachtskündigung entwickelt. Daneben gibt es die Kündigung vor Dienstantritt oder auch → vorvertragliche Kündigung, die → Anfechtung von Arbeitsverträgen und die → Nichtverlängerungsanzeige im → befristeten Arbeitsverhältnis.
Da der vorliegende Rechtsberater kein Lehrbuch sein kann und will, werden sämtliche Einzelprobleme im Zusammenhang mit Kündigungen nicht „am Stück", sondern beim jeweiligen Stichwort behandelt. Auf den allgemeinen Kündigungsschutz nach dem → Kündigungsschutzgesetz nachfolgend und auf den Sonderkündi-

Kündigungsschutz, allgemein

gungsschutz nach den Vorschriften über → Mutterschutz, → Erziehungsgeld, → Schwerbehinderte, das → Berufsausbildungsverhältnis, das → ArbPlSchG sowie für Mitglieder des → Betriebsrats und andere Betriebsverfassungsorgane soll hier aber besonders hingewiesen werden.

Kündigungsschutz, allgemein. Der allgemeine Kündigungsschutz ist im KSchG, hier vor allem in den §§ 1 bis 14 und 23 bis 25 geregelt. Er beschränkt nur das Kündigungsrecht des Arbeitgebers zugunsten, d. h. zum Schutz des Arbeitnehmers. Das KSchG kommt zur Anwendung in → Betrieben mit in der Regel mehr als 5 Arbeitnehmern, § 23 Abs. 1 KSchG; s. → Arbeitnehmer und auch → Kleinbetrieb. Außerdem muß das Arbeitsverhältnis des gekündigten Arbeitnehmers in demselben Betrieb oder Unternehmen ohne Unterbrechungen länger als 6 Monate bestanden haben, § 1 Abs. 1 KSchG; s. a. → Wartezeit. Hier ist entscheidend der rechtliche Bestand des Arbeitsverhältnisses, unabhängig davon, ob Zeiten als → Angestellter oder → Arbeiter, in Vollzeit oder → Teilzeitbeschäftigung zurückgelegt wurden. Besteht trotz rechtlicher Unterbrechung zwischen zwei Arbeitsverhältnissen ein enger sachlicher Zusammenhang, findet eine Anrechnung der ersten Beschäftigungszeit statt (vgl. BAG AP Nr. 7 zu § 1 KSchG 1969 – Wartezeit – = NZA 1990, 221 = DB 1990, 280 = BB 1990, 214). Auch in Tarifverträgen können Fragen der Anrechnung von Betriebszugehörigkeitszeiten geregelt sein, was im Hinblick auf die Wartezeit nach § 1 Abs. 1 KSchG im Zweifel durch Auslegung zu ermitteln ist (vgl. BAG AP Nr. 8 zu § 1 KSchG 1969 – Wartezeit – = NZA 1990, 858 = DB 1990, 2609 = BB 1990, 1653). Das KSchG findet Anwendung auf ordentliche und → außerordentliche Beendigungs- und → Änderungskündigungen. Eine Kündigung kann als → betriebsbedingte, → personenbedingte oder → verhaltensbedingte Kündigung begründet oder mangels solcher Gründe sozial ungerechtfertigt sein. Eine Kündigung kann auch aus sonstigen Gründen i. S. d. § 13 Abs. 3 KSchG rechtsunwirksam sein, z. B. wegen fehlerhafter → Anhörung des Betriebsrates, Verstoßes gegen Vorschriften über den → Mutterschutz, das → SchwbG etc. Diese Unwirksamkeitsgründe müssen nicht während der 3-wöchigen Klagefrist des § 4 KSchG, jedoch innerhalb der Grenzen der → Verwirkung geltend gemacht werden, s. → Klage. Zu den beim Ausspruch ordentlicher Kündigungen einzuhaltenden Fristen s. unter AngKSchG und → Arbeiter, zum → Ausschluß der ordentlichen Kündigung dort. Für die Anwendbarkeit des KSchG ist grundsätzlich der Arbeitnehmer beweispflichtig, d. h. also für die erforderliche Betriebsgröße und die Erfüllung der Wartezeit. Der Arbeitgeber hingegen hat gegebenenfalls darzulegen und zu beweisen, daß eine an-

Kündigungsschutzklage

rechnungsschädliche, rechtliche Unterbrechung des Arbeitsverhältnisses vorliegt (vgl. BAG AP Nr. 6 zu § 1 KSchG 1969 – Wartezeit – = NZA 1989, 884 = DB 1989, 2282 = BB 1989, 1984 = NJW 1989, 3034); s. hierzu vor allem unter → Wartezeit. Das KSchG gewährt dem Arbeitnehmer bei ordentlichen Kündigungen des Arbeitgebers einen Mindestschutz und ist deshalb zu Gunsten des Arbeitnehmers einseitig zwingend. Es kann weder im voraus ausgeschlossen noch eingeschränkt werden; entgegenstehende Abreden in Tarifverträgen, Betriebsvereinbarungen oder Arbeitsverträgen sind unwirksam. Hingegen kann der Kündigungsschutz zugunsten des Arbeitnehmers erweitert und sogar ein → Ausschluß der ordentlichen – nicht der außerordentlichen – Kündigung vereinbart werden. Vor Zugang einer Kündigung kann der Arbeitnehmer nicht wirksam auf Kündigungsschutz verzichten; entsprechende Erklärungen oder Vereinbarungen entfalten keine rechtliche Wirkung. Eine Berufung des Arbeitnehmers hierauf ist grundsätzlich nicht rechtsmißbräuchlich, da sie dem zwingenden Charakter des KSchG entspricht. Eine Ausnahme soll lediglich dann gelten, wenn der Arbeitnehmer den Arbeitgeber ernsthaft und eindeutig zum Kündigungsausspruch aufgefordert hat (vgl. LAG Berlin DB 1989, 387). Nach Zugang einer Kündigung kann der Arbeitnehmer wirksam auf Kündigungsschutz verzichten, da es ihm freisteht, ob er die Kündigung akzeptiert. Da eine solche Verzichtserklärung des Arbeitnehmers eine Annahme durch den Arbeitgeber erfordert, wird zu diesem Zweck häufig ein → Aufhebungsvertrag geschlossen bzw. durch den Arbeitgeber eine → Ausgleichsquittung vorgelegt; die Verzichtserklärung des Arbeitnehmers muß aber eindeutig und zweifelsfrei sein. S. unter → Anfechtung.

Im Beitrittsgebiet gilt das KSchG mit gesonderter Zuständigkeitsregelung betreffend die §§ 18–20 KSchG für die zentrale Arbeitsverwaltung. In § 10 Abs. 2 KSchG gilt bis zur Geltung des gesamten Sechsten Buches des SGB als maßgebliches Lebensalter jeweils das 65. Lebensjahr; s. Anl. I z. Einigungsvertrag, Kap. VIII, Sachgeb. A, Abschn. III, Ziff. 6.

Kündigungsschutzklage. Sämtliche Einzelprobleme der Kündigungsschutzklage finden sich erörtert bei → Klage, → Feststellungsklage, → Eventualantrag, → Auflösung des Arbeitsverhältnisses, → Arbeitsgericht, → Güteverhandlung, → außerordentliche Kündigung, → Änderungskündigung, → Bevollmächtigte, → Form, → Anwalts- und → Gerichtskosten, → Streitwert, → Vergleich, → Beiordnung, → Prozeßkostenhilfe, → Rechtsschutzversicherung etc.

Kurzarbeit

Kurzarbeit. Wenn der Arbeitgeber wegen vorübergehenden Auftragsmangels Kurzarbeit einführt, soll für → betriebsbedingte Kündigungen keine Sperrwirkung bestehen; erforderlich ist aber das Vorliegen sonstiger Kündigungsgründe (vgl. BAG AP Nr. 10 zu § 1 KSchG 1969 – Betriebsbedingte Kündigung – = DB 1981, 747 = BB 1981, 555). Unwirksam dürfte eine Kündigung aber dann sein, wenn sie durch Verzicht auf Mehrarbeit an anderer Stelle im Betrieb oder gerade aufgrund der Einführung von Kurzarbeit vermieden werden kann (vgl. BAG AP Nr. 45 zu § 1 KSchG 1969 – betriebsbedingte Kündigung – = NZA 1990, 65 = DB 1989, 2384 = BB 1989, 2119). Noch nicht abschließend entschieden ist in diesem Zusammenhang die Frage, inwieweit die Entscheidung des Arbeitgebers, Kurzarbeit einzuführen, der Kontrolle bzw. Überprüfung durch die Arbeitsgerichte unterliegt; s. a. → betriebsbedingte Kündigung sowie → Auftragsmangel.

L

Landesarbeitsgericht → Arbeitsgericht

Langsamarbeit → Arbeitsverweigerung

Lebensstellung → Dauerstellung

Lehrlinge → Berufsausbildungsverhältnis

Leiharbeitsverhältnis. Zu unterscheiden ist das *echte* Leiharbeitsverhältnis vom *unechten,* das auch als Zeitarbeitsverhältnis bezeichnet wird. Im ersten Fall wird der Arbeitnehmer ganz vorwiegend in einem Unternehmen, für das und von dem er eingestellt wurde, tätig und nur kurzfristig und vorübergehend an ein anderes Unternehmen ausgeliehen. Beim unechten Leiharbeitsverhältnis erfolgt bereits die Einstellung zum Zweck der Ausleihe: Dieses Arbeitsverhältnis richtet sich nach den Vorschriften des Arbeitnehmerüberlassungsgesetzes (AÜG). Die arbeitsvertraglichen Beziehungen kommen dann zwischen Arbeitnehmer und Verleiher zustande, der wiederum mit dem Entleiher einen Arbeitnehmerüberlassungsvertrag schließt. Der Arbeitnehmer bleibt während seines Einsatzes im Entleihbetrieb Arbeitnehmer des Verleihers; der Entleiher erteilt lediglich Weisungen. Deshalb steht das Recht zur Erteilung einer → Abmahnung und zum Ausspruch von Kündigungen allein dem Verleiher zu. Verletzt aber der Entleiher seine Fürsorgepflicht gegenüber dem Leiharbeitnehmer, kann dieser gegenüber dem Verleiher außerordentlich oder gegebenenfalls ordentlich kündigen. Für die Voraussetzungen des allgemeinen Kündigungsschutzes, insbesondere die erforderliche Größe des → Betriebs, sind die Verhältnisse beim Entleiher maßgeblich; vor Kündigungsausspruch hat eine → Anhörung des Betriebsrates des Verleihers zu erfolgen. Das AÜG ist – wie erwähnt – nur auf unechte Leiharbeitsverhältnisse anzuwenden. Es enthält Schutzvorschriften zugunsten der Leiharbeitnehmer, die oftmals durch den Abschluß von Dienst- oder Werkverträgen umgangen werden sollen. Die Abgrenzung erfolgt nach Zweck und wirklicher Vertragsdurchführung; widersprechen sich vertragliche Vereinbarung und tatsächliche Ausgestaltung, so ist letztere entscheidend (vgl. BAG AP Nr. 5 zu § 14 AÜG = NZA 1990, 346 = DB 1990, 1139 = BB 1990, 563). Zum Schutz des Leiharbeitnehmers ordnet § 9 Ziff. 2 AÜG an, daß eine Befristung des Arbeitsverhältnisses zwischen Verleiher und Arbeitnehmer unwirksam ist, es sei denn, daß sich aus der Person des Arbeitnehmers ein sachlicher Grund ergibt. Nach Ziff. 3 der Vorschrift ist eine Kündigung des Leiharbeitsverhältnisses durch den Verleiher unwirksam, wenn dieser den Leiharbeitnehmer innerhalb von 3 Monaten nach Beendigung des Arbeitsverhältnisses erneut einstellt (vgl. BAG AP Nr. 1 zu § 9 AÜG = NZA 1988, 541 = DB 1988, 54 = BB 1988, 207). Gemäß § 11 Abs. 4 S. 1 AÜG ist die Norm des § 622 Abs. 4 BGB, der bei → Aushilfsarbeitsverhältnissen eine Verkürzung der gesetzlichen Kündigungsfrist erlaubt, auf Leiharbeitsverhältnisse nicht anzuwenden. Für den Fall, daß der Verleiher die gem. § 1 Abs. 1 AÜG erforderliche Arbeitnehmerüberlassungserlaubnis nicht oder nicht mehr hat, ist sein mit dem Leiharbeitnehmer geschlossener Vertrag gem. § 9 Ziff. 1 AÜG unwirksam. Zum Schutze des Arbeitnehmers kommt in diesem Fall kraft gesetzlicher Fiktion zwischen ihm und dem Entleiher ein Arbeitsverhältnis zustande, § 10 Abs. 1 AÜG. Will sich der Entleiher-Arbeitgeber hiervon durch Kündigung trennen, muß er einen in seinem Betrieb existierenden Betriebsrat zuvor gem. § 102 BetrVG anhören. Verbote für den Leiharbeitnehmer, nach Beendigung seines Arbeitsverhältnisses zum Verleiher mit dem Entleiher einen Arbeitsvertrag abzuschließen, sind nach § 9 Ziff. 5 AÜG unwirksam.

Lit.: Schaub NZA 1985, Beil. 3; Marschall NZA 1984, 150.

Leistungsunfähigkeit → Arbeitsunfähigkeit und → Krankheit

Leitende Angestellte. Gem. § 14 KSchG sind die §§ 1–13 KSchG nicht auf leitende Angestellte, Organmitglieder und Vertreter von Personengesellschaften anzuwenden. Hier ist wie folgt zu unterscheiden: *1.* Für Mitglieder des Organs, das zur gesetzlichen Vertretung einer juristischen Person berufen ist (Organmitglieder), d. h.: z. B. einer AG, KGaA, GmbH (s. → Geschäftsführer!) Genossenschaft, Stiftung, rechtskräftiger Verein, schließt § 14 Abs. 1 Ziff. 1 KSchG die Geltung des Gesetzes aus. *2.* Bei vertretungsberechtigten Gesellschaftern einer OHG, KG, GbR und Vorstandsmitgliedern nicht rechtskräftiger Vereine, die aufgrund Gesetz, Satzung oder Gesellschaftsvertrag zur Vertretung der Personengesamtheit berufen sind, schließt § 14 Abs. 1 Ziff. 2 KSchG die Geltung des Gesetzes aus. *3.* Demgegenüber sind die in § 14 Abs. 2 KSchG genannten Personen Arbeitnehmer i. S. d. KSchG: Es sind Geschäftsführer (nicht: GmbH-Geschäftsführer!), Betriebsleiter und ähnliche leitende Angestellte, die zur selbständigen Einstellung oder Entlassung von Arbeitnehmern befugt sind. Zu beachten ist, daß der Begriff des leitenden Angestellten i. S. d. KSchG nicht mit demjenigen des § 5 Abs. 3 BetrVG identisch ist (vgl. zur Situation vor Änderung des

Lohnnachzahlung

BetrVG: Tenkhoff NZA 1986, 460 m.w.N.). Eine Orientierung, wer als leitender Angestellter anzusehen ist, soll aber anhand der Neufassung des § 5 Abs. 3 u. 4 BetrVG und der hierzu ergehenden Rechtsprechung vorzunehmen sein (vgl. LAG Berlin LAGE Nr. 1 zu § 14 KSchG = DB 1987, 179 = BB 1987, 405). Für leitende Angestellte des § 14 Abs. 2 KSchG gilt das KSchG grundsätzlich, jedoch mit zwei wichtigen Ausnahmen: Sie haben nicht die Möglichkeit eines Kündigungseinspruchs beim Betriebsrat nach § 3 KSchG und der arbeitgeberseitige Antrag auf → Auflösung des Arbeitsverhältnisses gem. § 9 Abs. 1 S. 2 KSchG bedarf keiner Begründung. Die leitenden Angestellten i.S.d. § 14 Abs. 2 KSchG haben daher wenig Möglichkeiten, ihren Arbeitsplatz gegen den Willen des Arbeitgebers zu erhalten (sog. „hire and fire-Prinzip"). Bei diesen leitenden Angestellten genügt die generelle rechtliche Vertretungsbefugnis. Ist hingegen generell bestimmt, daß der Angestellte vor jeder Einstellung oder Kündigung die Zustimmung seines Vorgesetzten oder des Aufsichtsorgans einholen muß, handelt es sich i.d.R. nicht um einen leitenden Angestellten i.S.d. § 14 Abs. 2 KSchG (vgl. BAG AP Nr. 28 zu § 5 BetrVG 1972 = DB 1982, 1990 = BB 1983, 1729). In jedem Fall ist eine genaue Untersuchung des Einzelfalles bzw. der Position des leitenden Angestellten vorzunehmen, wobei die tatsächliche Durchführung und nicht die Bezeichnung im Arbeitsvertrag entscheidend ist. Zu beachten ist, daß die Frist zur Erhebung einer → Klage gegen eine Kündigung gem. § 4 KSchG auch für den leitenden Angestellten i.S.d. § 14 Abs. 2 KSchG gilt. Die Kündigung eines leitenden Angestellten i.S.d. § 5 Abs. 3 BetrVG (s. oben!) fällt nicht unter § 102 BetrVG, sie ist dem Betriebsrat vom Arbeitgeber nach § 105 BetrVG lediglich rechtzeitig mitzuteilen; s.a. → Sprecherausschuß.

Lit.: Becker ZIP 1981, 1168

Lohnnachzahlung → Annahmeverzug

Lohnpfändung/-abtretung. Selbst das Vorliegen mehrerer Lohnpfändungen/-abtretungen durch Gläubiger des Arbeitnehmers reicht i.d.R. nicht als Kündigungsgrund aus. Dies findet seine Rechtfertigung darin, daß das private Finanzgebaren des Arbeitnehmers grundsätzlich ohne Bedeutung für das Arbeitsverhältnis ist. Das BAG läßt allerdings in besonders gravierenden Ausnahmefällen eine Kündigung des Arbeitgebers wegen Lohnpfändungen zu, und zwar dann, wenn über einen längeren Zeitraum hinweg ständig Lohnpfändungen vorliegen und durch erheblichen Verwaltungsmehraufwand beim Arbeitgeber zu erheblichen Störungen im Betriebsablauf führen (vgl. BAG AP Nr. 4 zu § 1 KSchG 1969 – Ver-

Lohnsteuerkarte

haltensbedingte Kündigung – = DB 1982, 498 = BB 1982, 556 = NJW 1982, 1062). Diese Rechtsprechung ist angesichts der Tatsache, daß vielfach der erhöhte Verwaltungsaufwand durch gesonderte Kostenbelastung des Arbeitnehmers im Arbeitsvertrag aufgefangen wird, sehr bedenklich; auch wird dem Arbeitnehmer durch eine Kündigung wegen Lohnpfändungen eine geregelte Schuldentilgung verunmöglicht. In jedem Fall hat eine umfassende Interessenabwägung stattzufinden, bei der zu berücksichtigen sind: Art und Umfang des Verwaltungsmehraufwands, Größe und Struktur des Betriebs des Arbeitgebers einerseits, Dauer der Betriebszugehörigkeit, Lebensalter, Unterhaltspflichten, Vorliegen finanzieller Notlage und Wiedereinstellungschancen des Arbeitnehmers andererseits (BAG a.a.O.).

Lit.: Becker BlStSozArbR 1981, 305.

Lohnrückstand. Lohn- bzw. Gehaltsrückstände des Arbeitgebers zu Lasten des Arbeitnehmers geben diesem das Recht zur außerordentlichen Kündigung, wenn Zahlungsverzug entweder für längere Zeit oder mit einem erheblichen Betrag vorliegt; vorausgehen muß aber eine Aufforderung des Arbeitnehmers an den Arbeitgeber zur Zahlung (vgl. LAG Frankfurt DB 1965, 186). Befindet sich der Arbeitgeber über einen längeren Zeitraum regelmäßig mit der monatlichen Gehaltszahlung in Verzug oder unterläßt er es ein Jahr lang, die vom Lohn des Arbeitnehmers einbehaltene Lohnsteuer- und Sozialversicherungsbeiträge abzuführen, kann der Arbeitnehmer außerordentlich kündigen (LAG Baden-Württemberg BB 1960, 289). Angesichts der elementaren Pflichten des Arbeitgebers in diesem Bereich erscheint der Zeitraum von 1 Jahr als wesentlich zu lang: Verweigert nämlich der Arbeitnehmer seine der Lohnzahlungspflicht des Arbeitgebers gegenüberstehende Hauptpflicht zur Arbeitsleistung, begeht er also grundlose → Arbeitsverweigerung, verlangt auch niemand vom Arbeitgeber das Zuwarten über einen langgestreckten Zeitraum vor Kündigungsausspruch! Nach erfolgloser Abmahnung sollte daher bereits dreimaliger erheblicher Zahlungsverzug des Arbeitgebers den Arbeitnehmer zur außerordentlichen Kündigung berechtigen.

Lohnsteuerkarte → Arbeitspapiere

M

Mängel → Eignung

Manko. Unter einem Manko oder auch Fehlbestand versteht man den Schaden, der einem Arbeitgeber dadurch entsteht, daß eine seinem Arbeitnehmer anvertraute Kasse oder ein Warenlager einen Fehlbetrag aufweist. Die Tatsache eines Mankos allein berechtigt noch nicht zur Kündigung; entscheidend sind vielmehr dessen Ursache und Umfang. Beruht ein Fehlbestand auf einer → Straftat (Diebstahl, Unterschlagung etc.) des Arbeitnehmers, kommt eine → verhaltensbedingte Kündigung in Betracht. Muß hingegen der Arbeitnehmer Abrechnungen, Zahlungsvorgänge u. ä. in großer Zahl und ständig unter großem Zeitdruck bearbeiten, können Fehler auch bei sorgfältigster Arbeitsweise nicht ganz vermeidbar sein. Kann ein Manko von mehr als einem Arbeitnehmer verursacht worden sein, scheidet eine Kündigung regelmäßig aus; in seltenen, besonders gelagerten Ausnahmefällen kann eine → Verdachtskündigung in Frage kommen. Wenn das Manko auf einem Fehler eines Arbeitnehmers beruht, ist i. d. R. die Erteilung einer → Abmahnung vor Kündigungsausspruch erforderlich; Ausnahmen hiervon können sich bei vorsätzlichen → Straftaten ergeben.

Massenentlassungen. Nach § 17 Abs. 1 KSchG hat der Arbeitgeber alle Entlassungen, die innerhalb von 30 Tagen einen bestimmten, von der jeweiligen Betriebsgröße abhängigen, zahlenmäßigen Umfang erreichen, gegenüber dem Arbeitsamt anzuzeigen. Bei der Ermittlung der regelmäßigen Arbeitnehmerzahl ist in diesem Zusammenhang auf diejenige Größenordnung abzustellen, die für den Betrieb kennzeichnend ist (vgl. BAG AP Nr. 5 zu § 17 KSchG 1969 = NZA 1987, 587 = DB 1987, 1519 = BB 1987, 1608). Im Falle stufenweise durchgeführter Entlassungen ist maßgeblich nicht der spätere, verringerte Personalbestand, sondern die Arbeitnehmerzahl im Zeitpunkt der Beschlußfassung (vgl. BAG NZA 1990, 224 = DB 1990, 183 = BB 1989, 2403). Unter Entlassung i. S. d. § 17 Abs. 1 KSchG wird nicht der Kündigungsausspruch, sondern die hierdurch bewirkte tatsächliche Beendigung des Arbeitsverhältnisses verstanden. Zu berücksichtigen sind also alle Entlassungen wegen betriebs-, personen- oder auch verhaltensbedingter Gründe, Eigenkündigung der Arbeitnehmer, die vom Arbeitgeber veranlaßt werden (vgl. BAG AP Nr. 1 zu § 17 KSchG 1969 = DB 1974, 119 = BB 1974, 603) und

Minderjährige

Entlassungen aufgrund ohne Vorbehalt angenommener → Änderungskündigungen (vgl. BAG AP Nr. 2 zu § 2 KSchG 1969 = DB 1982, 1520 = NJW 1982, 2839). Nach § 17 Abs. 4 KSchG werden außerordentliche Kündigungen grundsätzlich nicht mitgerechnet; etwas anderes gilt, wenn der Arbeitgeber fristlos aus betriebsbedingten Gründen kündigt, ein wichtiger Grund i. S. d. § 626 Abs. 1 BGB nicht vorliegt und/oder die außerordentliche in eine ordentliche Kündigung umgedeutet wird. Da der Abschluß von → Aufhebungsverträgen nicht zur Umgehung des von § 17 KSchG beabsichtigten Schutzzwecks führen darf, sind auch diese Beendigungen mitzuzählen.

Der Arbeitgeber hat auch den Betriebsrat rechtzeitig zu unterrichten und sowohl hierbei als auch bei der Anzeige an das Arbeitsamt die in § 17 Abs. 2 u. 3 KSchG genannten Formalien einzuhalten. Daneben können sich Beteiligungspflichten des Arbeitgebers gegenüber dem Betriebsrat aus den §§ 99, 102 und 112 BetrVG ergeben, die gleichzeitig mit der Information gem. § 17 Abs. 2 KSchG erfüllt werden können. Auf die Entlassungssperre und die Möglichkeit von Kurzarbeit nach den §§ 18, 19 KSchG sei hingewiesen. Auf die Unwirksamkeit einer Entlassung während der Sperrfrist des § 18 KSchG muß der betroffene Arbeitnehmer sich berufen (vgl. BAG NZA 1990, 224 = DB 1990, 183 = BB 1989, 2403) und kann dies durch das Angebot seiner Arbeitsleistung tun; in der Unterzeichnung einer → Ausgleichsquittung könnte ein Verzicht auf diesen Einwand gesehen werden. Unterläßt der Arbeitgeber trotz Erforderlichkeit eine Anzeige oder erstattet diese nur unvollständig, sind sämtliche der Entlassung zugrunde liegenden Kündigungen unwirksam, d. h. nicht nur diejenigen, die über der Staffel des § 17 Abs. 1 KSchG liegen (vgl. BAG AP Nr. 2 zu § 2 KSchG 1969 = DB 1982, 1520 = NJW 1982, 2839). Gem. § 18 Abs. 4 KSchG müssen die Entlassungen innerhalb der dortigen Freifrist erfolgen, andernfalls eine erneute Anzeige an das Arbeitsamt zu erfolgen hat. Die Freifrist ändert aber nichts am eventuellen Bestehen von Sonderkündigungsschutz, z. B. nach den Vorschriften über den → Mutterschutz, für → Schwerbehinderte etc.

Im *Beitrittsgebiet* wird die Zuständigkeit des Landesarbeitsamtes nach den §§ 18 bis 20 KSchG bis zur Bildung dieser Behörden vorerst durch die Zentrale Arbeitsverwaltung wahrgenommen, s. Anl. I z. EinigungsV, Kap. VIII, Sachgeb. A, Abschn. III, Ziff. 6.

Lit.: Rumpenhorst NZA 1991, 214; Bauer/Röder NZA 1985, 201; Scherer NZA 1985, 764.

Minderjährige → Geschäftsfähigkeit

Minderleistung

Minderleistung → Arbeitsunfähigkeit und → Krankheit

Mindestkündigungsfrist. Bei Angestellten können Kündigungsfrist und -termin nach § 622 Abs. 1 BGB einzelvertraglich auf 1 Monat zum Monatsende verkürzt werden (sog. gesetzliche Mindestkündigungsfrist); auf die Sonderregelung in § 624 BGB für Arbeitsverhältnisse auf Lebenszeit oder für länger als 5 Jahre sei hingewiesen. Von größerer Bedeutung sind in diesem Zusammenhang tarifliche Vorschriften sowie das → AngKSchG. Zur Kündigungsfrist für → Arbeiter nach den Beschlüssen des BVerfG vom 16. 11. 1982 und 30. 5. 1990 s. dort. Die Arbeitsvertragsparteien können die Kündigungsfristen auch beliebig verlängern, jedoch für den Arbeitnehmer keine längeren Fristen als für den Arbeitgeber vereinbaren, § 622 Abs. 5 BGB. Bei der Verlängerung ist der Kündigungstermin „Schluß eines Kalendermonats" aber zwingend (vgl. BAG AP Nr. 20 zu § 622 BGB = NZA 1986, 229 = DB 1985, 2255 = BB 1985, 2047). Wurde nur die Kündigungsfrist verlängert ohne Regelung auch des Kündigungstermins, so gilt das Quartalsende als Termin, es sei denn, ein anderer Wille der Parteien ergibt sich aus den Umständen der Vereinbarung (vgl. BAG AP Nr. 10 zu § 9 KSchG 1969 = DB 1984, 883). Treffen die Vertragsparteien eine den gesetzlichen Regelungen widersprechende Abrede, so ist diese nichtig. Während der übrige Inhalt des Arbeitsvertrages gültig bleibt, tritt an die Stelle der unwirksamen Vereinbarung die gesetzliche Mindestkündigungsfrist (vgl. BAG AP Nr. 27 zu § 622 BGB = NZA 1990, 147 = DB 1990, 434 = BB 1989 2403). Im Falle eines über die vorgesehene Vertragszeit hinaus nach § 625 BGB fortgesetzten Arbeitsverhältnisses gelten jedoch nicht die gesetzlichen, sondern die vertraglich vereinbarten Fristen jedenfalls dann, wenn auch auf den Fall dieser stillschweigenden Verlängerung des Arbeitsverhältnisses die vereinbarte Kündigungsregelung anzuwenden ist; dies kann sich aufgrund einer Auslegung des Arbeitsvertrages oder einer bei der Fortsetzung – auch konkludent – getroffenen Vereinbarung ergeben (vgl. BAG AP Nr. 5 zu § 625 BGB = NZA 1989, 595 = DB 1989, 1474 = BB 1989, 1126). S. auch → Aushilfsarbeitsverhältnis und → Probearbeitsverhältnis sowie → Konkurs.

Im *Beitrittsgebiet* ist § 622 BGB nicht anzuwenden, s. Anl. I z. Einigungsvertrag, Kap. VIII, Sachgeb. A, Abschn. III, Ziff. 1.
   Lit.: Gaul BB 1980, 1542.

Mischtatbestand. Das KSchG unterscheidet in § 1 Abs. 2 grundsätzlich zwischen betriebs-, personen- und verhaltensbedingten Gründen für den Ausspruch ordentlicher Kündigungen. Ausnahmsweise kann aber ein und derselbe Kündigungssachverhalt mehrere dieser Bereiche betreffen und somit einen Mischtatbestand darstellen. Für die Wirksamkeit einer hierauf gestützten Kündigung sind die unterschiedlichsten Anforderungen, wie z. B. das Erfordernis vorheriger → Abmahnung bzw. Durchführung einer → Sozialauswahl zu beachten. Bei Vorliegen eines Mischtatbestandes richtet sich der Prüfungsmaßstab in erster Linie danach, aus welchem Bereich die Störung kommt, die sich negativ auf das Arbeitsverhältnis auswirkt (vgl. BAG AP Nr. 12 zu § 1 KSchG 1969 = NZA 1986, 713 = DB 1986, 2133 = BB 1986, 2199 = NJW 1987, 516). Entscheidend ist somit nicht, wo die Störung auftritt, sondern wo die Störquelle liegt. Im Falle eines Mischtatbestandes sind die Interessen des Arbeitnehmers an einer Fortsetzung des Arbeitsverhältnisses stärker zu berücksichtigen als bei ausschließlich in der Sphäre des Betriebes liegenden Kündigungsgründen (BAG a. a. O.).

Mutterschutz. Kernstück des Frauenarbeitsschutzes ist das MuSchG, dessen § 9 ein absolutes Kündigungsverbot enthält: Danach ist die Kündigung gegenüber einer Frau während der Schwangerschaft und innerhalb von 4 Monaten nach der Entbindung unzulässig, wenn dem Arbeitgeber zur Zeit der Kündigung die Schwangerschaft oder Entbindung bekannt war oder innerhalb von 2 Wochen nach Kündigungszugang mitgeteilt wird. Für den Beginn der Schwangerschaft ist das Zeugnis eines Arztes oder einer Hebamme maßgebend (vgl. BAG AP Nr. 15 zu § 9 MuSchG 1968 = NZA 1986, 613 = DB 1986, 1579 = BB 1986, 1987 = NJW 1986, 2905). Nach der Entscheidung des BVerfG vom 13. 11. 1979 ist § 9 Abs. 1 S. 1 MuSchG insoweit mit Art. 6 Abs. 4 GG unvereinbar, als diese Norm den besonderen Kündigungsschutz Arbeitnehmerinnen entzieht, die im Zeitpunkt der Kündigung schwanger sind, ihren Arbeitgeber hierüber unverschuldet nicht innerhalb von 2 Wochen nach Kündigungszugang unterrichten, dies aber unverzüglich nachholen (vgl. BVerfG AP 7 zu § 9 MuSchG 1968 = DB 1980, 402 = BB 1980, 208 = NJW 1980, 824). Die Frau ist für die unverschuldete Fristversäumnis darlegungs- und beweispflichtig (vgl. BAG AP Nr. 9 zu § 9 MuSchG 1968 = DB 1982, 1226 = NJW 1982, 1574). Die Unkenntnis der Schwangeren vom Beginn der Schwangerschaft ist an sich geeignet, eine schuldhafte Verzögerung der nachgeholten Mitteilung der Schwangerschaft auszuschließen (vgl. BAG AP Nr. 16 zu § 9 MuSchG 1968 = NZA 1988, 799 = DB 1988, 2107 = BB 1988, 1963 = NJW 1988, 2970). Der Kündigungsschutz des § 9 MuSchG endet mit einer → Fehl-, nicht aber mit einer Totgeburt (vgl. BAG AP Nr. 2 zu § 9 MuSchG 1968 = DB 1973, 879 = BB 1973, 566 = NJW 1973, 1413).

Versäumt die Arbeitnehmerin die Frist schuldhaft, ist die Kündi-

Mutterschutz

gung unter dem Gesichtspunkt des MuSchG „unheilbar wirksam". Der Arbeitgeber muß nach der Rechtsprechung des BAG auch ärztliche Arbeitsunfähigkeitsbescheinigungen gegen sich gelten lassen, in denen für schwangerschaftsbedingte Erkrankungen medizinische Fachausdrücke verwandt werden (vgl. BAG AP Nr. 9 zu § 9 MuSchG = DB 1956, 379 = BB 1956, 562 = NJW 1956, 1124). Es genügt auch – in größeren Betrieben – die Mitteilung an die Personalabteilung (BAG a. a. O.), nicht jedoch an Personen, die keine zumindest arbeitsgeberähnliche Funktion bekleiden (Betriebsrat, Familienangehörige des Arbeitgebers etc.). Gem. § 9 Abs. 1 S. 2 MuSchG gelten Besonderheiten für in Familienhaushalten beschäftigte Frauen und → Heimarbeiterinnen. Das Kündigungsverbot des § 9 MuSchG erfaßt alle Kündigungen des Arbeitgebers, also sowohl ordentliche als auch außerordentliche Kündigungen, → Änderungskündigungen, Kündigungen im → Konkurs- und Vergleichsverfahren oder aus Anlaß einer → Betriebsstillegung oder → Massenentlassung. Das absolute Kündigungsverbot des § 9 MuSchG bewirkt die Nichtigkeit einer gleichwohl ausgesprochenen Kündigung nach § 134 BGB: Das Arbeitsverhältnis besteht fort, der Arbeitgeber gerät in → Annahmeverzug, es sei denn, eine konkrete Gefährdung von Rechtsgütern des Arbeitgebers, seiner Familienangehörigen oder anderer Arbeitnehmer sei gegeben (vgl. BAG AP Nr. 42 zu § 615 BGB = NZA 1988, 465 = DB 1988, 866 = BB 1988, 914). Da der Schutz des § 9 MuSchG zwingender Natur ist, kann die Arbeitnehmerin zwar nach, nicht jedoch vor Erhalt einer Kündigung hierauf verzichten; s. insoweit entsprechend unter → Ausgleichsquittung. § 9 MuSchG gilt auch dann, wenn das KSchG nicht eingreift. Das bedeutet, daß auch in → Kleinbetrieben (§ 23 KSchG) und vor erfüllter → Wartezeit (§ 1 KSchG) werdende Mütter den Schutz dieser Vorschrift genießen, und zwar auch als → leitende Angestellte. Dies gilt auch für schwangere Auszubildende (LAG Berlin BB 1986, 62).

Vom Kündigungsverbot des § 9 MuSchG werden nicht erfaßt Eigenkündigungen der Arbeitnehmerinnen sowie → Aufhebungsverträge, wobei an die entsprechende Erklärung der Arbeitnehmerin wegen des besonderen Schutzzweckes des MuSchG ein strenger Maßstab anzulegen ist. Auch der Arbeitsvertrag mit einer schwangeren Frau unterliegt der → Anfechtung. Dies gilt vor allem dann, wenn die Arbeitnehmerin für einen Arbeitsplatz eingestellt wird, auf dem offensichtlich eine Schwangere nicht beschäftigt werden kann, z. B. als Mannequin (vgl. BAG AP Nr. 1 zu § 8 MuSchG 1968 = NZA 1989, 178 = DB 1989, 585 = BB 1989, 556 = NJW 1989, 929). Zum Fragerecht bei Einstellungen s. Moritz NZA 1987, 329. Eine Offenbarungspflicht der Frau in Bezug auf ihre Schwangerschaft besteht jedenfalls aber nur dann, wenn sie Arbeiten übernimmt, die sie

Mutterschutz

als Schwangere auf keinen Fall bewältigen kann (z. B. Tänzerin, Sportlehrerin, Artistin, Mannequin o. ä.) bzw. darf, es sei denn, mit einer Ausnahmegenehmigung kann noch gerechnet werden (vgl. BAG a. a. O. zum Beschäftigungsverbot nach § 8 MuSchG). Das Arbeitsverhältnis einer Schwangeren kann wirksam zum Zwecke der Erprobung befristet werden; insoweit gelten keine Besonderheiten für das → Probearbeitsverhältnis. Ist aber zu Probezewecken das Arbeitsverhältnis mit einer Frau befristet und wird diese erst im Laufe der Probezeit schwanger, so ist die Berufung des Arbeitgebers auf die Befristung dann rechtsmißbräuchlich, wenn sie nur wegen der Schwangerschaft erfolgt, die Arbeitnehmerin sich aber voll bewährt hat (vgl. BAG AP Nr. 26 zu § 620 BGB – Befristeter Arbeitsvertrag – = DB 1963, 1720 = BB 1964, 259 = NJW 1964, 567). Nach § 9 Abs. 3 MuSchG kann die Kündigung des Arbeitgebers in besonderen Fällen von der für den Arbeitsschutz zuständigen obersten Landesbehörde für zulässig erklärt werden. Die Erklärung muß vor Kündigungsausspruch vorliegen; eine ohne sie erfolgende Kündigung ist in jedem Fall rechtsunwirksam (vgl. BAG AP Nr. 28 zu § 9 MuSchG = DB 1968, 1632 = BB 1968, 1081). Die Zulässigerklärung darf erst erteilt werden, wenn bei Abwägung der widerstreitenden Interessen des Mutterschutzes an der Erhaltung des Arbeitsplatzes und des Arbeitgebers an der Auflösung des Arbeitsverhältnisses letztere erstere erheblich überwiegen, was der Fall sein kann bei groben Pflichtverletzungen der Arbeitnehmerin (zum Diebstahl vgl. BAG AP Nr. 5 zu § 9 MuSchG = DB 1956, 426 = BB 1956, 569 = NJW 1956, 1454), Betriebsstillegung (BVerwG AP Nr. 5 zu § 9 MuSchG 1968) oder Existenzgefährdung des Arbeitgebers aufgrund von dessen Verpflichtung aus dem MuSchG (BVerwG AP Nr. 33 zu § 9 MuSchG), nicht jedoch im Falle eines → Betriebsübergangs gem. § 613a BGB, da auch die Pflichten aufgrund des MuSchG vom Betriebserwerber übernommen werden.

Das Kündigungsverbot des § 9 MuSchG läßt einen daneben bestehenden besonderen Kündigungsschutz z. B. für → Schwerbehinderte, → Betriebsratsmitglieder o. ä. unberührt; der Arbeitgeber hat also insoweit zusätzliche Kündigungserschwerungen zu beachten. Eine erteilte Zulässigerklärung ist als Verwaltungsakt von den Verwaltungsgerichten auf entsprechende Klage der Arbeitnehmerin zu überprüfen. Eine nach behördlicher Zulassung ausgesprochene Kündigung ist auf Klage der Arbeitnehmerin von den → Arbeitsgerichten zu prüfen; hier ist die 3-Wochen-Frist des § 4 KSchG für die → Klage einzuhalten, wenn die Arbeitnehmerin (auch) die Sozialwidrigkeit der Kündigung gem. § 1 KSchG rügt. Der Kündigungsschutz verlängert sich, wenn die Frau → Erziehungsurlaub nimmt. Die Arbeitnehmerin kann nach § 10 Abs. 1 MuSchG das Arbeitsver-

Mutterschutz

hältnis während der Schwangerschaft und der Schutzfrist nach der Entbindung (§ 6) ohne Einhaltung einer Frist zum Ende dieser Zeit kündigen. In diesem Fall bleibt ihr die Betriebszugehörigkeit gem. § 10 Abs. 2 MuSchG erhalten, wenn sie innerhalb eines Jahres nach der Entbindung wieder eingestellt wird und zwischenzeitlich bei keinem anderen Arbeitgeber beschäftigt war; zum „Mutterschutz für Väter" s. → Ehegattenverträge.

Im *Beitrittsgebiet* ist das MuSchG seit dem 1. 1. 1991 anzuwenden. Es gilt aber nicht für Geburten vor dem 1. 1. 1991; s. Anl. II zum Einigungsvertrag, Kap. X, Sachgeb. A, Abschn. III, Kap. VIII, Sachgeb. A, Abschn. III.

Lit.: Eich DB 1981, 1233; Stevens-Bartol AiB 1984, 123; Legerlotz NZA 1992, 201.

N

Nachleistung→ Annahmeverzug

Nachschieben von Kündigungsgründen. Bei der Beantwortung der Frage, ob ein Nachschieben von Kündigungsgründen im Verlauf eines Kündigungsschutzprozesses zulässig ist, muß zwischen Betrieben mit und solchen ohne Betriebsrat unterschieden werden. Im zweiten Fall spielt sich der Vorgang nur auf individual-arbeitsrechtlicher Ebene ab: hier ist ein Nachschieben von Gründen, die schon vor Kündigungsausspruch vorlagen, im Prozeß möglich, unabhängig davon, ob sie dem Arbeitgeber im Zeitpunkt der Kündigung bereits bekannt waren oder auch nicht (vgl. BAG AP Nr. 39 zu § 102 BetrVG 1972 = NZA 1986, 674 = DB 1986, 1726 = NJW 1986, 3159). Das BAG hat aber im Fall eines betriebsratslosen Betriebes ein Nachschieben von Kündigungsgründen dann in Frage gestellt, wenn der Arbeitgeber im Prozeß die Gründe für die angegriffene Kündigung praktisch auswechselt (vgl. BAG AP Nr. 1 zu § 626 – Nachschieben von Kündigungsgründen – = DB 1980, 1350 = BB 1980, 1160 = NJW 1980, 2486). In Betrieben mit Betriebsrat kann der Arbeitgeber Tatsachen nachschieben, die ohne wesentliche Veränderung des Kündigungssachverhalts lediglich der Erläuterung bzw. Konkretisierung der vom Betriebsrat mitgeteilten Kündigungsgründe dienen (BAG a.a.O.); s.a. → Anhörung des Betriebsrates. Die Abgrenzung, ob es sich lediglich um die Erläuterung mitgeteilter Kündigungsgründe oder um einen neuen bzw. einen anderen Kündigungssachverhalt handelt, ist im Einzelfall oftmals nicht ganz einfach. Im letztgenannten Fall ist ein Nachschieben von Kündigungsgründen, die dem Arbeitgeber bei Ausspruch der Kündigung bereits bekannt waren, dem Betriebsrat jedoch nicht mitgeteilt wurden, unzulässig mit der Folge, daß sie im Prozeß unberücksichtigt bleiben (BAG a.a.O.). Das Nachschieben von Kündigungsgründen, die dem Arbeitgeber bei Kündigungsausspruch noch nicht bekannt waren und dem Betriebsrat nicht unterbreitet wurden, ist zulässig, wenn vor Einführung in den Prozeß eine weitere → Anhörung des Betriebsrates erfolgt (BAG a.a.O.). Der Arbeitgeber ist im Zweifel darlegungs- und beweispflichtig dafür, daß er von den neuen Gründen erst nach Kündigungsausspruch Kenntnis erlangt hat. Zu den Besonderheiten des Nachschiebens von Kündigungsgründen, die im Kündigungsschreiben bei einem → Berufsausbildungsverhältnis nicht enthalten sind, s. LAG Baden-Württemberg DB 1990, 588.

Nachträgliche Klagezulassung

Wenn Gründe für eine Kündigung allerdings erst nach deren Ausspruch entstehen, ist ein Nachschieben in keinem Fall, sondern nur eine neue Kündigung zulässig.
  Lit.: Schwerdtner NZA 1987, 361

Nachträgliche Klagezulassung → Klage

Nachwirkung des Kündigungsschutzes → Betriebsrat

Nebenpflichten. In Ausnahmefällen kann auch eine Verletzung von Nebenpflichten durch den Arbeitnehmer eine Kündigung des Arbeitgebers – nach vorheriger → Abmahnung – rechtfertigen. Dies hat das BAG beispielsweise in einem besonders gelagerten Fall bei der Verletzung der Pflicht zur Vorlage einer ärztlichen Arbeitsunfähigkeitsbescheinigung durch den Arbeitnehmer bejaht (vgl. BAG AP Nr. 93 zu § 626 BGB = NZA 1987, 93 = DB 1986, 2443 = BB 1986, 2127); s. a. → Arbeitsunfähigkeit.

Nebentätigkeit → Konkurrenztätigkeit

Negativprognose → Krankheit

Netto-Klausel. In arbeitsgerichtlichen und außergerichtlichen Vergleichen bzw. → Aufhebungsverträgen vereinbarte → Abfindungen sind grundsätzlich als Bruttobeträge zu verstehen, d. h. etwa anfallende Steuern sind vom Arbeitnehmer zu tragen. Wird ausdrücklich eine Netto-Abfindung vereinbart, hat der Arbeitgeber auf den Betrag, der in voller Höhe an den Arbeitnehmer auszuzahlen ist, Lohn- bzw. Einkommensteuer hinzuzurechnen und abzuführen. Brutto = Netto-Klauseln sind möglicherweise auslegungsfähig (LAG Bremen LAGE Nr. 6 zu § 9 KSchG = NZA 1988, 433 = BB 1988, 408; LAG Niedersachsen LAGE Nr. 1 zu § 10 KSchG = NZA 1985, 221 = DB 1985, 658 = BB 1985, 272; LAG Hamm DB 1980, 2396); hier tun klare Formulierungen not.
  Lit.: Bauer NZA 1991, 617

Neue Bundesländer → Beitrittsgebiet

Nichtfortsetzungserklärung → Wahlrecht des Arbeitnehmers

Nichtigkeit. Arbeitsvertrag und Kündigung unterliegen wie jedes andere Rechtsgeschäft und jede andere Willenserklärung der → Anfechtung. Der Arbeitsvertrag kann darüber hinaus wegen Verstoßes gegen die guten Sitten (§ 138 Abs. 1 BGB), bei Verstoß gegen ein

Nichtverlängerungsanzeige

gesetzliches Verbot (§ 134 BGB), bei → Geschäftsunfähigkeit (§ 105 BGB) u. ä. nichtig sein. Sowohl Arbeitnehmer als auch Arbeitgeber können sich auf die Nichtigkeit jederzeit berufen; der Ausspruch einer Kündigung ist zur Beseitigung des Arbeitsverhältnisses dann nicht erforderlich. Eine formlose Erklärung reicht aus, die das Arbeitsverhältnis – wie bei der Anfechtung – nicht rückwirkend, aber mit sofortiger Wirkung auflöst. Eine Kündigung, die gegen ein gesetzliches Verbot verstößt, ist ebenfalls nichtig, so z. B. im Falle des § 9 MuSchG, s. → Mutterschutz. Dasselbe gilt für eine Kündigung, die gegen das Verbot der Behinderung einer Betriebsratswahl gem. § 20 Abs. 1 BetrVG verstößt (vgl. BAG AP Nr. 1 zu § 1 KSchG 1969 – Verhaltensbedingte Kündigung – = DB 1978, 641 = BB 1978, 660 = NJW 1978, 1872), s. auch → Benachteiligung. Eine ohne Zustimmung der Hauptfürsorgestelle ausgesprochene Kündigung eines → Schwerbehinderten ist ebenso gem. 134 BGB i. V. m. § 15 SchwbG nichtig. Entsprechendes gilt für eine ohne → Anhörung des Betriebsrates ausgesprochene Kündigung nach § 102 Abs. 1 S. 3 BetrVG. Nach einem beachtenswerten Urteil des LAG Bremen ist eine Kündigung, die einem Arbeitnehmer nach einem schweren Arbeitsunfall am gleichen Tag im Krankenhaus unmittelbar vor der Operation ausgehändigt wird, auch dann als Kündigung zur Unzeit nichtig, wenn Motiv für die Kündigung nicht der Unfall, sondern betriebsbedingte Gründe waren, zu denen der Betriebsrat zuvor angehört wurde (LAG Bremen LAGE Nr. 1 zu § 242 BGB = BB 1986, 393). Allein wegen ihres Zugangs am 24. 12. (Heiligabend) ist eine Kündigung noch nicht ungehörig und damit etwa nichtig (vgl. BAG AP Nr. 88 zu § 626 BGB = NZA 1986, 97 = DB 1985, 2003 = BB 1985, 1913). Auf die Sondervorschrift des § 627 Abs. 2 S. 2 BGB zur Kündigung von Dienstverhältnissen höherer Art zur Unzeit sei hingewiesen. Bei solchen Fällen von nichtigen Kündigungen hat der sich hierauf berufene Arbeitnehmer die Klagefrist des § 4 KSchG nicht einzuhalten; die Möglichkeit einer → Verwirkung kann aber nicht ausgeschlossen werden. Die gleichzeitige Geltendmachung von Nichtigkeit und Sozialwidrigkeit in einer → Klage – allerdings dann unter Beachtung der Frist des § 4 KSchG – ist zulässig, s. § 13 Abs. 3 KSchG. Im Prozeß trägt der Arbeitnehmer die Darlegungs- und Beweislast für das Vorliegen von Nichtigkeitsgründen (vgl. BAG AP Nr. 2 zu § 134 BGB = DB 1972, 2356 = NJW 1973, 77).

Nichtverlängerungsanzeige. Mit einer Nichtverlängerungsanzeige teilt der Arbeitgeber dem Arbeitnehmer vor Ablauf eines → befristeten Arbeitsverhältnisses mit, daß er dieses nicht über die vereinbarte Dauer hinaus fortsetzen will. Bei Erhalt einer solchen Mitteilung, die keine Kündigung darstellt, muß der Arbeitnehmer nicht

Niederkunft

innerhalb von 3 Wochen → Klage auf Feststellung eines unbefristeten Arbeitsverhältnisses erheben; die §§ 4 und 7 KSchG finden keine, auch keine entsprechende Anwendung (vgl. BAG AP Nr. 14 zu § 1 BeschFG 1985 = NZA 1990, 746 = DB 1990, 1923). Auf die Möglichkeit, daß das Klagerecht wegen → Verwirkung ausgeschlossen sein kann, sei hingewiesen. Zur Nichtverlängerungsanzeige im → Probearbeitsverhältnis s. dort.

Niederkunft → Mutterschutz

O

Öffentlicher Dienst. Im öffentlichen Dienst sind für den Ausspruch von Kündigungen besondere gesetzliche Vorschriften zu beachten, insbesondere Regelungen in den einzelnen Kommunalverfassungen; zum → Dienstsiegel s. dort. Für den Kündigungsschutz der Arbeiter und Angestellten gelten die allgemeinen Grundsätze wie in der Privatwirtschaft. Auch die Organisationsfreiheit bzw. unternehmerischen Entscheidungen öffentlicher Arbeitgeber sind von den Arbeitsgerichten auf Willkür und sachfremde Erwägungen hin im Falle einer → betriebsbedingten Kündigung zu überprüfen. Die konkrete Durchführung von Personalmaßnahmen unterliegt der vollen gerichtlichen Nachprüfung. Allgemeine haushaltsrechtliche Überlegungen rechtfertigen eine Kündigung aber nicht, anderweitige, zumutbare Beschäftigungsmöglichkeiten schließen sie aus, s. → Änderungskündigung. Werden aber durch den Haushaltsplan bestimmte, nach sachlichen Kriterien gekennzeichnete Stellen gestrichen, kann, wenn hierdurch ein Arbeitskräfteüberhang entsteht, eine betriebsbedingte Kündigung gerechtfertigt sein (vgl. BAG AP Nr. 5 zu § 1 KSchG – Betriebsbedingte Kündigung – = DB 1960, 984 = BB 1960, 904 = NJW 1960, 2070). Der sog. „Kw-Vermerk" rechtfertigt eine Kündigung dann nicht, wenn keine bestimmte oder bestimmbare Frist für den Wegfall der Stelle angegeben ist (vgl. BAG AP Nr. 4 zu § 1 KSchG 1969 = DB 1979, 118 = BB 1979, 424); auch der Entzug von Drittmitteln (s. → drittmittelfinanzierte Arbeitsverträge) gibt für sich allein noch keinen Kündigungsgrund ab (vgl. BAG AP Nr. 11 zu § 1 KSchG 1969 = NZA 1986, 823 = DB 1986, 2236 = BB 1986, 2129). Soll eine Lehrkraft, die keine Lehrbefähigung (mehr) besitzt, durch einen voll ausgebildeten beamteten Lehrer ersetzt werden, kann ein dringendes betriebliches Erfordernis i. S. d. § 1 KSchG gegeben sein (vgl. BAG AP Nr. 21 zu § 1 KSchG 1969 – Betriebsbedingte Kündigung – = NZA 1985, 489 = DB 1985, 1190), wenn eine anderweitige Weiterbeschäftigungsmöglichkeit nicht bestehen sollte. Im Bereich → personen- oder → verhaltensbedingter Kündigungen gelten dieselben Maßstäbe wie in der freien Wirtschaft. Die Beteiligung des → Personalrats bei Kündigungen, ist teilweise anders als die des Betriebsrats geregelt, s. dort. Zu beachten ist die Sonderregelung in § 53 Abs. 3 BAT, dem im öffentlichen Dienst bedeutendsten Tarifvertrag, wonach bei einer Beschäftigungszeit von 15 Jahren und nach Vollendung des 40. Lebensjahres bei mindestens 50%iger Arbeitszeit der Arbeitnehmer ordentlich unkündbar ist.

Lit.: Plander DB 1982, 1216; Conze ZTR 1987, 99.

Ordentliche Kündigung

Ordentliche Kündigung. Unterliegt ein Arbeitsverhältnis dem → KSchG, so bestimmt sich das Recht des Arbeitgebers zum Ausspruch einer ordentlichen Kündigung nach diesem Gesetz. Zusätzlich sind Kündigungserschwernisse bzw. -verbote zu beachten (s. unter → Kündigung). Letztere sind beim jeweiligen Stichwort wie z. B. → Mutterschutz, → Schwerbehinderte, → Betriebsrat, → Mindestkündigungsfristen, → AngKSchG etc. behandelt und finden auch Berücksichtigung beim → Berufsausbildungsverhältnis, bei der → Änderungskündigung, bei → Arbeitern, beim → Ausschluß der ordentlichen Kündigung, deren → Form und → Zugang sowie der → Klage. Die einzelnen Kündigungsgründe werden unter den Begriffen der → betriebs-, → personen- und verhaltensbedingten Kündigung bzw. am betreffenden Ort, z. B. unter → Betriebsstillegung, → Krankheit oder → Beleidigung etc. abgehandelt.

Organmitglieder → leitende Angestellte

P

Personalabbau → Massenentlassungen

Personalakte → Abmahnung

Personalrat. Im Bereich des öffentlichen Dienstes werden nicht Betriebs-, sondern Personalräte gebildet. Ihre Befugnisse richten sich nach dem BPersVG bzw. den einzelnen Personalvertretungsgesetzen der Länder. Das BPersVG findet beispielsweise Anwendung in den Verwaltungen des Bundes und der bundesunmittelbaren Körperschaften, Anstalten und Stiftungen des öffentlichen Rechts sowie den Gerichten des Bundes, § 1 BPersVG; darüber hinaus gilt es u. a. bei der BfA, dem BND, der Bundespost sowie den alliierten Streitkräften. Das BPersVG wurde dem BetrVG angeglichen; soweit sich kündigungsschutzrelevante Abweichungen zu den Themenkreisen → Betriebsrat und → Anhörung des Betriebsrats ergeben, werden nur diese im folgenden dargestellt:

Der Personalrat wirkt nach den §§ 72, 79 BPersVG bei ordentlichen Kündigungen mit. Der Leiter der Dienststelle hat die ordentliche Kündigung vor ihrem Ausspruch rechtzeitig und eingehend mit dem Personalrat mit dem Ziel einer Verständigung zu erörtern. Der Personalrat hat somit ein Beratungsrecht; stimmt er der Kündigung zu, verzichtet er hierauf (vgl. BAG AP Nr. 41 zu § 1 KSchG 1969 – Betriebsbedingte Kündigung – = NZA 1987, 700 = DB 1987, 1896 = BB 1987, 2021). Der Personalrat kann neben den Einwendungen gem. § 79 BPersVG auch andere Einwände erheben und bei deren Ablehnung durch die Dienststelle die Entscheidung der übergeordneten Dienststelle beantragen (vgl. BAG AP Nr. 1 zu § 79 BPersVG = DB 1984, 2306 = BB 1985, 54). Eine ohne oder ohne ordnungsgemäße Beteiligung des Personalrats ausgesprochene Kündigung ist unwirksam. Wenn der Dienststellenleiter beabsichtigt, zum Zwecke der Herabgruppierung eines Beschäftigten eine → Änderungskündigung auszusprechen, muß der Personalrat nach § 75 i. V. m § 69 BPersVG zustimmen und bei der Änderungskündigung nach § 79 i. V. m. § 72 BPersVG mitwirken (vgl. BAG AP Nr. 1 zu § 75 BPersVG = DB 1978, 1135 = NJW 1978, 2168). Vor der außerordentlichen Kündigung und vor Beendigung des Arbeitsverhältnisses eines Arbeiters während der Probezeit ist der Personalrat anzuhören; eventuelle Bedenken hat er spätestens innerhalb von 3 Tagen dem Leiter der Dienststelle schriftlich und begründet mitzuteilen. Eine

Personenbedingte Kündigung

ohne Mitwirkung des Personalrats ausgesprochene außerordentliche Kündigung ist unwirksam. Die Mitglieder von Personalräten genießen den besonderen Kündigungsschutz des § 15 Abs. 2 KSchG bei ordentlicher Kündigung; eine außerordentliche Kündigung ist nur mit Zustimmung des Personalrats möglich.
Lit.: Schinkel NZA 1988, 825; Kanz ZTR 1989, 219.

Personenbedingte Kündigung. Nach § 1 Abs. 2 S. 1 KSchG kann eine Kündigung sozial gerechtfertigt sein, wenn sie durch Gründe in der Person des Arbeitnehmers bedingt ist. Hier kommen nur solche Umstände in Betracht, die in der Sphäre des Arbeitnehmers liegen (vgl. BAG AP Nr. 12 zu § 1 KSchG 1969 = NZA 1986, 713 = DB 1986, 2199 = BB 1986, 332). Ein Verschulden des Arbeitnehmers ist nicht Voraussetzung; das Erfordernis vorheriger → Abmahnung vor Kündigungsausspruch wird überwiegend verneint (zur Abmahnung wegen krankheitsbedingter Fehlzeiten vgl. aber LAG Düsseldorf LAGE Nr. 9 zu § 611 BGB – Fürsorgepflicht – = NZA 1986, 431).

Hauptanwendungsfall der personenbedingten Kündigung ist die Kündigung wegen → Krankheit, s. dort. Daneben kommen als personenbedingte Kündigungsgründe in Betracht: fehlende bzw. entzogene → Arbeitserlaubnis, → Führerscheinentzug, → Freiheits- und Haftstrafen u. ä. Wegen der Betriebs- bzw. Vertragsbezogenheit aller Kündigungsgründe (vgl. BAG DB 1985, 873) ist eine personenbedingte Kündigung nur dann begründet, wenn vertragliche oder betriebliche Interessen in ganz erheblichem Maße durch in der Person des Arbeitnehmers liegende Umstände beeinträchtigt werden. Strenge Anforderungen hieran tun Not: Bloße Gefährdungen des Betriebes reichen nicht aus, es müssen konkrete Störungen bereits eingetreten sein (vgl. BAG AP Nr. 2 zu § 1 KSchG 1969 – Sicherheitsbedenken – = NZA 1990, 614 = DB 1990, 625 = BB 1990, 143). Nach der Rechtsprechung des BAG ist Zweck der personenbedingten Kündigung nicht eine Sanktionierung des Arbeitnehmers, sondern die Bewahrung des Arbeitgebers vor unzumutbaren Belastungen in der Zukunft (vgl. BAG AP Nr. 10 zu § 1 KSchG 1969 – Krankheit – = DB 1983, 2524 = BB 1983, 1988 = NJW 1984, 1836). Kann der Ausspruch einer personenbedingten Kündigung durch mildere Mittel vermieden werden, sind diese (z.B. Weiterbeschäftigung auf einem anderen Arbeitsplatz, gegebenenfalls nach Umschulung) zu ergreifen (LAG Frankfurt LAGE Nr. 7 zu § 1 KSchG – Personenbedingte Kündigung –). Bei der abschließenden Interessenabwägung sind das Bestandsschutzinteresse des Arbeitnehmers einerseits und das Beendigungsinteresse des Arbeitgebers andererseits gegeneinander abzuwägen, wobei strenge Maßstäbe anzulegen sind (vgl. BAG

Politische Betätigung

AP Nr. 7 zu § 1 KSchG 1969 – Krankheit – = DB 1983, 1074 = BB 1983, 899 = NJW 1983, 2897): Je länger das Arbeitsverhältnis störungsfrei verlaufen ist, um so gewichtiger muß das Maß der Betriebsbeeinträchtigungen sein, um die Interessenabwägung zugunsten des Arbeitgebers ausfallen zu lassen; bei einem von Anfang an stark belasteten Arbeitsverhältnis genügen bereits geringere Betriebsstörungen zur Rechtfertigung einer personenbedingten Kündigung (vgl. BAG AP Nr. 14 zu § 1 KSchG 1969 – Krankheit – = NZA 1984, 86 = DB 1984, 1627 = BB 1984, 1429); s. ergänzend → Klage und → KSchG.

Personengesellschaft → leitende Angestellte

Personenmehrheit auf Arbeitnehmerseite s. → Ehegattenverträge und → Gruppenarbeitsverhältnis; auf Arbeitgeberseite s. → einheitliches Arbeitsverhältnis

Politische Betätigung. Die grundsätzlich in das Privatleben gehörenden politischen Ansichten eines Arbeitnehmers dürfen per se zu keiner Benachteiligung führen. Eine Kündigung allein wegen Zugehörigkeit zu einer nicht verfassungsfeindlichen Partei ist nichtig (vgl. BAG AP Nr. 11 zu § 1 KSchG 1969 – Verhaltensbedingte Kündigung – = DB 1985, 341 = NJW 1985, 507). Voraussetzung einer Kündigung wegen politischer Betätigung ist, daß es zu einer konkreten Störung des Arbeitsverhältnisses im Leistungs-, im Vertrauens- oder im Unternehmensbereich bzw. im Bereich der betrieblichen Verbundenheit aller Mitarbeiter bereits gekommen ist. Grundsätzlich ist aber das politische Verhalten der Arbeitnehmer ohne Bedeutung für das Arbeitsverhältnis, es sei denn, mit einer politischen Meinungsäußerung gehen → Beleidigungen, Verrat von → Betriebsgeheimnissen oder andere Vertragsverletzungen einher (vgl. BAG AP Nr. 5 zu § 611 BGB – Beschäftigungspflicht – = DB 1977, 2099 = BB 1977, 1254 = NJW 1978, 239).

Im öffentlichen Dienst können sich strengere Maßstäbe aus gesetzlichen oder tarif- bzw. einzelvertraglichen Regelungen ergeben; einem Angestellten obliegen jedoch nicht dieselben, gesteigerten Treuepflichten wie einem Beamten (vgl. BAG AP Nr. 2 zu § 1 KSchG 1969 – Sicherheitsbedenken – = NZA 1990, 614 = DB 1990, 635 = BB 1990, 143). Zum Thema Plaketten-Tragen im Betrieb (Anti-Atom bzw. Anti-Strauß) vgl. BAG AP Nr. 73 zu § 626 BGB = DB 1982, 2704 = NJW 1984, 1142); auf die besondere Bedeutung des durch Art. 5 GG geschützten Rechts auf freie Meinungsäußerung ist hinzuweisen. Eine vorherige, erfolglose → Abmahnung ist Kündigungsvoraussetzung.

Probearbeitsverhältnis

Probearbeitsverhältnis. Das Probearbeitsverhältnis ist ein vollwertiges Arbeitsverhältnis. Gegenüber kürzeren Kündigungsfristen im Arbeitsvertrag gelten die gesetzlichen → Mindestkündigungsfristen zwingend. Sie betragen nach § 622 Abs. 1 S. 2 BGB 1 Monat zum Monatsschluß für Angestellte und nach § 622 Abs. 2 S. 1 BGB zwei Wochen für → Arbeiter. Diese Differenzierung ist nach der Entscheidung des BVerfG vom 30. 5. 1990 mit Art. 3 GG nicht vereinbar (BVerfG AP Nr. 28 zu § 622 BGB = NZA 1990, 721 = DB 1990, 1565 = BB 1990, Beil. 27 = NJW 1990, 2246). Wird im Vertrag keine Vereinbarung getroffen, gelten die gesetzlichen → Mindestkündigungsfristen. Ein befristetes Probearbeitsverhältnis ist – sofern nichts Gegenteiliges verabredet wird – ordentlich nicht kündbar (vgl. BAG AP Nr. 15 zu § 620 BGB – Probearbeitsverhältnis – = DB 1980, 2244 = BB 1980, 1692), s. → Befristetes Arbeitsverhältnis. Ist ein Probearbeitsverhältnis unbefristet vereinbart worden, bedarf es zur Beendigung einer Kündigung. Nach Ansicht des BAG hat die schlichte Vereinbarung eines Probearbeitsverhältnisses zur Folge, daß das Arbeitsverhältnis mit der kürzest möglichen Kündigungsfrist beendet werden kann (vgl. BAG AP Nr. 11 zu § 620 – Probearbeitsverhältnis – = DB 1971, 1922 = BB 1971, 1282). Angesichts der kurzen Dauer eines Probearbeitsverhältnisses bleibt die außerordentliche Kündigung die absolute Ausnahme (LAG München DB 1975, 1956). Der Erprobungszweck stellt in der Regel einen sachlichen Befristungsgrund im Sinne des § 620 BGB dar (vgl. BAG AP Nr. 45 zu § 620 BGB – Befristeter Arbeitsvertrag – = DB 1978, 1744 = BB 1978, 1265); er ist im Arbeitsvertrag zu nennen. Regelmäßig ist eine Probezeit von 6 Monaten angemessen und ausreichend (vgl. BAG AP Nr. 36 zu § 611 BGB – Abhängigkeit – = DB 1980, 1996). Eine längere Probezeit sowie die Verlängerung einer vereinbarten Erprobungsdauer kommen nur bei Vorliegen besonderer Umstände in Betracht. In Tarifverträgen finden sich hierzu bisweilen Sonderregelungen, die aber der gerichtlichen Inhaltskontrolle unterliegen. Wird in einem unbefristeten Arbeitsverhältnis eine zunächst auf 6 Monate festgelegte Probezeit einvernehmlich auf 9 Monate verlängert, wird hierdurch der Eintritt des KSchG nach 6 Monaten nicht beeinträchtigt (LAG Frankfurt NZA 1987, 384 = DB 1987, 1742 = BB 1987, 477).

Das Kündigungsverbot des → § 9 MuSchG gilt auch im Probearbeitsverhältnis; das → SchwbG findet erst nach 6 Monaten Anwendung. Im Hinblick auf § 102 BetrVG gilt, daß anläßlich einer Kündigung des Arbeitgebers in den ersten 6 Monaten des Bestehens eines Arbeitsverhältnisses keine geringeren Anforderungen an die → Anhörung des Betriebsrates zu stellen sind als bei Eingreifen des → KSchG; (vgl. BAG AP Nr. 49 zu § 102 BEtrVG = NZA 1989,

Punktetabelle

852 = DB 1989, 1575 = BB 1989, 1345 = NJW 1990, 69). Vom Probearbeitsverhältnis zu unterscheiden ist das → Aushilfsarbeitsverhältnis. Ein → Berufsausbildungsverhältnis kann während der Probezeit auch unter Zubilligung einer Auslauffrist nach § 15 Abs. 1 BBiG wirksam ordentlich gekündigt werden. Die Auslauffrist muß allerdings so bemessen werden, daß sie nicht zu einer unangemessen langen Fortsetzung des Berufsausbildungsvertrages führt, der nach dem Entschluß des Kündigenden nicht bis zur Beendigung der Ausbildung durchgeführt werden soll (vgl. BAG AP Nr. 8 zu § 15 BBiG = NZA 1989, 268 = DB 1989, 584 = BB 1989, 359). Zur → Wartezeit nach § 1 KSchG s. dort.

Lit.: Berger-Delhey BB 1989, 977.

Prognose → Krankheit

Prozeßbevollmächtigte → Rechtsanwälte

Prozeßkostenhilfe → Beiordnung

Prozeßvergleich → Vergleich

Punktetabelle → Sozialauswahl

Q

Qualifikationsmängel. In der fehlenden fachlichen Qualifikation eines Arbeitnehmers kann nur in besonders gelagerten Ausnahmefällen ein Grund für eine → personenbedingte Kündigung liegen (z. B. bei nicht mehr steuerbarer, betriebsbeeinträchtigender Persönlichkeitsveränderung). Ansonsten sind Qualifikationsmängel grundsätzlich der → verhaltensbedingten Kündigung zuzuordnen, die erst nach erfolgloser → Abmahnung ausgesprochen werden kann (vgl. BAG AP Nr. 9 zu § 1 KSchG – Verhaltensbedingte Kündigung – = DB 1976, 2356 = BB 1976, 1560). Eine Kündigung wegen Qualifikationsmängeln dürfte i. d. R. aber dann ausgeschlossen sein, wenn der Arbeitnehmer anderweitig – gegebenenfalls nach hier besonders bedeutsamer → Umschulung– eingesetzt werden kann; s. → Änderungsangebot und → Änderungskündigung. Siehe ergänzend auch → Eignung.

R

Rationalisierung. Eine vom Arbeitgeber durchgeführte oder konkret beabsichtigte Rationalisierung zum Zweck der Kostensenkung bzw. Verbesserung des Unternehmensergebnisses kann als dringendes betriebliches Erfordernis i. S. d. § 1 Abs. 2 KSchG eine → betriebsbedingte Kündigung nur dann rechtfertigen, wenn eine wesentliche Kosteneinsparung hiermit verbunden ist (vgl. BAG AP Nr. 42 zu § 1 KSchG 1969 – Betriebsbedingte Kündigung – = NZA 1987, 776 = DB 1987, 2207 = BB 1987, 2303). Sog. Rationalisierungsschutzabkommen, die i. d. R. als Tarifverträge abgeschlossen werden, bezwecken den Schutz der Arbeitnehmer vor den Folgen organisatorischer bzw. technischer Neuerungen durch den Arbeitgeber. Sie enthalten zumeist Gehaltssicherungsklauseln und Regelungen über Ansprüche der Arbeitnehmer auf Zahlungen von → Abfindungen, die aufgrund der Rationalisierung ihren Arbeitsplatz verlieren. Zum öffentlichen Dienst s. insoweit Schelter PersR 1987, 67.

Rechtsanwälte. Die in § 11 Abs. 3 ArbGG zugelassene Vertretung der Interessen von Arbeitnehmern und Arbeitgebern durch Rechtsanwälte vor dem → Arbeitsgericht ist längst zum Regelfall geworden; in Berufungs- und Revisionsverfahren vor dem LAG bzw. dem BAG gilt dies entsprechend. Auf die besondere Kostentragungsregelung in § 12a Abs. 1 ArbGG muß der Rechtsanwalt seine Partei vor Abschluß des Mandatsvertrags hinweisen (dazu: Oswald AnwBl. 1987, 484; Haas JurBüro 1990, 429). An die Sorgfaltspflichten der im Arbeitsrecht tätigen Rechtsanwälte werden von den Zivilgerichten ganz besonders hohe Anforderungen gestellt. Aus diesem Grunde sowie vorrangig zur optimalen Beratung und Prozeßvertretung, aber auch im Zuge notwendiger Spezialisierung der Anwaltschaft, hat sich in den letzten Jahren der „Fachanwalt für Arbeitsrecht" entwickelt. Das Führen dieser Bezeichnung wird auf Antrag und bei Nachweis besonderer Qualifikation und jahrelanger Tätigkeit auf arbeitsrechtlichem Gebiet von den Rechtsanwaltskammern aufgrund eines formalen Prüfungsverfahrens verliehen. Listen der Fachanwälte für Arbeitsrecht sind bei den jeweiligen Rechtsanwaltskammern, aber auch in örtlichen Branchen-Fernsprechbüchern einzusehen. S. auch → Anwaltskosten, → Beiordnung und → Rechtsschutzversicherungen.

Rechtsschutzversicherungen

Rechtsschutzversicherungen. Der Abschluß von Rechtsschutzversicherungen für den Bereich des Arbeitsrechts ist insbesondere wegen der Kostentragungsregelung für das erstinstanzliche Verfahren gem. § 12 Abs. 1 ArbGG anzuraten, s. → Anwaltskosten. Die Vorschrift gilt auch im außergerichtlichen Bereich, also auch und gerade dann, wenn es gar nicht z. B. zu einer → Kündigungsschutzklage kommt. Kostenschutz wird von den Rechtsschutzversicherungen im Arbeitsrecht in drei Vertragstypen angeboten: *a)* Rechtsschutz für Gewerbetreibende und freiberuflich Tätige gem. § 24 ARB; *b)* Familienrechtsschutz nach § 25 ARB und *c)* Familien- und Verkehrsrechtsschutz für Lohn- und Gehaltsempfänger gem. § 26 ARB. Die zumeist erschwinglichen Kosten einer Rechtsschutzversicherung können steuerlich geltend gemacht werden. Nach einer aktuellen Entscheidung des BGH (NJW 1991, 1828) können die Rechtsschutzversicherungen die Verträge nach zweimaliger Inanspruchnahme durch den Versicherungsnehmer innerhalb eines Kalenderjahres nicht mehr wirksam kündigen. Im Bereich des Kündigungsrechts liegt ein Versicherungsfall, aufgrund dessen die Rechtsschutzversicherungen die Kosten übernehmen müssen, vor bei Ausspruch einer mündlichen oder schriftlichen Kündigung, sowie bei Erteilung einer → Abmahnung, § 14 Abs. 3 ARB. Aber auch bei der bloßen Androhung einer Kündigung durch den Arbeitgeber ist von einem eintrittspflichtigen Versicherungsfall i. S. d. Vorschrift auszugehen (vgl. LG Göttingen AnwBl. 1983, 335; LG München I Urt. v. 12. 3. 1986 – 31 S 20835/85 –). S. auch → Anwaltskosten, → Rechtsanwälte.
Lit.: Schaub NZA 1989, 865; Behrens NZA 1985 Beil. 3.

Referendare → Arbeitsgericht

Revision. Gegen Urteile des LAG in Kündigungssachen ist die Revision zum BAG statthaft, mit der keine tatsächliche, wohl aber eine rechtliche Überprüfung der Berufungsentscheidung erreicht wird. Die Revision ist nur zulässig, wenn sie das LAG oder auf Nichtzulassungsbeschwerde das BAG zugelassen hat, §§ 72, 72a ArbGG. Die Revisions- und Revisionsbegründungsfrist betragen je 1 Monat, § 74 Abs. 1 ArbGG. Die Revision muß von einem → Rechtsanwalt eingelegt und begründet werden. Auf die – allerdings seltene – Sprungrevision gem. § 76 ArbGG sei hingewiesen.
Lit.: Schaub, Meine Rechte und Pflichten im Arbeitsgerichtsverfahren, Beck-Rechtsberater im dtv Nr. 5205.

Rücknahme des Auflösungsantrags → Auflösung des Arbeitsverhältnisses

Rücknahme der Kündigung

Rücknahme der Klage. Eine Verpflichtung des Arbeitnehmers zur Rücknahme einer bereits erhobenen → Kündigungsschutzklage kann sich allein aus einer entsprechenden Vereinbarung mit dem Arbeitgeber ergeben. Sie kann getroffen werden, wenn letzterer gegenüber ersterem die → Rücknahme der angegriffenen Kündigung erklärt oder sich die Parteien auf eine Beendigung des Arbeitsverhältnisses durch Abschluß eines → Aufhebungsvertrages einigen. In dieser Vereinbarung oder in einer → Ausgleichsquittung kann sich der Arbeitnehmer zur Rücknahme einer Klage gegenüber dem Arbeitgeber verpflichten. Rein prozeßrechtlich muß der Arbeitnehmer trotz erklärter Kündigungsrücknahme durch den Arbeitgeber die Klage nicht „automatisch" zurücknehmen. Nach Ansicht des LAG Schleswig-Holstein entfällt das Rechtsschutzinteresse an einer Kündigungsschutzklage, wenn die Parteien trotz erfolgter Kündigung die Fortsetzung des Arbeitsverhältnisses vereinbaren (LAG Schleswig-Holstein NZA 1988, 40). Dies kann jedoch dann nicht gelten, wenn sich der Arbeitnehmer in der Klage nicht nur auf die Sozialwidrigkeit einer Kündigung, sondern (auch) auf deren Nichtigkeit beispielsweise gem. § 9 MuSchG, § 15 SchwbG oder § 102 Abs. 1 S. 3 BetrVG beruft. Darüber hinaus zeigt ein Blick auf das → Wahlrecht des Arbeitnehmers nach § 12 KSchG, daß von einer Automatik (Wegfall des Rechtsschutzinteresses nach Kündigungsrücknahme) nicht die Rede sein kann.

Rücknahme der Kündigung. Erweisen sich die Erfolgsaussichten für den Arbeitgeber im → Kündigungsschutzprozeß als schlecht oder wenig kalkulierbar, wird er vielfach an der Rücknahme einer von ihm ausgesprochenen Kündigung interessiert sein. Da jedoch die Kündigung als einseitige, empfangsbedürftige Willenserklärung mit ihrem Zugang beim Kündigungsempfänger unmittelbar rechtsgestaltend wirkt, ist eine Rücknahme der Kündigung dogmatisch nicht möglich (vgl. BAG AP Nr. 22 zu § 1 KSchG = DB 1957, 311 = BB 1957, 330). Erklärt der Arbeitgeber also, daß er eine Kündigung zurücknehmen wolle, stellt sich für den Arbeitnehmer die Frage nach der richtigen bzw. taktisch richtigen Reaktion. Das BAG hat entschieden, daß in der Erhebung einer → Kündigungsschutzklage keine vorweggenommene (antizipierte) Zustimmung des Arbeitnehmers zur Kündigungsrücknahme des Arbeitgebers liegt (vgl. BAG AP Nr. 9 zu § 9 KSchG 1969 = DB 1983, 663 = BB 1983, 704 = NJW 1983, 1628). Vielmehr enthält die Rücknahme der Kündigung das Angebot des Arbeitgebers an den Arbeitnehmer, das Arbeitsverhältnis als nicht durch die Kündigung beendet anzusehen (BAG a. a. O.). Der Arbeitnehmer wiederum kann dieses Angebot annehmen oder ablehnen, also z. B. einen Antrag auf gerichtliche → Auflö-

Rücktritt

sung des Arbeitsverhältnisses stellen. Nimmt der Arbeitnehmer an, so muß er die Arbeit wieder aufnehmen; der Arbeitgeber seinerseits muß den Arbeitslohn für die Zwischenzeit wegen → Annahmeverzugs gem. § 615 BGB nachzahlen (vgl. BAG AP Nr. 40 zu § 615 BGB = NZA 1987, 17 = DB 1986, 2240 = BB 1986, 2202). Lehnt der Arbeitnehmer jedoch ab und stellt den Auflösungsantrag nach § 9 KSchG, muß das Arbeitsgericht auch die Wirksamkeit der Kündigung prüfen; wird diese und/oder die Unzumutbarkeit der Fortsetzung des Arbeitsverhältnisses jedoch verneint, besteht dieses fort, es sei denn, der Arbeitnehmer übt sein → Wahlrecht nach § 12 KSchG aus. Der Antrag auf Auflösung des Arbeitsverhältnisses kann vom Arbeitnehmer sowohl vor als auch nach einer Kündigungsrücknahme durch den Arbeitgeber gestellt werden (BAG a. a. O.). Im letzten Fall gibt es für den Arbeitnehmer keine Frist zur Erklärung, ob der Auflösungsantrag gestellt werden soll; ob § 4 KSchG analog anzuwenden ist oder Gesichtspunkte der → Verwirkung eine Rolle spielen, ist bislang nicht entschieden; s. auch → Annahmeverzug und → Rücknahme der Klage.
Lit.: Schwerdtner ZIP 1982, 639.

Rücktritt. Das gesetzliche sowie ein vereinbartes Rücktrittsrecht sind durch das Bestehen des Rechts zur außerordentlichen und ordentlichen Kündigung bzw. den Kündigungsschutz ausgeschlossen. Auch dann, wenn dem Arbeitnehmer die Erfüllung der vertraglichen Arbeitsleistung auf Dauer unmöglich geworden ist, endet das Arbeitsverhältnis nicht ohne weiteres; auch hier bedarf es einer Kündigung zur Beendigung (LAG Hamm LAGE Nr. 14 zu § 1 KSchG – Krankheit – = NZA 1990, 482 = DB 1990, 943). Dies gilt auch im Bereich der → vorvertraglichen Kündigung; s. außerdem → Geschäftsgrundlage.

Ruhenszeitraum → Abfindung und → Arbeitslosengeld

S

Sachlicher Grund → Befristetes Arbeitsverhältnis; → Beschäftigungsförderungsgesetz und → Drittmittelfinanzierte Arbeitsverträge

Saisonbetrieb → Kampagnebetrieb

Schadensersatz. Endet das Arbeitsverhältnis aufgrund einer außerordentlichen Kündigung, die durch ein vertragswidriges Verhalten des anderen Teils veranlaßt worden ist, so ist dieser nach § 628 Abs. 2 BGB zum Ersatz des durch die Aufhebung des Arbeitsverhältnisses entstehenden Schadens verpflichtet. Daher ist stets Voraussetzung eine wirksame Kündigung, d.h. das Vorliegen eines wichtigen Grundes i.S.d. § 626 Abs. 1 BGB; s. → außerordentliche Kündigung. Der Anspruch auf Schadensersatz gemäß § 628 Abs. 2 BGB setzt aber auch die Einhaltung der Zwei-Wochen-Frist des § 626 Abs. 2 BGB bei Kündigungsausspruch voraus (vgl. BAG AP Nr. 11 zu § 628 BGB = NZA 1990, 106 = DB 1990, 433 = BB 1990, 425). Wenn beide Vertragspartner ein Recht zur außerordentlichen Kündigung haben, entfallen Schadensersatzansprüche aus § 628 Abs. 2 BGB (vgl. BAG AP Nr. 9 zu § 70 HGB = DB 1966, 1397 = BB 1966, 1225). Kündigt der Arbeitnehmer zu Recht außerordentlich, besteht sein Anspruch auf Schadensersatz in der entgangenen Vergütung, d.h. er ist so zu stellen, wie wenn das Arbeitsverhältnis fortbestehen würde (LAG Hamm NZA 1985, 159).

Ob dies auf den Zeitpunkt begrenzt ist, in dem das Arbeitverhältnis ordentlich gekündigt hätte werden können oder – insbesondere bei Geltung des Kündigungsschutzgesetzes – darüber hinausreicht, ist umstritten; eine Entscheidung des BAG hierzu fehlt (noch). Der Schadensersatzanspruch des Arbeitgebers hingegen ist in jedem Fall auf den Ablauf der ordentlichen Kündigungsfrist begrenzt, da der Arbeitnehmer so in jedem Fall, d.h. auch ohne Gründe, kündigen kann. Der Arbeitnehmer hat aber jedenfalls immer nur den Schaden zu ersetzen, der bei einem vertragstreuen Verhalten seinerseits vermeidbar gewesen wäre (vgl. BAG AP Nr. 7 zu § 276 BGB – Vertragsbruch – = DB 1981, 1832 = BB 1981, 1898). Im Hinblick auf vom Arbeitgeber geltend gemachte → Inseratskosten kann sich der Arbeitnehmer regelmäßig darauf berufen, daß diese auch bei vertragsgemäßer Auflösung des Arbeitsverhältnisses entstanden wären (sog. rechtmäßiges Alternativverhalten). Ein Nachweis, daß ordentlich gekündigt worden wäre, muß nicht geführt werden (vgl. BAG

Schiedsstellen

AP Nr. 8 zu § 276 BGB – Vertragsbruch – = NZA 1984, 122 = DB 1984, 1731 = BB 1984, 1687). Zum möglichen Schaden des Arbeitgebers kann der entgangene Gewinn gehören; der Nachweis im Prozeß ist allerdings oft schwierig (vgl. in diesem Zusammenhang BAG AP Nr. 2 zu § 252 BGB = DB 1972, 1299 = BB 1972, 839). Der Ausspruch einer unwirksamen außerordentlichen Kündigung kann einen zum Schadensersatz verpflichtenden Vertragsbruch darstellen, wenn dem Kündigenden die Unwirksamkeit der Kündigung bekannt war bzw. ist (vgl. BAG AP Nr. 2 zu § 276 BGB – Vertragsverletzung – = DB 1974, 2406 = BB 1974, 1640). S. ergänzend auch unter → außerordentlicher Kündigung und → vorvertraglicher Kündigung.

Schiedsstellen. Im → Beitrittsgebiet bleibt das Gesetz über die Einrichtung und das Verfahren der Schiedsstellen für Arbeitsrecht vom 29. 6. 1990 gem. Anl. I zum Einigungsvertrag, Kap. VIII, Sachgeb. A, Abschn. III Nr. 15 und Anl. II Kap. VIII, Sachgeb. A, Abschn. III Nr. 3 weiter in Kraft. Dieses Gesetz ordnet die Einrichtung von Schiedsstellen in Betrieben mit mehr als 50 Arbeitnehmern an (in kleineren Betrieben können sie errichtet werden) und regelt die Zuständigkeit der Kreisgerichte für die erste und der Bezirksgerichte für die zweite Instanz in arbeitsrechtlichen Streitigkeiten. Das Verfahren ist dem Kündigungsschutzprozeß zwingend vorgeschaltet und dient dazu, vorrangig eine gütliche bzw. außergerichtliche Einigung der Parteien herbeizuführen. Es gelten die ZPO und das ArbGG. Zu Revisionen gegen Urteile der Bezirksgerichte s. BAG NZA 1991, 654 ff.
Lit.: Fenski NZA 1991, Beil. 1

Schlechtleistung. Die Schlechtleistung eines Arbeitnehmers berechtigt den Arbeitgeber nicht zur Minderung der Vergütung. Sie kann aber – jedenfalls erst nach erfolgter → Abmahnung – u. U. eine ordentliche Kündigung rechtfertigen. Dabei stellt jedoch allein die Tatsache, daß der Arbeitnehmer schlechter als der Durchschnitt arbeitet, keinen Kündigungsgrund dar (vgl. BAG AP Nr. 5 zu § 1 KSchG 1969 – Verhaltensbedingte Kündigung – = DB 1983, 180 = BB 1983, 834). In die auch hier vorzunehmende Interessenabwägung sind Aspekte wie der bisherige Verlauf des Arbeitsverhältnisses, fortgeschrittenes Alter des Arbeitnehmers etc. einzustellen. Auch wenn der Arbeitnehmer dem Arbeitgeber fahrlässig großen Schaden durch Schlechtleistung zufügt, ist in der Regel keine außerordentliche, sondern nur eine ordentliche Kündigung gerechtfertigt (LAG Köln LAGE Nr. 32 zu § 626 BGB). Während des → Probearbeitsverhältnisses begründen Schlechtleistungen des Arbeitnehmers grundsätzlich keine außerordentliche Kündigung, es sei denn, dessen Arbeitsleistungen seien für den Arbeitgeber total unbrauchbar (LAG München DB 1975, 1756).

Schmiergelder. Eine rechtswidrige Annahme von Schmiergeldern liegt nicht vor, wenn der Arbeitnehmer kleine Geschenke aus besonderem Anlaß, z. B. Weihnachten, Geburtstag etc., von Kunden des Arbeitgebers entgegennimmt. Die Kündigung des Arbeitsverhältnisses ist bei einer Annahme von Schmiergeldern nur dann gerechtfertigt, wenn das Vertrauen des Arbeitgebers in den Arbeitnehmer durch Verletzung seiner Interessenwahrungspflicht (sog. Loyalitäts- bzw. → Treuepflicht) erschüttert oder zerstört ist (vgl. BAG AP Nr. 65 zu § 626 BGB = DB 1973, 481 = BB 1973, 1396). Bei der auch hier vor Kündigungsausspruch durchzuführenden Interessenabwägung ist zu prüfen, ob der Arbeitnehmer pflichtwidrig handelte, dem Arbeitgeber Schaden zufügte und ob Wiederholungsgefahr bzw. die Möglichkeit besteht, Vorsorge hiergegen zu treffen. Im Einzelfall können bei → leitenden Angestellten etwas geringere Anforderungen genügen (BAG a. a. O.). Fordert und kassiert ein Arbeitnehmer eine sog. „Vermittlungsprovision" für die Einstellung eines Kollegen durch seinen Arbeitgeber, so ist eine Kündigung dann nicht begründet, wenn dies weder zu einer konkreten Beeinträchtigung des Arbeitsverhältnisses noch zu einer konkreten Gefährdung des Vertrauensbereiches führt (vgl. BAG AP Nr. 19 zu § 1 KSchG 1969 – Verhaltensbedingte Kündigung – = DB 1988, 1757 = BB 1988, 1466 = NJW 1988, 2261). Entscheidend ist aber auch hier eine genaue Wertung aller Umstände des Einzelfalles; s. → außerordentliche Kündigung und → Kündigung.

Schriftform → Form

Schuldrechtliche Kündigungsbeschränkungen → Ausschluß der ordentlichen Kündigung

Schwangerschaft → Mutterschutz

Schwerbehinderte. Schwerbehinderte und ihnen Gleichgestellte (§§ 1, 2 SchwbG) genießen einen besonderen Kündigungsschutz. Die ordentliche und die außerordentliche Kündigung bedürfen als Beendigungs- und als → Änderungskündigung der vorherigen Zustimmung der Hauptfürsorgestelle, §§ 14, 21 SchwbG; dies gilt auch für Auszubildende (vgl. BAG AP Nr. 11 zu § 18 SchwbG = NZA 1988, 428 = DB 1988, 1069 = BB 1988, 915). Eine ohne vorherige

Schwerbehinderte

Zustimmung ausgesprochene Kündigung ist nichtig (§ 15 SchwbG i. V. m. § 134 BGB). Das Zustimmungserfordernis besteht auch, wenn im Betrieb des Arbeitgebers weniger als 6 Arbeitnehmer beschäftigt sind (sog. → Kleinbetrieb) und deshalb das KSchG nicht anwendbar ist, nicht jedoch, wenn das Arbeitsverhältnis des Schwerbehinderten im Kündigungszeitpunkt noch nicht länger als 6 Monate bestanden hat (§ 20 SchwbG, der weitere Ausnahmen regelt). Der Sonderkündigungsschutz besteht auch dann, wenn der Arbeitgeber keine Kenntnis von der Schwerbehinderteneigenschaft des Arbeitnehmers hatte, dieser jedoch vor Zugang der Kündigung einen entsprechenden Antrag gestellt hat und die Behinderung – rückwirkend auf das Datum der Antragstellung – anerkannt wird. In diesem Fall und dann, wenn die Feststellung der Schwerbehinderteneigenschaft im Kündigungszeitpunkt dem Arbeitnehmer bereits vorlag, muß dieser den Arbeitgeber hierauf innerhalb angemessener Frist hinweisen. Eine Frist von 4 Wochen wird als angemessen angesehen (vgl. BAG AP Nr. 14 zu § 12 SchwbG = NZA 1986, 31 = DB 1985, 2106). Regelmäßig ist es nicht als mißbräuchlich anzusehen, wenn der Arbeitnehmer erst kurze Zeit vor Zugang einer Kündigung den Antrag auf Anerkennung als Schwerbehinderter gestellt hat (vgl. BAG AP Nr. 16 zu § 12 SchwbG = NZA 1990, 612 = DB 1990, 890 = BB 1990, 563). Eine Information binnen 4 Wochen ist bei offenkundiger Schwerbehinderteneigenschaft nicht erforderlich (BAG a. a. O.).

Die Kündigungsfrist beträgt mindestens 4 Wochen (§ 16 SchwbG). Die Zustimmung der Hauptfürsorgestelle zu einer außerordentlichen Kündigung kann nur binnen 2 Wochen seit Kenntnis des Kündigungsgrundes beantragt werden; die Hauptfürsorgestelle hat innerhalb von 2 Wochen über den Antrag zu entscheiden, andernfalls die Zustimmung als erteilt gilt, § 21 SchwbG. Bei der ordentlichen Kündigung beträgt diese Frist 4 Wochen, § 18 SchwbG. Einschränkungen der Ermessensentscheidung der Hauptfürsorgestelle enthält § 19 SchwbG, im Hinblick auf nicht nur vorübergehende Betriebsstillegungen (s. insoweit auch BAG NZA 1991, 348). Der Zustimmung durch die Hauptfürsorgestelle bedürfen auch Kündigungen im → Konkurs- oder Vergleichsverfahren oder bei → Massenentlassungen. Versäumt der Arbeitnehmer die rechtzeitige Mitteilung der Schwerbehinderteneigenschaft, kann diese im Kündigungsschutzprozeß aber noch bei der Prüfung der Sozialwidrigkeit berücksichtigt werden. Der Arbeitgeber trägt die Beweislast für eine diesbezügliche Fristversäumung des Arbeitnehmers (ArbG Bochum DB 1984, 516). Der besondere Kündigungsschutz nach dem SchwbG ist unabdingbar; er gilt auch für → leitende Angestellte, hingegen wohl nicht für → Organmitglieder. Ein → Verzicht des

Schwerbehinderte

Schwerbehinderten auf den Schutz des SchwbG ist nach Erhalt einer Kündigung ebenso zulässig wie der Abschluß eines → Aufhebungsvertrages; s. auch → Ausgleichsquittung. Bei einem schwerbehinderten Arbeitnehmer sind hier jedoch strenge Anforderungen zu stellen. Werden diese erfüllt, bedarf es z. B. bei einvernehmlicher Aufhebung eines Arbeitsverhältnisses keiner Zustimmung der Hauptfürsorgestelle. Der besondere Schutz des SchwbG besteht unabhängig bzw. neben demjenigen des KSchG, MuSchG, ArbplSchG, d. h. der Arbeitgeber muß gegebenenfalls Formalien nach verschiedenen Vorschriften – parallel – einhalten. So ist z. B. im Falle einer Zustimmungsverweigerung des Betriebsrates in Bezug auf die geplante außerordentliche Kündigung eines schwerbehinderten Betriebsratsmitgliedes das Beschlußverfahren auf Ersetzung der Zustimmung in entsprechender Anwendung von § 21 Abs. 5 SchwbG unverzüglich nach Erteilung der Zustimmung durch die Hauptfürsorgestelle oder nach Eintreten der Zustimmungsfiktion des § 21 Abs. 3 SchwbG vom Arbeitgeber einzuleiten (vgl. BAG AP Nr. 24 zu § 103 BetrVG 1972 = NZA 1987, 563 = DB 1987, 1743 = BB 1987, 1670). Gegen die Entscheidung der Hauptfürsorgestelle stehen sowohl dem Arbeitgeber (bei Antragsabweisung) als auch dem Arbeitnehmer (bei Zustimmungserteilung) der Widerspruch zum entsprechenden Widerspruchsausschuß sowie der Verwaltungsrechtsweg offen. Für die Entscheidung über den Widerspruch ist der der Kündigung zugrundeliegende historische Sachverhalt maßgebend (BVerwG NZA 1991, 511). Gegen eine nach Zustimmungserteilung durch die Hauptfürsorgestelle vom Arbeitgeber ausgesprochene Kündigung hat der Schwerbehinderte die Möglichkeit der → Kündigungsschutzklage. Solange über den Zustimmungsantrag des Arbeitgebers jedoch noch nicht rechtskräftig entschieden wurde, ist ein arbeitsgerichtliches Verfahren auszusetzen (vgl. BAG AP Nr. 7 zu § 12 SchwbG = DB 1980, 2451 = BB 1982, 121). Wegen der sich hieraus möglicherweise ergebenden Ansprüche des schwerbehinderten Arbeitnehmers sei auf die Ausführungen zum → Annahmeverzug verwiesen. Die fehlende oder – rechtskräftig – nicht erteilte Zustimmung der Hauptfürsorgestelle zur Kündigung des Arbeitgebers kann der Arbeitnehmer auch außerhalb der Frist des § 4 KSchG geltend machen, s. → Klage; s. insoweit auch → Behördliche Zustimmung. Rügt allerdings der Arbeitnehmer auch die → Sozialwidrigkeit der Kündigung gem. § 1 KSchG, hat er die 3-wöchige Klagefrist des § 4 KSchG einzuhalten. Ist nach Ansicht des Arbeitsgerichts die Kündigung in Ermangelung betriebs-, personen- oder verhaltensbedingter Gründe sozialwidrig, kann es – unabhängig von der verwaltungsrechtlichen bzw. -gerichtlichen Entscheidung über den Zustimmungsantrag – die Kündigung für unwirksam erklären. Diese Situa-

Sechsmonatsfrist

tion kann sich ergeben, wenn der Arbeitgeber nach erteilter Zustimmung kündigt und der Arbeitnehmer sowohl Widerspruch/Klage erhebt als auch Kündigungsschutzklage einreicht. Zu beachten ist nämlich, daß die Rechtsmittel gegen Zustimmungsbescheide keine aufschiebende Wirkung entfalten, §§ 18 Abs. 4, 21 Abs. 1 SchwbG. Während des Verfahrens hat der Schwerbehinderte einen → Beschäftigungsanspruch unter den allgemeinen Voraussetzungen. § 14 Abs. 2 SchwbG gibt dem schwerbehinderten Arbeitnehmer einen klagbaren Anspruch gegen den Arbeitgeber auf Beschäftigung dahingehend, daß er seine Fähigkeiten und Kenntnisse möglichst voll verwerten und weiterentwickeln kann. Zur → Anfechtung eines Arbeitsvertrages wegen verschwiegener Schwerbehinderteneigenschaft s. dort.

Lit.: Cramer NZA 1986, 555; Arendt DB 1985, 1287; Großmann NZA 1992, 241.

Sechsmonatsfrist → Wartezeit

Seebetriebsrat → Betriebsrat

Selbstbindung des Arbeitgebers. Eine Selbstbindung des Arbeitgebers kann sich aus der Begründung einer → betriebsbedingten Kündigung dahingehend ergeben, das Personal nur insoweit abzubauen, wie es der vorgegebene Zweck, d. h. die unternehmerische Entscheidung (z. B. Auftragsmangel) erfordert (vgl. BAG AP Nr. 42 zu § 1 KSchG 1969 – Betriebsbedingte Kündigung – = NZA 1987, 776 = DB 1987, 2207 = BB 1987, 2303); s. auch → Betriebsstillegung. Des weiteren kann eine Selbstbindung des Arbeitgebers aus der Erteilung eines guten → Zeugnisses im Hinblick auf eine nachfolgende Kündigung resultieren, s. im einzelnen dort.

Selbständige → freie Mitarbeiter

Sexuelle Belästigungen. Im Falle von sexuellen Belästigungen durch einen Vorgesetzten gegenüber Arbeitnehmerinnen ist der Arbeitgeber selbstverständlich – ohne zuvor eine → Abmahnung aussprechen zu müssen – zum Ausspruch der → außerordentlichen Kündigung berechtigt (vgl. BAG AP Nr. 20 zu § 626 BGB – Ausschlußfrist – = NZA 1986, 467 = DB 1986, 1339 = BB 1986, 943). Zu einer tätlichen Auseinandersetzung zwischen einer Arbeitnehmerin und ihrem Vorgesetzten, der eine Liebesbeziehung vorausgegangen war, s. LAG Frankfurt LAGE Nr. 33 zu § 626 BGB = DB 1988, 763 = BB 1988, 980). Ergänzend s. unter → Beleidigung und → Tätlichkeiten.

Sozialauswahl

Sicherheitsbedenken. Zu den Gründen für eine → personenbedingte Kündigung werden auch Sicherheitsbedenken gerechnet, die wohl nur in Betrieben mit erhöhtem Sicherheitsrisiko (Rüstungsindustrie!) relevant werden können. Hierbei ist nicht nur auf persönliche Beziehungen des Arbeitnehmers, sondern auch auf dessen bisheriges Verhalten abzustellen. Die bloße Vermutung des Arbeitgebers, der Arbeitnehmer bedeute ein Sicherheitsrisiko, reicht nicht aus. Konkret greifbare Tatsachen müssen befürchten lassen, der Arbeitnehmer werde berechtigte Sicherheitsinteressen des Unternehmers beeinträchtigen (vgl. BAG AP Nr. 2 zu § 1 KSchG 1969 – Sicherheitsbedenken – = NZA 1990, 614 = DB 1990, 625 = BB 1990, 143); s. auch → Betriebsgeheimnisse.

Sicherheitsvorschriften → Arbeitsschutz

Sittenwidrige Kündigung → Treu und Glauben

Sozialauswahl. Ist einem Arbeitnehmer aus dringenden betrieblichen Erfordernissen (s. → betriebsbedingte Kündigung) i. S. d. § 1 Abs. 2 KSchG gekündigt worden, so ist diese Kündigung trotzdem sozial ungerechtfertigt, wenn der Arbeitgeber bei der Auswahl dieses Arbeitnehmers soziale Gesichtspunkte nicht oder nicht ausreichend berücksichtigt hat, § 1 Abs. 3 S. 1 KSchG. Hierunter werden beispielsweise Lebensalter, Dauer der Betriebszugehörigkeit, Unterhaltspflichten des Arbeitnehmers u. ä. verstanden. Die Sozialauswahl ist betriebsbezogen, d. h. nicht auf die konkrete Betriebsabteilung des Arbeitnehmers beschränkt, jedoch nicht unternehmens- oder konzernbezogen (vgl. BAG AP Nr. 4 zu § 1 KSchG 1969 – Konzern – = NZA 1987, 125 = DB 1986, 2547 = BB 1986, 2270). Wenn mehrere Unternehmen einen gemeinsamen → Betrieb bilden, sind sämtliche Arbeitnehmer des einheitlichen Betriebs in die Sozialauswahl einzubeziehen (vgl. BAG AP Nr. 10 zu § 1 KSchG 1969 = NZA 1986, 600 = DB 1986, 1287). Der Arbeitgeber hat bei Durchführung der Sozialauswahl zwar keinen Ermessens-, wohl aber einen gewissen Wertungsspielraum (vgl. BAG AP Nr. 6 zu § 1 KSchG 1969 – Soziale Auswahl – = NZA 1985, 423 = DB 1985, 2046 = BB 1985, 1263). Die Sozialauswahl ist auch bei → Massenentlassungen in Großbetrieben vorzunehmen (vgl. BAG AP Nr. 7 zu § 1 KSchG 1969 – Soziale Auswahl – = NZA 1986, 64 = DB 1985, 2205 = BB 1986, 1159 = NJW 1986, 274). Auch der Konkursverwalter hat das KSchG zu beachten, insbesondere bei einer durch → Konkurs bedingten, etappenweisen → Betriebsstillegung eine Sozialauswahl durchzuführen, und zwar auch dann, wenn noch einige Arbeitnehmer zuletzt mit Abwicklungsaufgaben betraut werden (vgl. BAG

Sozialauswahl

AP Nr. 4 zu § 22 KO = DB 1983, 504 = BB 1983, 314 = NJW 1983, 1341). Die Sozialauswahl ist auf alle vergleichbaren Arbeitnehmer des Betriebes zu erstrecken. Hierunter fallen aber nicht diejenigen Mitarbeiter, die zu einer Arbeitsgemeinschaft entsandt sind (vgl. BAG AP Nr. 15 zu § 1 KSchG 1969 – Soziale Auswahl – = NZA 1987, 775 = DB 1987, 2158 = BB 1988, 630). Demgegenüber kann ein Arbeitnehmer, der noch nicht 6 Monate beschäftigt ist (→ Wartezeit), bei der Sozialauswahl nicht den Vorzug vor Arbeitskollegen erhalten, die den allgemeinen Kündigungsschutz schon erworben haben (vgl. BAG AP Nr. 7 zu § 1 KSchG 1969 – Soziale Auswahl – = NZA 1986, 64 = DB 1985, 2205 = BB 1986, 1159 = NJW 1986, 274). Gleichfalls sind in die Sozialauswahl solche Arbeitnehmer nicht einzubeziehen, bei denen eine ordentliche Kündigung durch den Arbeitgeber aufgrund eines Gesetzes, eines Tarifvertrages oder des Einzelarbeitsvertrages ausgeschlossen ist (vgl. BAG AP Nr. 15 zu § 1 KSchG 1969 – Soziale Auswahl – = NZA 1987, 775 = DB 1987, 2158 = BB 1988, 630). Die soziale Auswahl erfolgte grundsätzlich bislang unter Berücksichtigung a) der horizontalen und b) der vertikalen Vergleichbarkeit und unter c) Beachtung der sozialen Stellung des betroffenen Arbeitnehmers.

a) Im Rahmen der horizontalen Ebene sind arbeitsplatzbezogene Merkmale entscheidend: Einzubeziehen sind alle Arbeitnehmer, deren Funktion auch von dem Arbeitnehmer wahrgenommen werden könnte, dessen Arbeitsplatz wegfällt. Dies richtet sich wiederum nach der ausgeübten Tätigkeit. Ausreichend ist aber, wenn der vom Wegfall des Arbeitsplatzes betroffene Arbeitnehmer aufgrund seiner Fähigkeiten und Erfahrungen nach kurzer Einarbeitungszeit in der Lage ist, die auf einem anderen, fortbestehenden Arbeitsplatz anfallende Tätigkeit zu bewältigen (vgl. BAG AP Nr. 7 zu § 1 KSchG 1969 – Soziale Auswahl – = NZA 1986, 64 = DB 1985, 2205 = BB 1986, 1159 = NJW 1986, 274). Bei einer betriebsbedingten → Änderungskündigung bezieht sich das Erfordernis der Vergleichbarkeit nicht nur auf den bei Kündigungszugang innegehabten, sondern auch auf den mit der Änderungskündigung angebotenen Arbeitsplatz (vgl. BAG AP Nr. 13 zu § 1 KSchG 1969 – Soziale Auswahl – = NZA 1987, 155 = DB 1987, 335 = BB 1987, 475).

b) Im Rahmen der vertikalen Vergleichbarkeit sind höherqualifizierte Arbeitskräfte nicht zu berücksichtigen. War lange umstritten, ob tieferstehende bzw. niedriger bewertete Positionen einzubeziehen sind, hat das BAG nunmehr entschieden, daß unterhalb des wegfallenden Arbeitsplatzes eingestufte Tätigkeiten keinen Eingang in die Sozialauswahl finden: Der von einer betriebsbedingten Kündigung betroffene Arbeitnehmer soll den Kreis der für die soziale Auswahlentscheidung maßgeblichen Personen (= Arbeitskollegen) nicht da-

Sozialauswahl

durch erweitern können, daß er sich im Zusammenhang mit der Kündigung zu einer Weiterbeschäftigung unter verschlechterten Arbeitsbedingungen bereit erklärt; dies würde zu einem vom BAG nicht akzeptierten „Verdrängungswettbewerb von oben nach unten" führen (vgl. BAG NZA 1991, 181 = DB 1991, 173).

c) Bei der Berücksichtigung der sozialen Stellung des Arbeitnehmers sind in erster Linie die Dauer der Betriebszugehörigkeit, das Lebensalter, der Familienstand und die Zahl der Unterhaltsverpflichtungen zu berücksichtigen, aber auch z. B. der Gesundheitszustand des Arbeitnehmers, Aussichten auf dem Arbeitsmarkt und dergleichen (vgl. BAG AP Nr. 12 zu § 1 KSchG – Betriebsbedingte Kündigung – = DB 1983, 830 = BB 1983, 2057 = NJW 1984, 78). Zu kündigen ist dem Arbeitnehmer, der als der sozial Stärkere gegenüber anderen Arbeitnehmern einzustufen ist, also demjenigen, der die kürzeste Beschäftigungszeit, das niedrigste Alter und die zahlenmäßig geringsten Unerhaltsverpflichtungen hat. Eine generelle Reihenfolge bzw. „Rangliste" wird hier von der arbeitsgerichtlichen Praxis abgelehnt; stets ist eine Abwägung aller Umstände des Einzelfalles erforderlich. Die Vornahme der sozialen Auswahlentscheidung anhand von Punktetabellen wird dem Einzelfall nicht gerecht und deshalb abgelehnt (BAG a. a. O.). Keine Auswahlkriterien sind betriebliche Belange, insbesondere Leistungsunterschiede und Belastungen des Betriebs durch krankheitsbedingte Fehlzeiten (BAG a. a. O.). Haben die Betriebspartner gem. § 95 Abs. 1 BetrVG Richtlinien über die personelle Auswahl bei Kündigungen vereinbart, müssen diese der Wertung des § 1 Abs. 3 S. 1 u. 2 KSchG entsprechen. Die 3 Grunddaten Betriebszugehörigkeit, Alter und Unterhaltspflichten müssen vorrangig berücksichtigt und eine abschließende individuelle Prüfung möglich sein (vgl. BAG AP Nr. 13 zu § 1 KSchG 1969 – Betriebsbedingte Kündigung – = DB 1984, 563 = BB 1984, 671 = NJW 1984, 1648). Allerdings dürfen → Auswahlrichtlinien den Kreis der vergleichbaren Arbeitnehmer nicht enger als § 1 Abs. 3 KSchG ziehen. Es können nicht von vorneherein Arbeitnehmer bestimmter Abteilungen oder Arbeitsgruppen ohne entsprechende ausreichende sachliche Kriterien als nicht vergleichbar eingestuft werden (vgl. BAG AP Nr. 18 zu § 1 KSchG 1969 – Soziale Auswahl – = NZA 1990, 226 = DB 1990, 380 = BB 1990, 143). Trifft der Arbeitgeber – trotz seines vom BAG eingeräumten Wertungsspielraumes – eine fehlerhafte Sozialauswahl, ist die Kündigung sozial ungerechtfertigt gem. § 1 Abs. 3 S. 1 KSchG. Wird mehreren Arbeitnehmern gleichzeitig betriebsbedingt gekündigt, nicht jedoch einem sozial stärkeren, d. h. weniger schutzbedürftigen Arbeitskollegen, können sich alle gekündigten Arbeitnehmer auf diesen Auswahlfehler berufen mit der Folge, daß alle diese Kündigungen sozial

Sozialauswahl

ungerechtfertigt sind (vgl. BAG AP Nr. 6 zu § 1 KSchG – Soziale Auswahl – = NZA 1985, 423 = DB 1985, 2046 = BB 1985, 1263). Eine Kündigung ist nach § 1 Abs. 3 S. 2 KSchG trotz unzureichender Sozialauswahl nicht sozial ungerechtfertigt, wenn betriebstechnische, wirtschaftliche oder sonstige berechtigte betriebliche Bedürfnisse die Weiterbeschäftigung eines oder mehrerer Arbeitnehmer bedingen und somit einer Auswahl nach sozialen Gesichtspunkten entgegenstehen. Hierbei sind reine Nützlichkeitserwägungen nicht ausreichend (vgl. BAG AP Nr. 12 zu § 1 KSchG 1969 – Betriebsbedingte Kündigung – = DB 1983, 830 = BB 1983, 2057 = NJW 1984, 78). Eine Sozialauswahl entfällt bei Kündigung aller vergleichbarer Arbeitnehmer. Stellt der Arbeitgeber nach Ausspruch begründeter betriebsbedingter Kündigungen einige der hiervon betroffenen Arbeitnehmer wieder ein, muß er hierbei nach der Rechtsprechung des BAG soziale Gesichtspunkte nicht beachten (DB 1985, 1746). Prozessual gilt hinsichtlich der Sozialauswahl eine abgestufte Darlegungs- und → Beweislast: Grundsätzlich trägt der Arbeitnehmer nach § 1 Abs. 3 KSchG die Beweislast für eine fehlerhafte Auswahlentscheidung des Arbeitgebers; dieser hat aber eine Mitteilungspflicht hinsichtlich der Gründe für die Sozialauswahl gem. § 1 Abs. 3 S. 1 KSchG gegenüber dem Arbeitnehmer. Deshalb genügt der Arbeitnehmer zunächst seiner Darlegungs- und Beweislast, wenn er den Arbeitgeber zur Mitteilung der Gründe für dessen Sozialauswahl auffordert. Kennt der Arbeitnehmer allerdings die Arbeitskollegen, die von einer Kündigung weniger hart getroffen würden, muß er diese namentlich und unter Angabe ihrer jeweiligen Sozialdaten (s. o.) benennen (vgl. BAG AP Nr. 10 zu § 1 KSchG 1969 – Soziale Auswahl – = NZA 1986, 679 = DB 1986, 1577 = BB 1987, 472 = NJW 1986, 3105). Ergibt sich aus der Auskunft des Arbeitgebers, daß dieser seine Sozialauswahl nicht auf nach dem Vortrag des Arbeitnehmers weitere vergleichbare Arbeitnehmer erstreckt hat und ergänzt der Arbeitgeber seinen Vortrag im Prozeß nicht im Hinblick auf diese Arbeitnehmer, so ist die Behauptung des Arbeitnehmers, der Arbeitgeber habe soziale Gesichtspunkte nicht ausreichend berücksichtigt, als unstreitig anzusehen (vgl. BAG AP Nr. 18 zu § 1 KSchG 1969 – Soziale Auswahl – = NZA 1990, 226 = DB 1990, 380 = BB 1990, 351). Bestreitet hingegen der Arbeitnehmer eine zutreffende Sozialauswahl durch den Arbeitgeber und macht geltend, er könne mangels Kenntnis der Kriterien nicht Stellung nehmen und fordert den Arbeitgeber auf, die Gründe für seine Entscheidung zu nennen, dann liegt die Darlegungslast zunächst beim Arbeitgeber hinsichtlich der für ihn maßgeblichen Kriterien. Danach muß der Arbeitgeber vortragen, welche vom Arbeitgeber in die Auswahl einbezogenen Arbeitskollegen weniger schutzbedürftig sein sollen oder welche weiteren, vom Arbeitgeber nicht benannten Arbeitnehmer zusätzlich bei der Auswahlentscheidung zu berücksichtigen sind (vgl. BAG AP Nr. 10 zu § 1 KSchG 1969 – Soziale Auswahl – = NZA 1986, 679 = DB 1986, 1577 = BB 1987, 472 = NJW 1986, 3105). Hat der Arbeitgeber keine sozialen, sondern allein betriebliche Gesichtspunkte in seine Entscheidung einbezogen, so spricht eine vom Arbeitgeber zu widerlegende Vermutung dafür, daß die Auswahl sozialwidrig ist (vgl. BAG AP Nr. 18 zu § 1 KSchG 1969 – Betriebsbedingte Kündigung – = DB 1985, 974 = BB 1985, 803). Vor Ausspruch einer betriebsbedingten Kündigung hat der Arbeitgeber dem Betriebsrat gem. § 102 Abs. 1 BetrVG nicht nur die betrieblichen Gründe für die Kündigung, sondern auch – unaufgefordert – die Kriterien seiner Sozialauswahl mitzuteilen (vgl. BAG AP Nr. 31 zu § 102 BetrVG 1972 = NZA 1984, 169 = DB 1984, 1990 = BB 1984, 1426 = NJW 1984, 2374). Die fehlerhafte → Anhörung des Betriebsrates nach § 102 BetrVG muß vom Arbeitnehmer im Prozeß explizit gerügt werden, es sei denn, aus dem Vortrag beider Parteien ergibt sich unstreitig, daß der Betriebsrat nicht beteiligt wurde.

Lit.: Rieble NJW 1991, 65; Meisel DB 1991, 92; Schaub NZA 1987, 217; Jobs DB 1986, 538; Färber NZA 1985, 175.

Sozialwidrigkeit der Kündigung. Nach § 1 Abs. 2 KSchG ist eine Kündigung sozialwidrig, wenn sie nicht durch Gründe in der Person oder im Verhalten des Arbeitnehmers oder durch dringende betriebliche Erfordernisse, die einer Weiterbeschäftigung entgegenstehen, bedingt ist. Zur Anwendbarkeit des KSchG s. → Betrieb und → Kleinbetrieb sowie → Wartezeit. Die Sozialwidrigkeit einer vom KSchG erfaßten Kündigung ist vom Arbeitnehmer durch → Klage zum → Arbeitsgericht geltend zu machen, wobei daneben auch noch andere Unwirksamkeitsgründe gerügt werden können; s. → betriebsbedingte Kündigung, → personenbedingte Kündigung und → verhaltensbedingte Kündigung sowie allgemein → Kündigung, → allgemeiner Kündigungsschutz, → Kündigungsschutzklage und → Mischtatbestand, jeweils mit weiteren Hinweisen. Die einzelnen, als Kündigungsgründe in Betracht kommenden Sachverhalte sind hier nicht zu wiederholen, sondern beim jeweiligen Stichwort abgehandelt, beispielsweise unter → Alkohol, → Betriebsstillegung oder → Krankheit etc. Ergänzend siehe auch → Abfindung bzw. → Vergleich.

Sozialversicherungspflicht von → Abfindungen s. dort.

Sperrzeit → Arbeitslosengeld

Sprecherausschuß

Sprecherausschuß. Da die leitenden Angestellten gem. § 5 Abs. 3 BetrVG nicht vom Betriebsrat gegenüber dem Arbeitgeber vertreten werden können, sind nach dem SprAuG vom 20. 12. 1988 (s. Beck-Texte im dtv Nr. 5006) in Betrieben mit mindestens 10 leitenden Angestellten Sprecherausschüsse zu bilden. Das SprAuG lehnt sich an die Regelungen des BetrVG an; insoweit ist vorab auf die Erläuterungen zum → Betriebsrat zu verweisen. Der Arbeitgeber hat nach § 31 Abs. 1 SprAuG jede beabsichtigte Einstellung oder personelle Veränderung eines leitenden Angestellten dem Sprecherausschuß rechtzeitig mitzuteilen. Gem. Abs. 2 der Vorschrift ist der Sprecherausschuß vor jeder Kündigung eines leitenden Angestellten zu hören, die Kündigungsgründe sind mitzuteilen. Eine ohne Anhörung des Sprecherausschusses ausgesprochene Kündigung ist unwirksam. Da das Verfahren demjenigen der → Anhörung des Betriebsrates nachgebildet ist, kann auf die dortigen Ausführungen verwiesen werden. Nach § 105 BetrVG hat der Arbeitgeber aber auch eine personelle Veränderung eines leitenden Angestellten dem Betriebsrat rechtzeitig mitzuteilen. Gegenüber dem BetrVG enthält das SprAuG kein Widerspruchsrecht des Sprecherausschusses; dieser kann lediglich Bedenken im Hinblick auf beabsichtigte Kündigungen dem Arbeitgeber mitteilen, § 31 Abs. 2 SprAuG. Im Gegensatz zu der Regelung in § 102 Abs. 5 BetrVG ist im SprAuG kein gesetzlicher → Weiterbeschäftigungsanspruch für leitende Angestellte vorgesehen. Die bloße Absicht des Arbeitgebers, einem leitenden Angestellten zu kündigen, kann nicht in eine Unterrichtung gem. § 102 BetrVG umgedeutet werden, wenn sich im Kündigungsschutzprozeß später herausstellt, daß der betroffene Arbeitnehmer doch kein leitender Angestellter i. S. d. § 5 Abs. 3 BetrVG ist (vgl. BAG AP Nr. 21 zu § 102 BetrVG 1972 = DB 1980, 742 = BB 1980, 628). Zum Begriff des → Leitenden Angestellten gem. § 14 KSchG, der mit demjenigen des BetrVG nicht identisch ist, s. dort.

Lit.: Bauer NZA 1989, Beil. 1; Röder NZA 1989, Beil. 4; Dänzer-Vanotti DB 1990, 41.

Stellensuche. Gem. § 629 BGB hat nach der Kündigung eines dauernden Arbeitsverhältnisses der Arbeitnehmer einen unabdingbaren Anspruch gegen den Arbeitgeber auf angemessene → Freistellung von der Arbeit zum Aufsuchen einer neuen Stelle. Während dieser Zeit ist das Arbeitsentgelt weiterzuzahlen (vgl BAG AP Nr. 41 zu § 616 BGB = DB 1970, 211). Entsprechend ist § 629 BGB anzuwenden auf Arbeitsverhältnisse, die für längere Zeit, aber befristet abgeschlossen wurden, da die Interessenlage identisch ist. Bei unberechtigter Verweigerung der Freizeit für die Stellensuche durch den Arbeitgeber kann der Arbeitnehmer ein Zurückbehaltungsrecht an sei-

Strafbare Handlungen

ner Arbeitsleistung ausüben; Tarifverträge enthalten zuweilen Spezialregelungen.
Lit.: Vogt DB 1968, 264.

Stempelkarten/-uhren → Kontrolleinrichtungen

Steuerpflichtigkeit von → Abfindungen s. dort und bei → Netto-Klausel

Stillegung → Betriebsstillegung

Strafbare Handlungen. Im Arbeitsverhältnis begangene strafbare Handlungen können auch ohne vorherige → Abmahnung sogar den Ausspruch einer → außerordentlichen Kündigung rechtfertigen. Nach der Rechtsprechung des BAG soll die fristlose Entlassung einer Kuchenverkäuferin bereits wegen erstmaligen unberechtigten Verzehrs eines Stückes Kuchen im Wert von 1,– DM ohne vorherige Abmahnung zulässig sein (vgl. BAG AP Nr. 14 zu § 626 BGB – Verdacht strafbarer Handlungen – = NZA 1985, 91 = DB 1984, 2702 = NJW 1985, 284). Diese sehr weitgehende Ansicht ist auf deutliche Kritik gestoßen; insbesondere ist hier zu berücksichtigen, ob die Tat bei Erfüllung arbeitsvertraglicher Pflichten begangen wird. In die Interessenabwägung, die nach § 626 Abs. 1 BGB bei jeder außerordentlichen Kündigung vorzunehmen ist, sind auch die Dauer der Betriebszugehörigkeit und das Alter des Arbeitnehmers sowie Art und Schwere der Tatbegehung einzubeziehen (vgl. BAG AP Nr. 81 zu § 626 BGB = NZA 1985, 288 = DB 1985, 124 = BB 1985, 1069 = NJW 1985, 1853), nicht jedoch nach neuerer Entscheidung des BAG etwaige Unterhaltpflichten des Arbeitnehmers (vgl. BAG AP Nr. 101 zu § 626 BGB = NZA 1989, 755 = DB 1989, 1679 = BB 1989, 1553). Von den Straftaten im Arbeitsverhältnis sind außerhalb dessen begangene strafbare Handlungen zu unterscheiden: Sie stellen grundsätzlich keine Vertragspflichtverletzung dar, können aber gegebenenfalls einen Grund für den Ausspruch einer → personenbedingten Kündigung darstellen, da die für den Arbeitsplatz erforderliche → Eignung tangiert sein kann. Im → öffentlichen Dienst werden insoweit besonders strenge Anforderungen an die Arbeitnehmer gestellt; Lehrer bzw. Erzieher können wegen Körperverletzungs- oder Sittlichkeitsdelikten gekündigt werden (LAG Berlin LAGE Nr. 45 zu § 626 BGB = DB 1990, 433 = BB 1990, 286). S. auch unter → außerordentliche Kündigung, → Kontrolleinrichtungen sowie → Tätlichkeiten bzw. → Freiheitsstrafe/Untersuchungshaft.

Streik/Aussperrung

Streik/Aussperrung. Die Teilnahme des Arbeitnehmers an einem rechtmäßigen Streik ist niemals Kündigungsgrund; der Arbeitgeber darf nur mit der Aussperrung reagieren. Die Beteiligung an einem rechtswidrigen (wilden) Streik gibt ebenfalls nicht ohne weiteres einen Grund zum Ausspruch einer Kündigung ab. Vor allem hier ist die Interessenabwägung i. S. d. § 626 Abs. 1 BGB von großer Bedeutung, in die z. B. die Rolle des Arbeitnehmers im Arbeitskampf, die Auswirkungen der Streikteilnahme sowie die Erkennbarkeit der Rechtswidrigkeit des Streiks ebenso einzustellen sind wie eine mögliche psychologische Drucksituation des Arbeitnehmers bzw. ein entschuldbarer Rechtsirrtum des Arbeitnehmers hinsichtlich der Rechtmäßigkeit des Streiks (vgl. BAG AP Nr. 78 zu § 626 BGB = NZA 1984, 34 = DB 1984, 1147 = BB 1984, 983). So kann auch eine ordentliche Kündigung wegen Streikteilnahme unbegründet sein (BAG a. a. O.).

Streitgegenstand → Feststellungsklage

Streitverhandlung. Nach gescheiterter → Güteverhandlung findet gem. den §§ 56 ff. ArbGG die Streitverhandlung vor der Kammer, bestehend aus dem Vorsitzenden und je einem Beisitzer aus Arbeitnehmer- und Arbeitgeberkreisen, statt. Sie beginnt mit der Stellung der Anträge und kann ohne oder nach Beweisaufnahme mit einem → Urteil enden; gegebenenfalls wird in einem gesonderten Termin eine Entscheidung verkündet, die ein Urteil oder ein Beweis-/Aufklärungsbeschluß sein kann. Zur Streitverhandlung kann der Vorsitzende das persönliche Erscheinen der Parteien anordnen und Fristen zum schriftsätzlichen Vortrag setzen. Vgl. umfassend: Schaub, Meine Rechte und Pflichten im Arbeitsgerichtsverfahren, Beck-Rechtsberater im dtv Nr. 5205.

Streitwert. Die Höhe der Gerichts- und → Anwaltskosten richtet sich nach dem Streitwert des Verfahrens, der vom Arbeitsgericht gem. § 61 Abs. 1 ArbGG im Urteil, ansonsten auf Antrag festzusetzen ist. Er entspricht nach § 12 Abs. 7 ArbGG bei Rechtsstreiten über Kündigungen oder über das Bestehen oder Nichtbestehen eines Arbeitsverhältnisses (s. → befristetes Arbeitsverhältnis) i. d. R. dem Betrag des für die Dauer eines Vierteljahres zu zahlenden Arbeitsentgelts. Hierunter fallen alle Einkünfte und Sachbezüge des Arbeitnehmers, die der Arbeitgeber in den 3 Monaten nach dem streitigen Beendigungszeitpunkt zahlen müßte bzw. muß: Mitzurechnen sind deshalb neben dem Bruttogehalt bzw. -lohn (Grundbezug, Provisionen, Prämien, Zulagen, Trinkgelder etc.) auch Sachleistungen wie Privatnutzung eines Dienst-Kfz, freie Unterkunft u. ä. Fest in das

Streitwert

Gehaltsgefüge eingebaute Zahlungen von 13. Monatsgehältern, Urlaubs- und Weihnachtsgeldern sowie gegebenenfalls auch Gratifikationen sind ebenfalls auf den Dreimonatszeitraum umzurechnen. Das BAG geht davon aus, daß die Vorschrift des § 12 Abs. 7 ArbGG lediglich einen Streitwertrahmen bildet, innerhalb dessen vor allem die Dauer des Arbeitsverhältnisses zu berücksichtigen sei: Bei einem Bestand von bis zu 6 Monaten seien 1 Monatsbezug, bis zu 12 Monaten zwei und bei mehr als 12 Monaten Dauer 3 Monatsbezüge anzusetzen (vgl. BAG AP Nr. 9 zu § 12 ArbGG 1979 = NZA 1985, 369 = DB 1985, 1746 = BB 1985, 1472). Die meisten Landesarbeitsgerichte sind dem nicht gefolgt und setzen generell 3 Monatsbezüge fest (Regelstreitwert), es sei denn, der Bestand des Arbeitsverhältnisses ist für weniger als 3 Monate streitig und damit das wirtschaftliche Interesse des Arbeitnehmers niedriger (vgl. statt aller: LAG Frankfurt/Main BB 1986, 1512 und LAG München LAGE Nr. 50 und 51 zu § 12 ArbGG 1979 – Streitwert –). Im Interesse der Rechtsklarheit verdient die letztgenannte Auffassung den Vorzug. Die Höchstgrenze des Vierteljahreseinkommens soll auch bei mehreren, in einem Verfahren angegriffenen Kündigungen gelten (vgl. BAG AP Nr. 8 zu § 12 ArbGG 1979 = NZA 1985, 296 = DB 1985, 556 = BB 1985, 667). Bei längeren Zeiträumen zwischen den Kündigungen ist aber zu differenzieren und der Streitwert gegebenenfalls zu erhöhen; hier ist die Rechtsprechung leider noch uneinheitlich (vgl. LAG Bremen MDR 1987, 525; LAG Düsseldorf JurBüro 1985, 1709; LAG Hamburg MDR 1987, 1052 und AnwBl 1984, 316) und eine ausdrückliche Entscheidung des BAG noch nicht bekannt. Im Falle einer → Änderungskündigung wendet das BAG § 12 Abs. 7 S. 1 und 2 ArbGG dahingehend an, daß keiner der beiden dort genannten Werte (Vierteljahresbezug bzw. 3-jähriger Differenzbetrag) überschritten werden darf, sondern der geringere Streitwert festzusetzen ist (vgl. BAG AP Nr. 1 zu § 17 GKG = DB 1989, 1880 = BB 1989, 1348). Das LAG München differenziert hier je nach Reaktion des Arbeitnehmers: nimmt dieser das Änderungsangebot unter Vorbehalt an, ist § 2 KSchG an, ist Streitgegenstand der Inhalt des Arbeitsverhältnisses; erklärt er keinen Vorbehalt, wird aus der Änderungs- eine Beendigungskündigung. Im ersten Fall beträgt der Streitwert den 36-fachen Differenzbetrag zwischen bisheriger und angebotener Vergütung, jedoch höchstens 3 Monatsbezüge, im zweiten Fall den Betrag des Vierteljahreseinkommens (vgl. LAG München AnwBl 1985, 96; a. A. LAG Rheinland-Pfalz NZA 1986, 34 und LAG Frankfurt/Main NZA 1986, 35). Eine → Abfindung wird grundsätzlich nicht zum Streitwert hinzugerechnet (§ 12 Abs. 7 S. 1 Hs. 2 ArbGG), es sei denn, ein konkreter Betrag wird eingeklagt. Wird auf Gehaltszahlung für den Zeitraum nach der umstrittenen Beendigung des Ar-

Suspendierung

beitsverhältnisses geklagt, findet eine Streitwertaddition statt. Dies gilt auch, wenn die → Kündigungsschutzklage mit einem Weiterbeschäftigungsantrag (s. → Beschäftigungs- bzw. Weiterbeschäftigungsanspruch) verbunden wird, was zum Teil vereint wird, wenn dieser Antrag als uneigentlicher Hilfsantrag gestellt wird (s. → Eventualantrag). Die Bewertung dieses Antrags liegt zwischen 1 und 3 Monatsbezügen, wenn eine Streitwertaddition erfolgt (vgl. LAG Düsseldorf AnwBl 1981, 36 bzw. LAG Nürnberg NZA 1989, 862). Der Streitwert einer → Abmahnung und eines → Zeugnisses beträgt jeweils 1 Buttomonatsgehalt (LAG Hamm AnwBl 1985, 104 bzw. BAG AP Nr. 16 zu § 12 ArbGG 1953 = DB 1967, 472 = NJW 1967, 903 sowie LAG Düsseldorf JurBüro 1988, 1079). Die Ausführungen zum Streitwert einer Kündigungsschutzklage gelten bei Streitigkeiten über den Bestand eines → Berufsausbildungsverhältnisses entsprechend (LAG Frankfurt/Main AnwBl 1985, 100). S. auch → Beiordnung und → Rechtsschutzversicherung.

Im *Beitrittsgebiet* gilt § 12 Abs. 8 ArbGG gem. Anl. I zum Einigungsvertrag, Kap. VIII, Sachgeb. A, Abschn. III Ziff. 15 ebenfalls. Allerdings ermäßigen sich die Anwaltsgebühren bei der Tätigkeit von Rechtsanwälten, die ihre Kanzlei im Beitrittsgebiet haben, um 20% des nach der BRAGO maßgeblichen Betrags, vgl. Anl. I zum Einigungsvertrag, Kap. III, Sachgeb. A, Abschn. III, Ziff. 26.

Lit.: Becker-Glaremin NZA 1989, 207; Hecker AnwBl 1984, 123.

Suspendierung → Freistellung

T

Tätlichkeiten. Im Falle von Tätlichkeiten zwischen Arbeitnehmern bzw. zwischen Arbeitnehmer und Arbeitgeber liegen regelmäßig Gründe im Verhalten i. S. d. § 1 Abs. 2 KSchG vor, die eine ordentliche Kündigung rechtfertigen. Dies soll bei Tätlichkeiten unter Arbeitnehmern auch dann der Fall sein, wenn Belange des Arbeitgebers gar nicht berührt sind (LAG Düsseldorf DB 1980, 2345 = BB 1980, 1641). In einer solchen Situation ist der Arbeitgeber sogar zwecks Erhaltung des → Betriebsfriedens zu Vermittlungsbemühungen zwischen den Arbeitnehmern verpflichtet (vgl. BAG AP Nr. 5 zu § 242 BGB – Kündigung – = DB 1964, 739 = BB 1964, 806). Dies gilt unabhängig davon, ob es sich um eine Auseinandersetzung zwischen gleichgestellten oder über- bzw. untergeordneten Arbeitnehmern handelt. In besonders gelagerten, schwerwiegenden Fällen kann auch der Ausspruch einer → außerordentlichen Kündigung wegen Tätlichkeiten – ohne vorherige → Abmahnung – gerechtfertigt sein (vgl. hierzu BAG AP Nr. 47 zu § 102 BetrVG 1972 = NZA 1988, 137 = DB 1988, 658 = BB 1988, 976). Zu Tätlichkeiten im Zusammenhang mit intimen Beziehungen s. → sexuelle Belästigungen.
  Lit.: Aigner, DB 1991, 569.

Täuschung bei Vertragsabschluß → Anfechtung

Tarifvertrag. Gem. § 622 Abs. 3 BGB können durch Tarifverträge kürzere Fristen für Kündigungen als nach Abs. 1 vereinbart werden. Ein Tarifvertrag findet auf das Arbeitsverhältnis Anwendung, wenn a) im Arbeitsvertrag ausdrücklich dessen Geltung vereinbart wurde, b) Arbeitnehmer und Arbeitgeber Mitglieder der Tarifvertragsparteien gem. § 3 TVG (Gewerkschaften und Arbeitnehmerverband) sind und dem Geltungsbereich des Tarifvertrags unterfallen oder c) der Tarifvertrag gem. § 5 TVG für allgemeinverbindlich erklärt wurde. Letzteres ist dann der Fall, wenn der Bundesminister für Arbeit und Sozialordnung oder die oberste Arbeitsbehörde eines Landes aufgrund eines bestimmten Verwaltungsverfahrens nach Anhörung betroffener Arbeitgeber und Arbeitnehmer, Gewerkschaften und Arbeitgeberverbände die Allgemeinverbindlichkeit eines Tarifvertrags bestimmt. Hierdurch werden auch Arbeitsverhältnisse von solchen Arbeitsvertragspartnern von der Tarifwirkung erfaßt, die nicht Mitglieder der Tarifvertragsparteien (sog. Außenseiter) sind.

Teilkündigung

Sodann gelten dort geregelte Kündigungsfristen und Erfordernisse für die → Form der Kündigung. Die längeren Kündigungsfristen des → AngKSchG können durch Tarifverträge nicht verkürzt werden, s. dort. Im Hinblick auf die Entscheidung des BVerfG vom 30. 5. 1990 (vgl. BAG AP Nr. 28 zu § 626 BGB = NZA 1990, 721 = DB 1990, 1565 = BB 1990 Beil. 27 = NJW 1990, 2246), derzufolge die kürzeren Kündigungsfristen für Arbeiter im Vergleich zu den Angestellten in § 622 Abs. 2 BGB gegen den Gleichheitssatz des Art. 3 Abs. 1 GG verstoßen, geraten die tarifvertraglichen Regelungen von Kündigungsfristen verstärkt in den Blickpunkt, s. ausführlich unter → Arbeiter. Grundsätzlich können durch Tarifverträge auch sog. entfristete Kündigungen. d. h. Kündigungen mit auf Null reduzierter Frist, z. B. für Probearbeitsverhältnisse oder auch bestimmte Kündigungstatbestände bzw. -gründe vereinbart werden, die aber der richterlichen Kontrolle, insbesondere nach dem → Kündigungsschutzgesetz, unterliegen (vgl. BAG AP Nr. 16 zu § 1 KSchG – Soziale Auswahl – = NZA 1988, 52 = DB 1988, 185). Darüber hinaus sollen die Tarifvertragsparteien auch andere als die im Gesetz genannten Kündigungstermine, aber auch längere Kündigungsfristen festlegen dürfen. Hierbei sind sie von der Vorschrift des § 622 Abs. 5 BGB, nach der die Frist für den Arbeitnehmer nicht länger sein darf als für den Arbeitgeber, befreit, da diese nur für Einzelarbeitsverträge gilt; s. auch → Mindestkündigungsfristen und → Ausschlußfristen.
   Lit.: Stahlhacke, NZA 1988, 344.

Teilkündigung. Die Teilkündigung zielt auf die inhaltliche Änderung des Arbeitsvertrags, ohne daß dieser selbst in Frage gestellt wird; sie ist grundsätzlich unzulässig (vgl. BAG AP Nr. 5 zu § 620 BGB – Teilkündigung – = DB 1983, 1386 = BB 1983, 1791). Begründet wird dies damit, daß ansonsten einseitige Eingriffe in die gegenseitigen, aufeinander abgestimmten Vertragsbeziehungen möglich wären. Etwas anderes gilt dann, wenn ein Recht zur Teilkündigung oder ein vertragliches Recht unter einem Widerrufsvorbehalt vereinbart wurde, welches vom Kündigenden nur im Rahmen billigen Ermessens gem. § 315 BGB ausgeübt werden darf (BAG a. a. O.). Die Vereinbarung von Widerrufsvorbehalten darf nicht zur Umgehung bzw. zum → Verzicht auf den Schutz z. B. des KSchG mißbraucht werden (vgl. BAG AP Nr. 6 zu § 2 KSchG 1969 = NZA 1985, 321 = DB 1985, 1240 = BB 1985, 731 = NJW 1985, 21). Der Kernbestand des Arbeitsverhältnisses, wozu die Vergütungs- und Arbeitspflicht gehören, darf nicht angetastet werden (vgl. BAG AP Nr. 5 zu § 611 BGB – Lohnzuschläge – = DB 1967, 1549 = BB 1967, 1044). Der Widerruf insbesondere von Vergütungsbestandteilen und ebenso eine vertraglich vorgesehene Teilkündigung kann nur durch

korrekte Ermessensausübung und bei Vorliegen eines sachlichen Grundes in zulässiger Weise erfolgen (vgl. BAG AP Nr. 4 zu § 305 BGB – Billigkeitskontrolle – = NZA 1988, 95 = BB 1988, 138). Die gerichtliche Überprüfung einer Teilkündigung oder einer Ausübung eines Widerrufsvorbehalts erfolgt aufgrund einer Feststellungsklage gem. § 256 ZPO, die jedoch den Anforderungen des § 4 KSchG nicht unterliegt (vgl. BAG AP Nr. 5 zu § 620 BGB – Teilkündigung – = DB 1983, 1386 = BB 1983, 1971). Zu unterscheiden ist die Teilkündigung von der Ausübung des → Direktionsrechts und von der → Änderungskündigung.
Lit.: Löwisch NZA 1988, 633.

Teilzeitbeschäftigung. In Teilzeit beschäftigte Arbeitnehmer sind diejenigen, deren regelmäßige Wochenarbeitszeit kürzer ist als die regelmäßige Wochenarbeitszeit vergleichbarer vollzeitbeschäftigter Arbeitnehmer des Betriebes. Der Arbeitsvertrag Teilzeitbeschäftigter wird wie jeder andere Arbeitsvertrag abgeschlossen, also unbefristet oder befristet, zur Aushilfe oder zur Probe u. ä. Arbeitnehmer in Teilzeitbeschäftigung erwerben wie andere Arbeitnehmer auch nach 6-monatigem Bestand des Arbeitsverhältnisses (→ Wartezeit) den Kündigungsschutz des KSchG, vorausgesetzt, die erforderliche Betriebsgröße i. S. d. § 23 Abs. 1 KSchG ist erreicht. Bei deren Ermittlung zählen Teilzeitbeschäftigte seit Inkrafttreten des → BeschFG nur noch bei einer Arbeitszeit von wöchentlich über 10 und monatlich über 45 Stunden mit, s. → Kleinbetrieb. Auch wenn die Teilzeitbeschäftigung nur als Nebentätigkeit ausgeübt wird, bleibt – unter den oben genannten Voraussetzungen – das KSchG anwendbar (vgl. BAG AP Nr. 37 zu § 1 KSchG 1969 – Betriebsbedingte Kündigung – = NZA 1987, 629 = DB 1987, 1443 oder DB 1988, 1015). Das unterschiedliche Arbeitspensum eines Teilzeit- und eines Vollzeitbeschäftigten allein stellt keinen sachlichen Grund i. S. d. § 2 Abs. 1 BeschFG für eine unterschiedliche Behandlung dar (vgl. BAG NZA 1991, 350 = DB 1991, 866); dies gilt besonders im Bereich von Sozialleistungen.
Lit.: Lipke NZA 1990, 758; Arndt NZA 1989, Beil. 3; Hoffmann/Thiel ZTR 1989, 295.

Tendenzbetrieb. Unter Tendenzbetrieben versteht man solche, die unmittelbar und überwiegend a) politischen, koalitionspolitischen (z. B. gewerkschaftlichen), konfessionellen, karitativen, erzieherischen, wissenschaftlichen oder künstlerischen Bestimmungen oder b) Zwecken der Berichterstattung oder Meinungsäußerung, auf die Art. 5 Abs. 1 S. 2 GG Anwendung findet, dienen (§ 118 Abs. 1 BetrVG). Für diese Betriebe gilt das BetrVG nur eingeschränkt; auf

Tendenzbetrieb

Religionsgemeinschaften und ihre karitativen und erzieherischen Einrichtungen, unbeschadet ihrer Rechtsform, findet das BetrVG keine Anwendung. Bei den Tendenzbetrieben gem. § 118 Abs. 1 BetrVG ist das Gesetz dann anzuwenden, wenn es ihrer Eigenart nicht entgegensteht. Keine Tendenzbetriebe sind z. B. die GEMA (vgl. BAG AP Nr. 26 zu § 118 BetrVG 1972 = DB 1983, 1875 = BB 1983, 2115 = NJW 1984, 1144), der TÜV (vgl. BAG BB 1972, 658), Sprachschulen (vgl. BAG AP Nr. 17 zu § 118 BetrVG 1972 = DB 1981, 999 = BB 1981, 1849); zu einem Rechenzentrum als Tendenzbetrieb s. BAG NZA 1991, 513. Das bedeutet, daß nach der Grundsatzentscheidung des BAG vom 7. 11. 1975 der Arbeitgeber den Betriebsrat vor Ausspruch einer Kündigung gegenüber einem Tendenzträger anzuhören hat und alle Gründe, auch die tendenzbezogenen, mitzuteilen sind (vgl. BAG AP Nr. 4 zu § 118 BetrVG 1972 = DB 1976, 585 = BB 1976, 416 = NJW 1976, 727). Der Betriebsrat soll aber nur wegen sozialer, nicht aufgrund tendenzbedingter Gründe der Kündigung widersprechen können. Der Weiterbeschäftigungsanspruch nach § 102 Abs. 5 BetrVG soll wegen des Tendenzschutzes nicht zum Tragen kommen, es sei denn, die Kündigung ist offensichtlich rechtsunwirksam. Als Tendenzträger werden diejenigen Arbeitnehmer angesehen, für deren Arbeit die Bestimmungen und Zwecke der in § 118 Abs. 1 BetrVG genannten Betriebe und Unternehmen prägend ist. Bejaht wurde diese Eigenschaft z. B. für den Krankenhausarzt eines katholischen Krankenhauses (vgl. BAG AP Nr. 21 zu Art. 140 GG = DB 1985, 1647 = BB 1985, 1265 = NJW 1985, 2781), den Gewerkschaftssekretär (vgl. BAG AP Nr. 2 zu § 1 KSchG 1969 – Verhaltensbedingte Kündigung – = DB 1980, 547 = BB 1980, 1102) und den verantwortlichen Schlußredakteur einer Zeitung (LAG München NZA 1991, 439). Der durch das GG garantierte Tendenzschutz läßt die Geltung des KSchG unberührt. Aus dem Tendenzcharakter können sich aber besondere Verhaltens- bzw. Loyalitätspflichten für den Arbeitnehmer ergeben, die kündigungsrechtlich allerdings erst dann relevant sind, wenn die Arbeitsleistung oder das Verhalten des Arbeitnehmers dem Tendenzzweck direkt zuwiderlaufen (vgl. BAG AP Nr. 12 zu § 1 KSchG 1969 – Betriebsbedingte Kündigung – = DB 1983, 830 = BB 1983, 1665). Das kann auch – ausnahmsweise – im → außerdienstlichen Verhalten liegen und wurde z. B. bejaht im Fall eines katholischen Krankenhausarztes, der Schwangerschaftsabbrüche vornimmt oder hierzu rät (BVerfG AP Nr. 24 zu Art. 140 GG = DB 1985, 2130 = BB 1985, 1600 = NJW 1986, 356) oder aus der Kirche austritt (vgl. BAG AP Nr. 21 zu Art. 140 GG = DB 1985, 1647 = BB 1985, 1256 = NJW 1985, 2781) oder bei dem Redakteur einer gewerkschaftseigenen Zeitung, der einen Artikel mit gewerkschaftsfeindlichem Inhalt verfaßte (vgl. BAG AP Nr. 2 zu § 1 KSchG 1969 – Verhaltensbedingte Kündigung – = DB 1980, 547 = BB 1980, 1102). Regelmäßig hat auch im Bereich der Tendenzbetriebe einer → verhaltensbedingten Kündigung die erfolglose → Abmahnung vorauszugehen. Bei tendenzneutralen Kündigungsgründen gelten dieselben Anforderungen wie in „normalen" Betrieben, so z. B. wenn in dem Artikel des o. g. Gewerkschaftssekretärs nur grammatikalische Fehler enthalten sind oder der Solist eines Orchesters unabsichtlich falsche Töne spielt und nicht etwa von einer vom Arbeitgeber vorgegebenen Interpretation des Werkes abweicht (vgl. BAG AP Nr. 12 zu § 1 KSchG 1969 – Betriebsbedingte Kündigung – = DB 1983, 830 = BB 1983, 1665). In der Praxis bereiten zunehmend Abgrenzungsfragen zwischen Tendenzbetrieben und anderen Betrieben sowie Tendenzträgern und den übrigen Arbeitnehmern Probleme. S. ergänzend auch → Eignung und → Kirche.

Lit.: Mayer-Maly/Löwisch BB 1983, 913; Weber NZA 1989, Beil. 3; Oldenburg NZA 1989, 412.

Tod. Da der Arbeitnehmer zur Arbeitsleistung gem. § 613 S. 1 BGB persönlich verpflichtet ist, wird das Arbeitsverhältnis mit seinem Tod beendet. Einer Kündigung bedarf es nicht, da die Arbeitspflicht wegen ihres persönlichen Charakters nicht auf die Erben des Arbeitnehmers übergeht. Beim Tod des Arbeitgebers ist nach der Dienstleistung des Arbeitnehmers zu entscheiden: war diese ausschließlich bzw. überwiegend an die Person des Arbeitgebers (Privatsekretär o. ä.) gebunden, soll nach teilweise vertretener Ansicht ein zweckbefristetes Arbeitsverhältnis nach § 620 Abs. 2 BGB vorliegen, nach anderer – zutreffender – Auffassung eine ordentliche Kündigung zur Beendigung des Arbeitsverhältnisses erforderlich sein. In den Fällen nicht personengebundener Arbeitspflicht wird das Arbeitsverhältnis mit den Erben des Arbeitgebers fortgesetzt.

Totgeburt → Mutterschutz.

Transsexualität. Gibt eine transsexuelle Person, deren Geschlechtsumwandlung noch nicht erfolgt ist, bei Abschluß des Arbeitsvertrages ihr wahres Geschlecht nicht an, liegt darin im Hinblick auf den Schutzzweck des Transsexuellengesetzes keine arglistige Täuschung gem. § 123 BGB. Es kann jedoch eine arbeitgeberseitige → Anfechtung wegen Irrtums über eine Eigenschaft der Person nach § 119 Abs. 2 BGB im Einzelfall in Betracht kommen (vgl. BAG NZA 1991, 719 = DB 1991, 1934 = BB 1991, 2014 = NJW 1991, 2723); s. ergänzend auch unter → Eignung.

Treuepflicht

Treuepflicht. Wegen des persönlichen Charakters des Arbeitsverhältnisses (vgl. § 613 BGB) wurde eine Treuepflicht des Arbeitnehmers als Gegenstück zur → Fürsorgepflicht des Arbeitgebers angenommen. Heute versteht man unter der Treuepflicht die Nebenpflichten des Arbeitnehmers im Arbeitsverhältnis. Verstöße gegen sie können – nach vorheriger → Abmahnung – den Ausspruch ordentlicher Kündigungen rechtfertigen. Gemeint sind z. B. Pflichten des Arbeitnehmers im Zusammenhang mit der Anzeige von → Arbeitsunfähigkeiten, der Wahrung von → Betriebsgeheimnissen u. ä. Verstöße gegen die Treuepflicht können sich aufgrund von → Anzeigen gegen den Arbeitgeber, der Annahme von → Schmiergeldern oder der Begehung von → Beleidigungen, → Straftaten oder → Tätlichkeiten ergeben. Zur → politischen Betätigung s. dort. In → Tendenzbetrieben kann die Loyalitäts- bzw. Treuepflicht gesteigert sein, s. → Kirche und → Tendenzbetrieb vgl. auch → verhaltensbedingte Kündigung.

Lit.: Kempff DB 1979, 790.

Treu und Glauben. Der Grundsatz von Treu und Glauben besagt, daß jeder seine Rechte und Pflichten nur so ausüben darf, wie das von einem redlichen Teilnehmer am Geschäftsleben erwartet werden kann, vgl. § 242 BGB. Für den Bereich des Kündigungsrechts hat das BAG entschieden, daß neben dem Geltungsbereich des → KSchG noch Raum für die Anwendung des Grundsatzes von Treu und Glauben bzw. das Verbot der unzulässigen Rechtsausübung ist (vgl. BAG AP Nr. 1 zu § 1 KSchG 1969 – Wartezeit – = DB 1977, 213 = BB 1977, 194). Da der Bestandsschutz in § 1 KSchG konkretisiert ist, findet der Grundsatz von Treu und Glauben gem. § 242 BGB vor allem dann Anwendung, wenn der Arbeitgeber sich mit dem Ausspruch einer Kündigung in Widerspruch zu seinem früheren Verhalten setzt (= venire contra factum proprium; BAG aaO.). Der Einwand solch einer unzulässigen Rechtsausübung kann vom Arbeitnehmer außerhalb der Klagefrist des § 4 KSchG geltend gemacht werden, da es sich um einen Fall der Rechtsunwirksamkeit einer Kündigung aus anderen Gründen i. S. d. § 13 Abs. 3 BGB handelt; die Grenze der Rüge ergibt sich nur aus einer möglichen → Verwirkung. Die Darlegungs- und Beweislast trägt der Arbeitnehmer (LAG Schleswig-Holstein DB 1983, 2260). Eine Kündigung ist z. B. wegen Verstoßes gegen Treu und Glauben unwirksam, wenn sie an sich gerechtfertigt ist, aber in Gegenwart der gesamten Belegschaft ausgesprochen wird, willkürlich oder in ehrverletzender Form erfolgt. Letzteres ist beispielsweise dann der Fall, wenn der Arbeitgeber aufgrund einer nicht bestätigten Aussage vom Hörensagen unsubstantiierte Verdächtigungen von weitreichender Tragweite für das berufliche Fortkommen eines Arbeitnehmers zum Anlaß einer ordentlichen Kündigung nimmt, ohne diesem zuvor Gelegenheit zur Stellungnahme zu geben (vgl. BAG AP Nr. 29 zu § 102 BetrVG 1972 = DB 1984, 407 = BB 1984, 1749); s. auch → Verdachtskündigung. Demgegenüber macht allein der Zugang einer Kündigung am 24. Dezember (Heiliger Abend) diese noch nicht zu einer unwirksamen, da ungehörigen Kündigung (vgl. BAG AP Nr. 88 zu § 626 BGB = NZA 1986, 97 = DB 1985, 2003 = BB 1985, 1913 = NJW 1987, 94). Andererseits kann die Kündigung, die einem Arbeitnehmer nach einem schweren Arbeitsunfall am gleichen Tag im Krankenhaus unmittelbar vor einer auf dem Unfall beruhenden Operation übergeben wird, auch dann als Kündigung zur Unzeit gem. § 242 BGB nichtig sein, wenn Motiv für die Kündigung nicht der Arbeitsunfall, sondern betriebsbedingte Gründe waren, zu denen zuvor der Betriebsrat angehört wurde (LAG Bremen = LAGE Nr. 1 zu § 242 BGB = BB 1986, 393). Wenn eine Kündigung kurz vor Ablauf der → Wartezeit des § 1 KSchG ausgesprochen wird, besteht grundsätzlich kein Kündigungsschutz. Erfolgt dies aber allein, um dem Arbeitnehmer den Kündigungsschutz zu nehmen, kommt Rechtsmißbrauch in Frage (vgl. BAG AP Nr. 19 zu § 102 BetrVG 1972 = DB 1979, 1135 = BB 1979, 1094 = NJW 1979, 2421). Auch die Berufung des Arbeitgebers auf den Ablauf eines → befristeten Arbeitsverhältnisses kann gegen Treu und Glauben verstoßen mit der Folge, daß ein wirksam befristeter Arbeitsvertrag auf unbestimmte Zeit fortzusetzen ist. Voraussetzung ist, daß der Arbeitgeber beim betroffenen Arbeitnehmer die Erwartung geweckt und bestätigt hat, dieser werde bei Eignung und Bewährung unbefristet weiterbeschäftigt; ferner muß sich der Arbeitgeber mit der Fortsetzungsablehnung in Widerspruch zu seinem früheren Verhalten und dem von ihm geschaffenen Vertrauenstatbestand setzen (vgl. BAG AP Nr. 8 zu § 1 BeschFG 1985 = NZA 1989, 719 = DB 1989, 1728 = BB 1989, 1823). Entsprechendes kann im Falle eines befristeten → Probearbeitsverhältnisses der Fall sein, wenn die Berufung auf die Befristung in zeitlich unmittelbarem Zusammenhang mit der Bekanntgabe einer während der Probezeit eingetretenen Schwangerschaft steht, insbesondere, wenn der Arbeitnehmerin zuvor ein recht gutes → Zeugnis ausgestellt wurde (LAG Hamm BB 1991, 1865); s. auch → Mutterschutz.

Lit.: van Venrooy JZ 1981, 53.

Trotzkündigung. Eine Trotzkündigung liegt vor, wenn der Arbeitgeber dem Arbeitnehmer unter Berufung auf dieselben Gründe kündigt, die bereits für eine vorherige, vom Arbeitnehmer erfolgreich mit einer → Kündigungsschutzklage angegriffenen Kündigung maßgebend waren. Will der Arbeitnehmer verhindern, daß die nach-

Trunksucht

folgende Kündigung gem. § 7 KSchG durch reinen Zeitablauf wirksam wird, muß er auch insoweit innerhalb der Frist des § 4 KSchG Klage erheben. Wurde der ersten Klage nach Sachprüfung durch das Arbeitsgericht stattgegeben und sind die zugrundeliegenden Kündigungsgründe als unzureichend rechtskräftig aberkannt worden, ist der Klage wegen einer hierauf erneut gestützten Trotzkündigung ohne Sachprüfung ohne weiteres stattzugeben; insoweit tritt Präklusionswirkung ein – vgl. unter → Feststellungsklage – (vgl. BAG AP Nr. 5 zu § 3 KSchG 1951 = DB 1954, 955 = BB 1954, 999). Wird die erste Kündigung allerdings lediglich aus formellen Gründen, z. B. wegen fehlender → Anhörung des Betriebsrates, wegen Verstoßes gegen eine vorgeschriebene → Form oder gegen die Vorschrift des § 9 MuschG u. ä. für unwirksam erklärt, soll sich der Arbeitgeber im Verfahren über die Trotzkündigung auf die tatsächlichen Kündigungsgründe noch berufen können (BAG a. a. O.), da sie nicht zum rechtskräftig erledigten → Streitgegenstand gehörten.

Trunksucht → Alkohol und → Führerscheinentzug

U

Überbrückungsmaßnahmen → Krankheit

Übergang des Betriebes → Betriebsübergang

Übermaßverbot → Verhältnismäßigkeitsgrundsatz

Überstunden. Eine → betriebsbedingte Kündigung kann ohne weiteres dann unwirksam sein, wenn zum Zeitpunkt ihres Zugangs im Betrieb des Arbeitgebers noch Überstunden geleistet werden (vgl. Schaub NZA 1987, 219); hierin kommt ein Personalbedarf offensichtlich zum Ausdruck. Im Kündigungsschutzprozeß hätte der Arbeitgeber darzulegen, daß die Mehrarbeit unverzichtbar und deren Abbau als milderes Mittel zur Vermeidung der Kündigung nicht geeignet ist; s. ergänzend auch → Kurzarbeit. Die Weigerung des Arbeitnehmers, Überstunden zu leisten, kann nur in besonders gelagerten Einzelfällen von kündigungsrechtlicher Relevanz sein: Hier ist zunächst festzustellen, daß der Arbeitnehmer ohne eine gesonderte Vereinbarung – z. B. im Tarif- oder Arbeitsvertrag – nicht zur Erbringung von Mehrarbeit verpflichtet ist. Liegt ein außerordentlicher, betrieblicher Notstand vor, dem nur durch Überstunden begegnet werden kann, kann der Arbeitnehmer hierzu verpflichtet sein. Dies gilt aber dann nicht, wenn er ständig im Akkord arbeitet und über die Bezahlung der Überstunden mit dem Arbeitgeber keine Einigung zu erzielen ist (vgl. LAG Düsseldorf AuR 1972, 59); s. ergänzend auch → Arbeitsverweigerung.

Ultima ratio → Verhältnismäßigkeitsgrundsatz

Umdeutung. Eine unwirksame Kündigung kann gem. § 140 BGB umgedeutet werden. Nach dieser Vorschrift gilt dann, wenn ein nichtiges Rechtsgeschäft den Erfordernissen eines anderen entspricht, das letztere, falls anzunehmen ist, daß die Parteien dessen Geltung bei Kenntnis der Nichtigkeit gewollt hätten. Da die → Kündigung eine einseitige, empfangsbedürftige Willenserklärung ist, kommt es für die Frage der Umdeutung (= Konversion) auf den vom Kündigenden gewollten wirtschaftlichen Erfolg an, der dem Kündigungsempfänger bekannt sein muß (vgl. BAG AP Nr. 3 zu § 6 KSchG 1969 = NZA 1988, 129 = DB 1988, 813 = BB 1988, 568 = NJW 1988, 581). Hauptfall ist die Umdeutung einer unwirksamen

Umdeutung

außerordentlichen in eine ordentliche Kündigung. Liegen für einen entsprechenden Willen des Kündigenden Tatsachen vor, hat das Gericht die Umdeutung vorzunehmen, auch wenn keine Berufung hierauf erfolgt (BAG a. a. O.). Der entsprechende Vortrag muß aber durch den Kündigungen im Prozeß erfolgen. Hiervon ist zu unterscheiden die Frage der Rechtswirksamkeit der durch Umdeutung gewonnenen Kündigung, da auch diese z. B. wegen mangelhafter → Anhörung des Betriebsrates, Verstoßes gegen die vorgeschriebene → Form oder ein Kündigungsverbot (s. → Mutterschutz und → Schwerbehinderte) unwirksam sein kann. Ebenfalls kann → Sozialwidrigkeit der ordentlichen Kündigung gem. § 1 Abs. 2 KSchG vorliegen. Die in Arbeits- oder Tarifverträgen oft vereinbarte Klausel, wonach eine unwirksame außerordentliche Kündigung als ordentliche gelten soll, wird vom BAG grundsätzlich akzeptiert (vgl. BAG AP Nr. 87 zu § 626 BGB = NZA 1985, 661 = NJW 1986, 342 = BB 1985, 1917). Da für den Arbeitgeber im Falle einer außerordentlichen Kündigung oftmals nicht abgesehen werden kann, ob der angenommene wichtige Grund i. S. d. § 626 Abs. 1 BGB auch vom → Arbeitsgericht akzeptiert wird, ist zu prüfen, ob z. B. in der Kündigung der unbedingte Beendigungswille des Arbeitgebers – auch in fristgerechter Form – zum Ausdruck kommt. Dies kann dann der Fall sein, wenn von der „Unzumutbarkeit einer weiteren Zusammenarbeit" gesprochen wird (vgl. BAG AP Nr. 10 zu § 626 BGB – Druckkündigung – = DB 1976, 634 = BB 1976, 465 = NJW 1976, 869). Etwas anderes kann aber dann gelten, wenn der Grund für die außerordentliche Kündigung gar nicht existiert, da hier nicht ohne weiteres auf eine in jedem Fall angestrebte Beendigung des Arbeitsverhältnisses geschlossen werden kann. Die Umdeutung einer ordentlichen in eine außerordentliche Kündigung scheidet aus, da das Ersatzgeschäft nicht über die Wirkungen des ursprünglich Gewollten hinausgehen kann und darf. In Frage kommt aber die Umdeutung einer unwirksamen außerordentlichen Kündigung in das Vertragsangebot zur sofortigen einvernehmlichen Beendigung des Arbeitsverhältnisses. Dies setzt den mutmaßlichen und erkennbaren Willen des Kündigenden voraus, das Arbeitsverhältnis auch bei Fehlen eines wichtigen Grundes jedenfalls sofort zu beenden. Erforderlich ist hierzu aber noch die Annahmeerklärung des Arbeitnehmers (vgl. BAG AP Nr. 64 zu § 626 BGB = DB 1972, 1784 = BB 1972, 1094); s. auch → Aufhebungsvertrag. Eine Umdeutung kommt bei einer unwirksamen ordentlichen Kündigung nicht in Richtung einer Anfechtungserklärung in Betracht, da letztere wegen der sofortigen Wirkung weitergeht als die zunächst gewollte Erklärung. Eine außerordentliche Kündigung kann aber in eine → Anfechtung umgedeutet werden, wenn Gründe i. S. d. § 626 Abs. 1 BGB auch solche

Unpünktlichkeit

gem. den §§ 119, 123 BGB darstellen können. Umgekehrt hat das BAG die Umdeutung einer Anfechtung in eine außerordentliche Kündigung jedoch abgelehnt (vgl. BAG AP Nr. 4 zu § 119 BGB = DB 1980, 739 = BB 1980, 834 = NJW 1980, 1302). Im Hinblick auf den Schutz des Arbeitnehmers durch die verlängerte Anrufungsfrist des § 6 KSchG (s. → Klage) ist festzuhalten, daß ein Arbeitnehmer sich hierauf nicht berufen kann, wenn er sich für den Fall der Unwirksamkeit einer außerordentlichen Kündigung mit einer Beendigung des Arbeitsverhältnisses aufgrund einer – durch Umdeutung gewonnenen – ordentlichen Kündigung einverstanden erklärt (vgl. BAG AP Nr. 3 zu § 6 KSchG 1969 = NZA 1988, 129 = DB 1988, 813 = BB 1988, 568). Der Arbeitgeber kann sich nach der Rechtsprechung des LAG Rheinland-Pfalz (NZA 1985, 290) nicht in der Berufungsinstanz erstmals auf eine Umdeutung berufen. Nach Abschluß des Kündigungsschutzprozesses ist wegen der Präklusionswirkung eines rechtskräftigen Urteils (vgl. → Feststellungsklage) eine Umdeutung ausgeschlossen.

Lit.: Schmidt NZA 1989, 661.

Umsatzrückgang → Auftragsmangel und → Betriebsbedingte Kündigung

Umschulung → Änderungsangebot und → Änderungskündigung

Ungehörige Kündigung → Treu und Glauben

Ungleichbehandlung → Gleichbehandlung

Unkenntnis der Klagefrist → Klage

Unkündbarkeit → Ausschluß der ordentlichen Kündigung

Unpünktlichkeit. Unter besonderen Umständen kann wiederholte Unpünktlichkeit eine Kündigung rechtfertigen. Hierbei ist davon auszugehen, daß der Arbeitnehmer durch Unpünktlichkeit seine vertragliche Pflicht zur Arbeitsaufnahme mit Beginn der betrieblichen Arbeitszeit verletzt, wenn dies auf einem vorwerfbaren Verhalten des Arbeitnehmers beruht, dieser also die Verspätung zu vertreten hat. Ob dies der Fall ist, muß unter Abwägung aller Einzelfallumstände geklärt werden. Liegen keine Entschuldigungsgründe vor, kann eine ordentliche Kündigung nach vorheriger → Abmahnung gerechtfertigt sein (vgl. BAG AP Nr. 18 zu § 1 KSchG 169 – Verhaltensbedingte Kündigung – = NZA 1987, 518 = DB 1987, 1495 = BB 1987, 1741). In Extremfällen, nämlich dann, wenn wiederholte

Unterbrechung

Unpünktlichkeiten den Grad und die Auswirkung einer beharrlichen → Arbeitsverweigerung erreichen, soll nach neuerer Rechtsprechung des BAG auch eine außerordentliche Kündigung begründet sein können (vgl. BAG AP Nr. 99 zu § 626 BGB = NJW 1989, 560 = NZA 1989, 261 = DB 1989, 329 = BB 1989, 289). Hier ist erheblich, ob es neben der Störung im Leistungsbereich auch noch zu nachteiligen Auswirkungen im Bereich der betrieblichen Verbundenheit (Betriebsordnung bzw. -frieden) gekommen ist, wobei Gefährdungen nicht, sondern nur konkrete Störungen ausreichen (BAG a. a. O.). Etwas anderes ergibt sich, wenn im Betrieb Gleitzeit gilt: dann kann der Arbeitgeber – neben dem Ausspruch von Abmahnungen – verpflichtet sein, den Arbeitnehmer zunächst als milderes Mittel aus der Gleitzeitregelung herauszunehmen (vgl. LAG München NZA 1989, 278); näheres hierzu regeln zumeist die entsprechenden Gleitzeit-Betriebsvereinbarungen.

Unterbrechung → Wartezeit

Unternehmerische Entscheidung → betriebsbedingte Kündigung

Unterrichtung → Anhörung des Betriebsrats

Unterschlagung/Untreue → Strafbare Handlungen

Untersuchungshaft → Freiheitsstrafe

Unwirksamkeit der Kündigung. Bei einer → ordentlichen Kündigung, die unter den Geltungsbereich des → KSchG fällt, kann sich die Unwirksamkeit daraus ergeben, daß sie mangels betrieblicher oder personen- bzw. verhaltensbedingter Gründe → sozialwidrig i. S. d. § 1 Abs. 2 KSchG ist. Bei einer → außerordentlichen Kündigung kann die Unwirksamkeit daraus folgen, daß entweder ein → wichtiger Grund i. S. d. § 626 Abs. 1 BGB fehlt oder die → Zweiwochenfrist des § 626 Abs. 2 BGB versäumt wurde. Darüber hinaus kann die Unwirksamkeit einer Kündigung Folge eines Verstoßes gegen gesetzliche Vorschriften sein: z. B. § 102 Abs. 1 S. 3 BetrVG (s. → Anhörung des Betriebsrates), § 9 Abs. 1 MuSchG (s. → Mutterschutz) oder § 15 SchwbG (s. → Schwerbehinderte); in diesen Fällen spricht man von der → Nichtigkeit einer Kündigung. Die einzelnen Unwirksamkeitsgründe sind jeweils „vor Ort" erläutert; ergänzend ist auf Stichworte wie → Benachteiligung, → Gleichbehandlung, → Treu und Glauben etc. ebenso zu verweisen wie auf die Ausführungen zu → Feststellungsklage, → Klage und → Kündigungsschutz.

Urlaub

Unzulässige Rechtsausübung → Treu und Glauben

Unzumutbarkeit → außerordentliche Kündigung

Urlaub. Die Inanspruchnahme von Urlaub durch den Arbeitnehmer setzt dessen Antrag auf Urlaubserteilung und die Gewährung des Urlaubs durch den Arbeitgeber voraus. Bei der zeitlichen Festlegung des Urlaubs sind die Wünsche des Arbeitnehmers zu berücksichtigen, es sei denn, dringende betriebliche Belange oder vorrangige Urlaubswünsche anderer Arbeitnehmer stehen entgegen, § 7 Abs. 1 BUrlG. Nach einer aktuellen Entscheidung des LAG Rheinland-Pfalz (NZA 1991, 600) besteht aber dann ein Recht des Arbeitnehmers zur Selbstbeurlaubung, wenn die Weigerung des Arbeitgebers zur Urlaubserteilung nicht gerechtfertigt ist, aus dieser Weigerung der Verlust des Urlaubsanspruchs droht oder der Arbeitnehmer keine erfolgversprechende Möglichkeit hat, auf andere Weise seinen Urlaubsanspruch zu verwirklichen. Die eigenmächtige, d. h. ohne Genehmigung des Arbeitgebers erfolgende Urlaubsverlängerung bzw. der eigenmächtige Urlaubsantritt des Arbeitnehmers kann kündigungsrechtliche Relevanz erlangen, wenn die Fehlzeit erheblich ist und die Voraussetzungen einer beharrlichen → Arbeitsverweigerung vorliegen (LAG Düsseldorf DB 1981, 1731). Versäumt der Arbeitnehmer aufgrund höherer Gewalt (Überschwemmung, Einschneien im Skiurlaub u. ä.) schuldlos den pünktlichen Arbeitsantritt nach Ablauf des Urlaubs, so ist eine Kündigung nicht gerechtfertigt. Bei eigenmächtigem und unberechtigtem, somit unentschuldigtem und unbefugtem Urlaubsantritt kommt nach der Rechtsprechung des BAG eine außerordentliche wie auch eine ordentliche Kündigung in Betracht (vgl. BAG AP Nr. 14 zu § 626 BGB – Ausschlußfrist – = NJW 1983, 2720 = DB 1983, 1605 = BB 1983, 1922). Voraussetzung hierbei ist aber, daß eine → Abmahnung erfolglos vorausging oder entbehrlich ist und die Ablehnung des Urlaubs durch den Arbeitgeber zu Recht erfolgte. Dem Arbeitnehmer wird zugemutet, gerichtliche Hilfe in Anspruch zu nehmen, d. h. gegebenenfalls den Erlaß einer → einstweiligen Verfügung auf Urlaubsgewährung in natura zu beantragen. Kann der Urlaub wegen Beendigung eines Arbeitsverhältnisses ganz oder teilweise nicht mehr gewährt bzw. genommen werden, so ist er gemäß § 7 Abs. 1 BUrlG abzugelten. In → Tarifverträgen finden sich hierzu Spezialregelungen sowohl im Hinblick auf den Urlaubsanspruch selbst als auch zur Abgeltung dem Grunde und der Höhe nach (s. hierzu Peltzer NZA 1988, 493; Zetl ZTR 1989, 226). Vom Urlaub zu unterscheiden ist sowohl der Anspruch des Arbeitnehmers auf Freizeit zur → Stellensuche gem. § 629 BGB als auch eine vereinbarte oder vom Arbeitgeber einseitig ausge-

Urteil

sprochene → Freistellung; s. jeweils dort. Zur Frage, ob und unter welchen Voraussetzungen einem Arbeitnehmer eine Kündigung während des Urlaubs zugehen kann, s. unter → Zugang. Der Arbeitgeber ist bei Beendigung des Arbeitsverhältnisses verpflichtet, dem Arbeitnehmer eine Bescheinigung über den im laufenden Jahr gewährten oder abgegoltenen Urlaub auszuhändigen, § 6 Abs. 2 BUrlG; s. auch unter → Arbeitspapiere.
Lit.: Hiekel NZA 1990, Beil. 2; Weiler/Rath NZA 1987, 337.

Urteil. Außer durch → Vergleich kann ein arbeitsgerichtliches Verfahren vor allem durch Urteil enden. Dieses besteht aus Entscheidungsformel, Kostenausspruch, Festsetzung des Streitwerts sowie Tatbestand und Entscheidungsgründen. Die unterlegene Partei trägt grundsätzlich die Prozeßkosten. Zur → Berufung gegen Urteile des → Arbeitsgerichts s. jeweils dort. Arbeitsgerichtliche, d. h. erstinstanzliche Urteile sind gem. § 62 Abs. 1 ArbGG vorläufig vollstreckbar. Etwas anderes gilt nur, wenn die Zwangsvollstreckung dem Schuldner einen nicht zu ersetzenden Nachteil bringen würde; zum → Beschäftigungs- bzw. Weiterbeschäftigungsanspruch s. dort. Spricht das Urteil die Verpflichtung zur Vornahme einer bestimmten Handlung (z. B. Weiterbeschäftigung) aus, so ist der Beklagte (= Schuldner) auf vorherigen Antrag des Klägers (= Gläubiger) zugleich für den Fall, daß die Handlung nicht binnen einer bestimmten Frist vorgenommen wird, zur Zahlung einer vom Arbeitsgericht nach freiem Ermessen festzusetzenden Entschädigung zu verurteilen (vgl. BAG AP Nr. 9 zu § 661 ArbGG 1979 = NZA 1990, 328 = DB 1990, 1423 = BB 1989, 2404). Vgl. ergänzend: Schaub, Meine Rechte und Pflichten im Arbeitsgerichtsverfahren, Beck-Rechtsberater im dtv Nr. 5205.

V

Verdachtskündigung. Der Verdacht einer strafbaren Handlung oder einer schweren Vertragsverletzung durch den Arbeitnehmer kann nach herrschender Ansicht eine ordentliche oder sogar ausnahmsweise eine außerordentliche Kündigung rechtfertigen, und zwar dann, wenn der Verdacht sich auf objektive Tatsachen gründet, eine hohe Wahrscheinlichkeit für das Vorliegen einer Straftat oder schwerwiegende Pflichtverletzung gegeben ist und so die Fortsetzung des Arbeitsverhältnisses unzumutbar geworden ist (vgl. BAG AP Nr. 39 zu § 102 BetrVG 1972 = NZA 1986, 674 = DB 1986, 1726 = BB 1987, 1316). Das Rechtsinstitut der Verdachtskündigung ist, wenn nicht gar ganz abzulehnen (vgl. Schütte NZA 1991, Beil. 2), so doch mit allergrößter Vorsicht zu behandeln: Da der Verdacht einer Straftat zur Kündigung ausreichen soll, trägt das Risiko der Unaufklärbarkeit eines Sachverhalts der betroffene Arbeitnehmer. Dies läuft den übrigen kündigungsrechtlichen Grundsätzen zuwider, weshalb vom BAG – zu Recht – allerstrengste Anforderungen an eine Verdachtskündigung, mit der ja auch ein Unschuldiger getroffen werden kann, gestellt werden. Vor Ausspruch einer Verdachtskündigung hat der Arbeitgeber alles Zumutbare zur Aufklärung des Sachverhalts zu unternehmen. Er muß auch den Arbeitnehmer vor der Kündigung anhören, andernfalls diese bereits deshalb rechtsunwirksam ist (vgl. BAG AP Nr. 19 zu § 626 BGB – Verdacht strafbarer Handlungen – = NZA 1987, 699 = DB 1987, 1998 = BB 1987, 2020). Stellt sich der Verdacht des Arbeitgebers nachträglich als begründet heraus, kann er erneut kündigen; diese Kündigung ist keine Verdachtskündigung, sondern beispielsweise eine Kündigung wegen nachgewiesener, d. h. im Strafverfahren abgeurteilter → strafbarer Handlung. Stellt sich aber im Verlauf des Kündigungsschutzprozesses die Unbegründetheit des Verdachts heraus, ist dies noch zugunsten des Arbeitnehmers zu berücksichtigen. Wird der Verdacht erst nach Verfahrensende entkräftet, steht dem Arbeitnehmer aufgrund der nachwirkenden Fürsorgepflicht des Arbeitgebers ein → Wiedereinstellungsanspruch zu (vgl. BAG AP Nr. 13 zu § 626 BGB – Verdacht strafbarer Handlungen – = DB 1964, 1266 = BB 1964, 1045 = NJW 1964, 1918). Den Arbeitgeber trifft dann kein Verschulden, wenn der Arbeitnehmer von vorneherein nicht bereit ist, an der Aufklärung mitzuwirken, sich etwa zu dem gegen ihn erhobenen Vorwurf nicht äußert (vgl. BAG AP Nr. 19 zu § 626 BGB – Verdacht strafbarer Handlungen – = NZA 1987, 699 = DB 1987, 1988 = BB 1987, 2020).

Vererblichkeit

Lit.: Schütte NZA 1991, Beil. 2; Heinze AuR 1984, 237.

Vererblichkeit eines Anspruchs auf → Abfindung s. dort.

Verfallsfristen → Ausschlußfristen

Vergleich. Der Vergleich ist ein gegenseitiger Vertrag, durch den der Streit oder die Ungewißheit der Parteien über ein Rechtsverhältnis im Wege gegenseitigen Nachgebens beseitigt wird, § 779 BGB. Er ist das Ergebnis einer gütlichen Einigung und kommt im arbeitsgerichtlichen Verfahren besonders häufig vor, da das Hinwirken auf eine solche Erledigung des Rechtsstreits nicht nur Zweck der → Güteverhandlung ist, sondern durch § 57 Abs. 2 ArbGG in den richterlichen Pflichtenkatalog aufgenommen wurde. Dem Prozeßvergleich steht ein außergerichtlicher, dem Gericht mitgeteilter Vergleich hinsichtlich einer Verfahrensbeendigung gleich. Der Vergleich kann mit sofort bindender Wirkung oder unter dem Vorbehalt eines Widerrufs, d.h. mit Überlegungsfrist abgeschlossen werden. Ist ein schriftlicher oder schriftsätzlicher Widerruf vereinbart worden, muß dieser eigenhändig unterschrieben sein (vgl. BAG AP Nr. 39 zu § 794 ZPO = NZA 1989, 861 = DB 1989, 2284 = BB 1989, 1984). Der häufigste Vergleich vor den Arbeitsgerichten sieht im Falle einer Kündigungsschutzklage die Beendigung des Arbeitsverhältnisses gegen Zahlung einer → Abfindung vor; s. auch unter → Aufhebungsvertrag und → Ausgleichsquittung. Auch der prozessuale und der außergerichtliche Vergleich unterliegen der → Anfechtung gem. den §§ 119f. BGB, s. dort. Macht eine Partei geltend, der Prozeßvergleich sei unwirksam und habe das Verfahren nicht beendet, so ist der ursprüngliche Rechtsstreit fortzusetzen (vgl. BAG AP Nr. 10 zu § 794 ZPO = DB 1961, 748). Vor dem → Arbeitsgericht kann der Vergleich von der Partei selbst, vor dem LAG und dem BAG muß der Vergleich von einem Rechtsanwalt bzw. Koalitionsvertreter abgeschlossen werden. Inhaltlich genügt für das Zustandekommen eines Vergleichs i.S.d. § 779 BGB und damit auch für das Entstehen einer Vergleichsgebühr gem. § 23 BRAGO jeweils ein nur geringfügiges Nachgeben beider Parteien. So kann ein prozeß-, materiell- und gebührenrechtlicher Vergleich z.B. auch dann vorliegen, wenn die Parteien eines Kündigungsschutzprozesses nicht die Beendigung des Arbeitsverhältnisses gegen Zahlung einer Abfindung, sondern dessen Fortsetzung vereinbaren (vgl. LAG München JurBüro 1992, 96). Im Falle einer Verfahrensbeendigung durch Vergleich wird keine Gerichtsgebühr erhoben. Aus einem gerichtlichen Vergleich kann bei Vorliegen der Vollstreckungsvoraussetzungen die Zwangsvollstreckung, z.B. zur Realisierung einer vereinbarten → Abfindungs-

Verhaltensbedingte Kündigung

zahlung betrieben werden. Dies ist bei einem außergerichtlichen Vergleich nicht möglich, da dieser keinen Vollstreckungstitel darstellt; hier ist gesonderte Klage zu erheben. S. ergänzend auch → Auflösung des Arbeitsverhältnisses.
Lit.: Hölzer JurBüro 1991, 305.

Vergleichbarkeit → Sozialauswahl

Vergleichsverfahren → Konkurs

Vergütungsrückstand → Annahmeverzug

Verhältnismäßigkeitsgrundsatz. Im gesamten Kündigungsschutzrecht gilt wegen dessen Ziel, dem Arbeitnehmer Bestandsschutz zu gewähren, der Verhältnismäßigkeitsgrundsatz, auch Ultima-ratio-Prinzip (lat.: Grundsatz des letzten Mittels) genannt. Das bedeutet, daß jede Beendigungskündigung als äußerstes Mittel erst dann in Betracht kommt, wenn mildere Maßnahmen nicht greifen, z. B. die Erteilung einer → Abmahnung, die Durchführung einer → Versetzung oder der Ausspruch einer → Änderungskündigung, s. jeweils dort. Ausfluß des Verhältnismäßigkeitsgrundsatzes ist das Übermaßverbot, das im Rahmen der Interessenabwägung über die Sozialwidrigkeit einer Kündigung gem. § 1 Abs. 2 KSchG oder den wichtigen Grund i. S. d. § 626 Abs. 1 BGB eine wichtige Rolle spielt (vgl. BAG AP Nr. 70 zu § 626 BGB = DB 1978, 1790 = BB 1978, 1310 = NJW 1979, 332). Ob ein Verstoß gegen das eigentlich für das ganze Privatrecht anerkannte Ultima-ratio-Prinzip auch außerhalb der Geltung des KSchG zur Unwirksamkeit einer Kündigung führt, ist im einzelnen streitig; s. ergänzend unter → Treu und Glauben.
Lit.: Pachtenfels BB 1983, 1479.

Verhaltensbedingte Kündigung. Mit dem Ausspruch einer verhaltensbedingten Kündigung reagiert der Arbeitgeber auf die Verletzung von Vertrags- und Treuepflichten bzw. von Haupt- und Nebenpflichten durch den Arbeitnehmer. Unter Berücksichtigung des → Verhältnismäßigkeitsgrundsatzes ist vor allem bei Störungen im Leistungsbereich die vorherige Erteilung jedenfalls einer → Abmahnung erforderlich (vgl. BAG AP Nr. 3 zu § 1 KSchG 1969 – Abmahnung – = NZA 1989, 633 = DB 1989, 1427 = BB 1989, 1347). Aber auch bei einem Fehlverhalten im Vertrauensbereich bedarf es dann einer vorherigen Abmahnung, wenn der Arbeitnehmer mit vertretbaren Gründen annehmen konnte, sein Verhalten sei nicht vertragswidrig oder werde zumindest vom Arbeitgeber nicht als ein schwerwiegendes, den Bestand des Arbeitsverhältnisses gefährdendes Fehl-

Verjährung

verhalten eingestuft (vgl. BAG AP Nr. 15 zu Art. 140 GG = NJW 1984, 1917). Voraussetzung einer verhaltensbedingten Kündigung ist schuldhaftes, d. h. vorsätzliches oder fahrlässiges Handeln des Arbeitnehmers; schuldlose Pflichtverletzungen können hier eine Kündigung nicht begründen (vgl. BAG AP Nr. 2 zu § 1 KSchG – Verhaltensbedingte Kündigung – = DB 1961, 779 = BB 1961, 642 = NJW 1961, 1421). Hat sich der Arbeitnehmer eine Reihe von Pflichtverletzungen zuschulden kommen lassen, die allesamt vom Arbeitgeber abgemahnt worden sind, kommt formal nur der letzte Vorfall in Betracht. Da nicht subjektive Einschätzungen des Arbeitgebers, sondern nur objektive, durch Dritte nachvollziehbare Vorgänge für den Kündigungsausspruch in Betracht kommen, reicht die bloße Vermutung, es könne zukünftig zu Vertragsbeeinträchtigungen kommen, nicht aus, wenn in der Vergangenheit keine Störungen vorlagen (vgl. BAG AP Nr. 11 zu § 1 KSchG 1969 – Verhaltensbedingte Kündigung – = NJW 1985, 507 = DB 1985, 341). Die Prüfung, ob eine verhaltensbedingte Kündigung i. S. d. § 1 Abs. 2 KSchG gerechtfertigt ist erfolgt in 2 Stufen: *a)* Zunächst ist festzustellen, ob ein bestimmter Sachverhalt „an sich" geeignet ist, eine Kündigung zu rechtfertigen (vgl. BAG AP Nr. 19 zu § 1 KSchG 1969 – Verhaltensbedingte Kündigung – = NJW 1988, 2261 = DB 1988, 1757 = BB 1988, 1466); es gibt jedoch keine „absoluten" Kündigungsgründe! *b)* Bei Bejahung soll eine umfassende Interessenabwägung unter Berücksichtigung aller Einzelfallumstände die endgültige Entscheidung bringen. Dem Arbeitgeber obliegt die Darlegungs- und → Beweislast für das Vorliegen der Gründe für die verhaltensbedingte Kündigung. Da sich dies auch auf das oben genannte Verschulden bezieht, hat der Arbeitgeber auch im Hinblick auf das Nichtvorhandensein von Rechtfertigungsgründen Beweis anzubieten (vgl. BAG AP Nr. 76 zu § 626 BGB = DB 1984; 884 = BB 1984, 725). Die einzelnen, als Kündigungsgründe in Betracht kommenden Sachverhalte sind in ihrer alphabetischen Reihung behandelt, s. z. B. unter → Arbeitsverweigerung, → Beleidigung, → Strafbare Handlungen, → Tätlichkeiten, → Unpünktlichkeit u. a. Ergänzend ist auf die Ausführungen zur → außerordentlichen Kündigung sowie zur → ordentlichen Kündigung und zur → Änderungskündigung, zur → Klage, zum → Kündigungsschutz sowie zur → Sozialwidrigkeit und zur → Auflösung des Arbeitsverhältnisses zu verweisen.
Lit.: Becker-Schaffner DB 1981, 1775; Moritz DB 1985, 229.

Verjährung. Die Vergütungsansprüche des Arbeitnehmers verjähren grundsätzlich in 2 Jahren, gerechnet vom Ende des Jahres, in dem sie entstehen, §§ 196 Abs. 1 Nr. 8 u. 9, 198, 201 BGB. Wegen des unterschiedlichen Streitgegenstandes unterbricht eine → Kündi-

Versetzung

gungsschutzklage die Verjährung der Lohnansprüche nicht (vgl. BAG AP Nr. 23 zu § 615 BGB = DB 1963, 802 = BB 1963, 689 = NJW 1963, 1517). Zur Unterbrechung der Verjährung sind Vergütungsansprüche demnach durch Mahnbescheid oder Zahlungsklage rechtshängig zu machen; s. ergänzend auch → Ausschlußfristen.

Lit.: Bötticher BB 1981, 1985.

Versäumung der Klagefrist → Klage

Verschwiegenheitspflicht → Betriebsgeheimnisse und → Treuepflicht

Versetzung. Die Versetzung ist eine Änderung des Tätigkeitsbereichs des Arbeitnehmers hinsichtlich Ort, Zeit oder Art im Wege einseitiger Bestimmung durch den Arbeitgeber aufgrund des → Direktionsrechts, durch Abschluß eines Abänderungsvertrags oder mit Hilfe einer → Änderungskündigung. Vom Inhalt des Arbeitsvertrages und den bislang ausgeübten Tätigkeiten hängt die Wahl der Mittel und ihre Durchsetzbarkeit ab. Der Betriebsrat hat bei Versetzungen ein Mitbestimmungsrecht gem. § 99 BetrVG. Unter einer Versetzung i. S. d. BetrVG ist die Zuweisung eines anderen Arbeitsplatzes, die voraussichtlich die Dauer von 1 Monat überschreitet oder die mit einer erheblichen Änderung der Umstände verbunden ist, unter denen die Arbeit zu leisten ist, § 95 Abs. 2 BetrVG, zu verstehen. Ändert sich durch die Zuweisung einer neuen Tätigkeit das Gesamtbild und der Gegenstand der Arbeitsleistung, liegt eine Versetzung vor (vgl. BAG AP Nr. 18 zu § 95 BetrVG = NZA 1990, 198 = DB 1990, 537 = BB 1990, 143); dasselbe gilt in einem Filialbetrieb bei einer vorübergehenden Entsendung in eine andere Filiale (vgl. BAG AP Nr. 76 zu § 99 BetrVG 1972 = NZA 1990, 357 = DB 1990, 1093 = BB 1990, 1129) und bei der Zuteilung eines anderen Arbeitsortes von nicht mehr als einem Monat, wenn dadurch die Anfahrt des Arbeitnehmers erschwert wird (vgl. BAG AP Nr. 17 zu § 95 BetrVG 1972 = NZA 1990, 196 = DB 1990, 382 = BB 1989, 2255). Neben der Anhörung des Betriebsrates gem. § 99 BetrVG ist im Falle einer → Änderungskündigung die → Anhörung des Betriebsrates nach § 102 BetrVG erforderlich. Nach der Rechtsprechung des BAG darf der Arbeitgeber allerdings keine Änderungskündigung aussprechen, wenn er die beabsichtigte Änderung der Arbeitsbedingungen kraft Ausübung seines → Direktionsrechts erreichen kann, sog. Übermaßverbot (vgl. BAG AP Nr. 3 zu § 2 KSchG 1969 = NJW 1982, 2687 = DB 1982, 1776 = BB 1983, 1413). Zu den Reaktionsmöglichkeiten des Arbeitnehmers je nach Wahl des Mittels durch den Arbeitgeber s. unter → Änderungskündigung und → Direktionsrecht.

Lit.: Massan NZA 1989, 373; Meier NZA 1988, Beil. 3.

Versicherungsnachweisheft

Versicherungsnachweisheft → Arbeitspapiere

Vertragliche Kündigungsbeschränkungen → Ausschluß der ordentlichen Kündigung

Vertragsstrafe. Unter einer Vertragsstrafe versteht man die zwischen Gläubiger und Schuldner vereinbarte Leistung für den Fall, daß der Schuldner seine Verpflichtung nicht oder nicht ordnungsgemäß erfüllt, § 339 BGB. Eine Vertragsstrafe wird oft zur Absicherung eines Wettbewerbsverbots des Arbeitnehmers geschlossen, um als Druckmittel zur Erfüllung der Verbindlichkeit (Wettbewerbsenthaltung) zu dienen oder dem Schadensnachweis zugunsten des Arbeitgebers zu dienen. Unzulässig ist die Vereinbarung einer Vertragsstrafe für den Fall einer ordentlichen Kündigung des Arbeitnehmers (vgl. BAG AP Nr. 12 zu § 622 BGB = DB 1972, 1245 = BB 1972, 978), es sei denn, daß sie vor Dienstantritt ausgeschlossen ist (vgl. BAG AP Nr. 2 zu § 67 HGB = DB 1963, 1684 = NJW 1964, 123); s. auch → vorvertragliche Kündigung. Neben der Vertragsstrafe kann gegebenenfalls auch weiterer Schaden geltend gemacht werden. Eine zu hoch vereinbarte Vertragsstrafe kann vom Gericht auf einen angemessenen Betrag gem. § 343 BGB herabgesetzt werden, wobei das Gericht alle Einzelfallumstände zu berücksichtigen hat (BAG a. a. O.). Die Parteien können aber nicht von vorneherein die Festsetzung der Vertragsstrafe dem Gericht übertragen (vgl. BAG AP Nr. 7 zu § 339 BGB = DB 1981, 533 = BB 1981, 616 = NJW 1981, 1799).
 Lit.: Tschöpe DB 1984, 1522; Langheid DB 1980, 1219.

Vertrauensbereich → Verhaltensbedingte Kündigung

Vertrauensleute → Schwerbehinderte

Vertreter → Bevollmächtigung und → Geschäftsfähigkeit

Verwirkung. Unter der Verwirkung eines Rechts versteht man die Situation, daß der Gläubiger einen Anspruch eine längere Zeit nicht geltend gemacht hat (*Zeitmoment*) und hierdurch beim Schuldner der Eindruck entstanden ist, das Recht werde nicht mehr beansprucht, dieser sich hierauf eingestellt hat und ihm die Erfüllung unzumutbar geworden ist (*Umstandsmoment*); vgl. BAG AP Nr. 14 zu § 1 BeschFG 1985 = NZA 1990, 746 = DB 1990, 1923. Im Bereich des Kündigungsrechts hat die Verwirkung mehrfache Bedeutung: *a)*

Verzeihung

Stützt der Arbeitnehmer seine → Kündigungsschutzklage nicht auf die → Sozialwidrigkeit einer Kündigung gem. § 1 Abs. 2 KSchG, sondern auf andere Gründe i. S. d. § 13 Abs. 3 KSchG, so gilt zwar nicht die Klagefrist von 3 Wochen gem. § 4 KSchG, jedoch ist der sonstige Mangel so bald wie möglich klageweise geltend zu machen (das ArbG Bielefeld, NZA 1985, 187, nahm – ersichtlich unzutreffend – Verwirkung bereits nach 12 Wochen an!). *b)* Im Falle eines → Betriebsübergangs kann das Recht, sich auf das eigenständige Kündigungsverbot gem. § 613a Abs. 4 BGB zu berufen, verwirkt werden (vgl. BAG AP Nr. 5 zu § 242 – Prozeßwirkung – = NZA 1989, 16 = DB 1988, 2156 = BB 1989, 990). *c)* Ebenso unterliegt auch die Berufung des Arbeitnehmers auf das Fehlen eines sachlichen Grundes bei Abschluß eines → befristeten Arbeitsverhältnisses zwar nicht der Frist des § 4 KSchG, jedoch kann auch hier bei längerem Zuwarten eine Verwirkung eintreten; s. auch → Nichtverlängerungsanzeige. Auch das Recht des Arbeitgebers zur Kündigung kann verwirkt sein, und zwar dann, wenn in Kenntnis eines Kündigungsgrundes längere Zeit nicht gekündigt wurde, der Arbeitnehmer sich auf das Unterbleiben einer Kündigung berechtigterweise eingerichtet hat und auf den Fortbestand seines Arbeitsverhältnisses zu Recht vertraute; s. auch unter → Verzeihung. In jedem Fall hat bei der Prüfung der Verwirkung eine genaue Betrachtung der Einzelfallumstände zu erfolgen, da es hier weder starre Höchst-, noch Regelfristen gibt (vgl. BAG AP Nr. 21 zu § 4 KSchG 1969 = NZA 1990, 375 = DB 1990, 586 = BB 1989, 2256). Den in diesem Zusammenhang von den Arbeitsvertragsparteien abgegebenen Erklärungen und ihrem Handeln kommt hier deshalb besondere Bedeutung zu; s. insofern auch unter → Ausschlußfristen. Gem. § 4 S. 2 TVG bzw. § 77 Abs. 4 S. 3 BetrVG ist eine Verwirkung von tarifvertraglichen bzw. Rechten aus einer Betriebsvereinbarung ausgeschlossen. Vielfach übersehen wird, daß auch der Anspruch des Arbeitnehmers auf Erteilung eines → Zeugnisses der Verwirkung unterliegt (vgl. BAG AP Nr. 17 zu § 630 BGB = NZA 1988, 427 = DB 1988, 1071 = BB 1989, 978 = NJW 1988, 1616); s. ergänzend → Verjährung.

Verzeihung. Bringt der Arbeitgeber entweder ausdrücklich oder stillschweigend gegenüber dem Arbeitnehmer zum Ausdruck, daß er über bestimmte Vorgänge hinwegsehen und nicht kündigen werde, liegt insoweit Verzeihung vor. Der Wille, nicht kündigen zu wollen, muß erkennbar zum Ausdruck kommen. Erfolgt nach Verzeihung dennoch eine Kündigung, so ist diese als unzulässige Rechtsausübung unwirksam. Der Arbeitgeber setzt sich dann nämlich in Widerspruch zu seinem früheren Verhalten, s. insoweit → Treu und Glauben.

Verzicht

Verzicht. Ein Verzicht kann sowohl im Hinblick auf Kündigungsgründe als auch hinsichtlich von Rechten und Ansprüchen aus dem Arbeitsverhältnis und aus Anlaß von dessen Beendigung erfolgen. In Bezug auf letzteres s. unter → Aufhebungsvertrag, → Abgeltungsklausel bzw. → Ausgleichsquittung. Ein Verzicht auf Kündigungsgründe liegt beispielsweise darin, daß der Arbeitgeber nach einem Fehlverhalten des Arbeitnehmers keine Kündigung ausspricht und sich stattdessen auf die Erteilung einer → Abmahnung beschränkt. Durch den Ausspruch einer ordentlichen Kündigung vor Ablauf der Frist des § 626 Abs. 2 BGB verzichtet der Arbeitgeber auf ein eventuelles Recht zur → außerordentlichen Kündigung. Zum Verzicht auf die ordentliche Kündigung s. unter → Ausschluß der ordentlichen Kündigung.

Vollmacht → Bevollmächtigung

Vollstreckung → Urteil

Vorbehalt → Änderungskündigung

Vorsorgliche Kündigung → Bedingte Kündigung

Vorstandsmitglieder → Leitende Angestellte

Vorstellungskosten. Hat sich ein Arbeitnehmer bei einem Arbeitgeber auf dessen Aufforderung hin vorgestellt, so besteht ein Anspruch auf Ersatz der durch diese Vorstellung entstandenen Kosten, z. B. Fahrt- bzw. Kfz-Kosten sowie Verpflegungs- und Übernachtungsgelder. Dies gilt unabhängig davon, ob später ein Arbeitsverhältnis begründet wird oder nicht (vgl. BAG AP Nr. 8 zu § 196 BGB = DB 1977, 1193 = BB 1977, 846). Dies gilt auch bei Einschaltung eines Unternehmensberaters (BAG NZA 1989, 468). Will der Arbeitgeber die Erstattung der Vorstellungskosten ausschließen, muß er dies bei der Aufforderung zur Vorstellung klar zum Ausdruck bringen. Anhaltspunkte zur Höhe des Erstattungsanspruchs ergeben sich aus den steuerrechtlichen Bestimmungen. Das Arbeitsamt zahlt nach § 53 AFG zum Teil Zuschüsse für Vorstellungsreisen. Der Anspruch auf Ersatz der Vorstellungskosten gegen den Arbeitgeber verjährt in 2 Jahren (BAG a. a. O.); s. auch → Stellensuche.

Vorstrafe. Der Arbeitnehmer muß bei der Einstellung Vorstrafen nur auf eine zulässige Frage des Arbeitgebers hin angeben, was nur der Fall sein kann, wenn die Art des zu besetzenden Arbeitsplatzes dies erfordert (vgl. BAG AP Nr. 7 zu § 1 KSchG 1951 – Verhaltens-

Vorvertragliche Kündigung

bedingte Kündigung − = DB 1970, 1276 = BB 1970, 803). Verschweigt der Arbeitnehmer auf zulässige Frage des Arbeitgebers hin eventuelle Vorstrafen, kann dieser gegebenenfalls ordentlich kündigen oder eine → Anfechtung des Arbeitsvertrags vornehmen. Dies ist aber dann ausgeschlossen, wenn die Straftat längere Zeit zurückliegt und der Arbeitnehmer über einen nicht unerheblichen Zeitraum hinweg pflichtgemäß gearbeitet hat (vgl. BAG AP Nr. 17 zu § 123 BGB = NJW 1970, 1565 = BB 1970, 883); s. ergänzend → Strafbare Handlungen.

Vorvertragliche Kündigung. Dieser − mißverständliche − Begriff kennzeichnet die Situation, daß ein Arbeitsverhältnis nach Vertragsschluß (sonst läge gar keine Kündigung vor), aber vor Arbeitsaufnahme (Dienstantritt) gekündigt wird. Nach heute ganz herrschender Meinung steht die grundsätzliche Zulässigkeit der „vorvertraglichen Kündigung" fest (vgl. BAG AP Nr. 1 zu § 620 BGB = DB 1964, 1705 = BB 1964, 1341 = NJW 1965, 171); dies gilt sowohl für die ordentliche als auch die außerordentliche Kündigung vor Dienstantritt. Während das Recht zur → außerordentlichen Kündigung in keinem Fall − auch für den vorvertraglichen Bereich nicht − ausgeschlossen werden kann, ist eine Beschränkung bzw. ein → Ausschluß der ordentlichen Kündigung auch vor Dienstantritt möglich. Hierfür ist aber entweder eine ausdrückliche Vereinbarung oder ein deutlich zu Tage tretender Wille der Arbeitsvertragsparteien erforderlich. Dies soll nach Ansicht des LAG Frankfurt anzunehmen sein, wenn eine → Vertragsstrafe vereinbart wurde (LAG Frankfurt DB 1981, 532). Das BAG hält besondere Umstände für nötig, die einen Schutz des Kündigungsempfängers erforderlich machen (vgl. BAG AP Nr. 4 zu § 620 BGB = NZA 1986, 671 = DB 1986, 1781 = BB 1986, 1919); dies kann z. B. bei der Vereinbarung einer → Dauerstellung der Fall sein. Nach einem Urteil des LAG Hamm verstößt eine vertragliche Vereinbarung, wonach einseitig die Kündigung des Arbeitnehmers vor Dienstantritt ausgeschlossen ist, gegen § 622 Abs. 5 BGB und ist unwirksam (LAG Hamm LAGE Nr. 14 zu § 622 BGB = DB 1989, 1191).

Hinsichtlich der Frage, ab welchem Zeitpunkt bei einer an sich zulässigen vorvertraglichen Kündigung die Kündigungsfrist zu laufen beginnt, stellt das BAG nunmehr auf die konkrete Interessenlage im Einzelfall ab: Liegt keine Vereinbarung über den Fristbeginn vor, ist diese Lücke im Wege ergänzender Vertragsauslegung zu schließen (BAG a. a. O.). Das BAG lehnt zwar (noch) ab, die Kündigungsfrist hier stets mit dem Zugang der Kündigung − und nicht erst mit dem vereinbarten Dienstantritt − beginnen zu lassen. Wenn aber die Parteien die kürzestmögliche Kündigungsfrist vereinbart haben, spricht

Vorvertragliche Kündigung

dies dagegen, daß sie eine Realisierung des Arbeitsverhältnisses für diesen Zeitraum mutmaßlich gewollt haben; in diesem Fall läuft die Frist ab Zugang der Kündigung (BAG a.a.O.). Vereinbaren die Parteien ein → Probearbeitsverhältnis, soll dies gegen eine Verpflichtung zur Aktualisierung des Arbeitsverhältnisses sprechen (vgl. LAG Frankfurt a.a.O.). Als Regelfall wird man also insgesamt davon ausgehen können, daß der Beginn der Kündigungsfrist durch ihren Zugang ausgelöst wird!

Lit.: Caesar NZA 1989, 251; Berger-Delhey DB 1989, 380.

W

Wahlbewerber/Wahlvorstand. Gemäß § 15 Abs. 3 KSchG ist die ordentliche Kündigung eines Mitglieds des Wahlvorstandes vom Zeitpunkt seiner Bestellung an, die Kündigung eines Wahlbewerbers vom Zeitpunkt der Aufstellung des Wahlvorschlags an, jeweils bis zur Bekanntgabe des Wahlergebnisses unzulässig. Ausgenommen ist die → außerordentliche Kündigung, zu der die Zustimmung des Betriebsrates, bei Verweigerung deren gerichtliche Ersetzung erforderlich ist. Nachfolgender Kündigungsschutz besteht für Wahlbewerber und Wahlvorstand innerhalb von 6 Monaten nach Bekanntgabe des Wahlergebnisses; vgl. ergänzend → Betriebsrat.

Wahlrecht. Wenn der Kündigungsschutzprozeß nicht durch → Vergleich, sondern durch ein der → Kündigungsschutzklage stattgebendes, also die Kündigung für unwirksam erklärendes → Urteil endet, hat der Arbeitnehmer gemäß § 12 KSchG ein Wahlrecht, wenn er inzwischen ein neues Arbeitsverhältnis eingegangen ist: Er kann innerhalb einer Woche nach Rechtskraft des Urteils durch Erklärung gegenüber dem alten Arbeitgeber die Fortsetzung des mit diesem bestehenden Arbeitsverhältnisses verweigern. Mit dem Zugang dieser Erklärung erlischt das alte Arbeitsverhältnis. Voraussetzung ist, daß die Entscheidung des Arbeitsgerichts, des Landesarbeitsgerichts oder Bundesarbeitsgerichts in Rechtskraft erwachsen ist, d. h. ein Rechtsmittel nicht mehr eingelegt werden kann, § 705 ZPO. Des weiteren ist Bedingung des § 12 KSchG, daß der Arbeitnehmer ein neues Arbeitsverhältnis zwischenzeitlich eingegangen ist; hierunter fallen nicht Werkverträge, wohl aber die Dienstverträge von → Organmitgliedern und → Berufsausbildungsverhältnisse. Da der Kündigungsschutzprozeß ohne Einfluß auf ein neues Arbeitsverhältnis ist, stellt die Rechtskraft eines positiven Endurteils bzw. die Absicht, das alte Arbeitsverhältnis fortzusetzen, keinen Grund für eine → außerordentliche Kündigung des neuen Arbeitsverhältnisses für den Arbeitnehmer dar; siehe auch → Arbeitsplatzwechsel. Er hat also die ordentliche Kündigungsfrist einzuhalten. Der alte Arbeitgeber muß diese Verzögerung der Arbeitsaufnahme hinnehmen und dem Arbeitnehmer die Vergütung fortzahlen, wobei anderweitiger Zwischenverdienst anzurechnen ist; § 11 KSchG gilt entsprechend. Wenn der Arbeitnehmer aber das neue Arbeitsverhältnis fortsetzen möchte, kann er die Erklärung gem. § 12 KSchG gegenüber dem alten Arbeitgeber auch schon vor Rechtskraft des Urteils abgeben

Warteschleife

und daneben den Antrag auf → Auflösung des Arbeitsverhältnisses gem. § 9 KSchG stellen (vgl. BAG AP Nr. 1 zu § 12 KSchG 1969 = DB 1973, 726 = BB 1973, 661). Die Abgabe vor Rechtskraft kann aber die Ansprüche des Arbeitnehmers gegenüber dem Arbeitgeber aus → Annahmeverzug mindern. Als „Nichtfortsetzungserklärung" i. S. d. § 12 KSchG wird auch eine Kündigung des alten Arbeitsverhältnisses durch den Arbeitnehmer angesehen, die innerhalb der Wochenfrist erklärt wird, und zwar selbst dann, wenn hierbei eine ordentliche Kündigungsfrist einzuhalten ist (vgl. LAG Düsseldorf AP Nr. 2 zu § 12 KSchG 1969 = DB 1979, 1516). Durch § 12 S. 4 KSchG wird die Nachzahlungspflicht des Arbeitgebers beschränkt auf den Zeitraum zwischen der tatsächlichen Entlassung aus dem alten und dem Eintritt in das neue Arbeitsverhältnis; hierbei ist unerheblich, ob der Arbeitnehmer im alten Arbeitsverhältnis mehr verdient hat (vgl. BAG AP Nr. 16 zu § 242 BGB – Auskunftspflicht – = DB 1978, 2417 = BB 1978, 1719 = NJW 1979, 285). Von § 12 KSchG unberührt bleibt das Recht des Arbeitnehmers zur ordentlichen Kündigung seines Arbeitsverhältnisses ohne besondere Begründung.

Lit.: Brill DB 1983, 2519.

Warteschleife. Der am 31. 8. 1990 unterzeichnete Staatsvertrag über die Herstellung der Einheit Deutschlands – EinigungsV – (s. auch → Beitrittsgebiet) enthält einige, zwingend geltende Regelungen über Fortbestand, Inhalt und Beendigung von Arbeitsverhältnissen im öffentlichen Dienst. In Anlage I Kap. XIX Sachgebiet A Abschnitt III Ziff. 1 Abs. 2–5 des Einigungsvertrags sind Sonderbeendigungstatbestände vorgesehen: So kann eine → außerordentliche Kündigung ausgesprochen werden, wenn der Arbeitnehmer gegen die Grundsätze der Menschlichkeit oder Rechtsstaatlichkeit verstoßen oder für das frühere Ministerium für Staatssicherheit/Amt für nationale Sicherheit tätig war und deshalb ein Festhalten am Arbeitsverhältnis unzumutbar erscheint (vgl. LAG Berlin NZA 1992, 264 u. 268). Gemäß Abs. 4 der oben genannten Vorschrift des Einigungsvertrags ist die → ordentliche Kündigung eines Arbeitsverhältnisses in der öffentlichen Verwaltung auch dann zulässig, wenn *a)* der Arbeitnehmer wegen mangelnder fachlicher Qualifikation oder persönlicher Eignung den Anforderungen nicht entspricht oder er *b)* wegen mangelnden Bedarfs nicht mehr verwendbar ist oder *c)* die bisherige Beschäftigungsstelle ersatzlos aufgelöst wird oder bei Verschmelzung, Eingliederung oder wesentlicher Änderung des Aufbaues der Beschäftigungsstelle die bisherige oder eine anderweitige Verwendung nicht mehr möglich ist. Das LAG Berlin (a. a. O.) tendiert mittlerweile dazu, Kap. XIX, Sachgeb. A, Abschn. III Nr. V der

Wartezeit

Anl. I zum EinigungsV als abschließende Sonderregelung, die eine Anwendung von § 626 Abs. 1 u. 2 BGB ausschließt, zu bewerten. Im Gegensatz zu den in den Absätzen 4 und 5 normierten Kündigungsgründen beinhalten die Abschnitte 2 und 3 Beendigungstatbestände besonderer Art: Zunächst ist bestimmt, daß in Einrichtungen der ehemaligen DDR, die nach Art. 13 Abs. 2 des Einigungsvertrags auf den Bund übergeführt werden, die Arbeitsverhältnisse der dort beschäftigten Arbeitnehmer zum Bund bestehen. Arbeitsverhältnisse in Einrichtungen, die nicht überführt werden, ruhen vom Tage des Beitritts (3. 10. 1990) an. Während des Ruhens hat der Arbeitnehmer Anspruch auf ein Wartegeld in Höhe von 70% seines durchschnittlichen Arbeitsentgelts der letzten 6 Monate. Das Arbeitsverhältnis ruht 6 Monate bzw. bei Arbeitnehmer mit vollendetem 50. Lebensjahr 9 Monate. Nach Ablauf dieser Frist endet das Arbeitsverhältnis, wenn der Arbeitnehmer nicht bzw. nicht in einem anderen Verwaltungsbereich weiterverwendet wird, automatisch. Diese Regelung in Abs. 2 S. 5 – die sog. Warteschleife – hat das BVerfG in seinem Urteil vom 24. 4. 1991 (= DB 1991, 1021 = ZTR 1991, 254 = NJW 1991, 1667) insoweit für mit dem Grundgesetz unvereinbar und nichtig erklärt, als dadurch die Kündigungsschutzvorschriften des Mutterschutzrechts durchbrochen werden. Die besondere Lage von Schwerbehinderten, älteren Arbeitnehmern, Alleinerziehenden und anderen in ähnlicher Weise Betroffenen muß bei der Besetzung von Stellen im öffentlichen Dienst berücksichtigt werden (BVerfG a. a. O.). Die Umsetzung bzw. Ausformung dieser verfassungsrechtlichen Entscheidung durch Gesetzgebung und Rechtsprechung wird wohl noch einige Zeit in Anspruch nehmen; s. ergänzend noch → Beitrittsgebiet.

Lit.: Zundel ZTR 1991, 311; Wolter ZTR 1991, 273; Berger-Delhey ZTR 1991, 418; Legerlotz NZA 1992, 201; Scholz BB 1991, 2515.

Wartezeit. Aufgrund von § 1 Abs. 1 KSchG erwirbt derjenige Arbeitnehmer den allgemeinen → Kündigungsschutz, dessen Arbeitsverhältnis in demselben → Betrieb oder Unternehmen ohne Unterbrechung länger als 6 Monate im Kündigungszeitpunkt bestanden hat. Es kommt nicht auf die tatsächliche Beschäftigungsdauer, sondern auf den ununterbrochenen rechtlichen Bestand des Arbeitsverhältnisses an, unabhängig davon ob der Arbeitnehmer Arbeiter oder Angestellter, Voll- oder Teilzeitbeschäftigter ist; s. aber auch → Dauerstellung. Entscheidend ist daher als Zeitpunkt des Beginns der Wartezeit derjenige, zu dem die Arbeitsaufnahme nach dem Arbeitsvertrag erfolgen soll, es sei denn der Arbeitnehmer hat einen verzögerten Arbeitsbeginn selbst verschuldet bzw. zu vertreten (vgl.

Wartezeit

hierzu Berger-Delhey NZA 1988, 790). Rechtliche Unterbrechungen sind nur dann von Bedeutung für den Ablauf der Wartezeit, wenn zwischen den Arbeitsverhältnissen kein enger sachlicher Zusammenhang mehr besteht; ist dieser trotz Unterbrechung zu bejahen, findet eine Anrechnung der vorangegangenen Beschäftigungszeit(en) statt (vgl. BAG AP Nr. 7 zu § 1 KSchG 1969 – Wartezeit – = NZA 1990, 221 = DB 1990, 280 = BB 1990, 214). Das BAG hat bisher lediglich in diversen Einzelfällen über die Relevanz rechtlicher Unterbrechungen entschieden und eine Anrechnung bei Zwischenräumen von mehr als 4 Monaten bzw. bei 2⅔ Monaten abgelehnt (vgl. BAG AP Nr. 3 zu § 1 KSchG 1969 – Wartezeit – = DB 1979, 1754 = BB 1979, 1505; AP Nr. 71 zu § 620 BGB – Befristeter Arbeitsvertrag – = DB 1983, 1880 = BB 1984, 1298). Die von Berger-Delhey (in NZA 1988, 790 und in BB 1989, 977) überzeugend befürwortete und der Rechtsklarheit dienende Anlehnung an Art. 1 § 1 Abs. 1 S. 3 BeschFG, wonach ein enger sachlicher Zusammenhang zu einem vorhergehenden befristeten Arbeitsvertrag mit demselben Arbeitgeber insbesondere dann anzunehmen ist, wenn zwischen den Arbeitsverträgen ein Zeitraum von weniger als 4 Monaten liegt, hat das BAG bedauerlicherweise unter Hinweis auf den unterschiedlichen Normzweck abgelehnt (vgl. BAG AP Nr. 7 zu § 1 KSchG 1969 – Wartezeit – = NZA 1990, 221 = DB 1990, 280 = BB 1990, 214). Die Parteien eines Arbeitsverhältnisses können aber – ausdrücklich oder stillschweigend – verabreden, daß eine Wiedereinstellung als Fortsetzung eines vorangegangenen Arbeitsvertrages anzusehen ist; hier ist schriftliche Fixierung zu empfehlen. Für das Vorliegen der persönlichen und betrieblichen (§ 23 KSchG) Voraussetzungen zur Anwendbarkeit des KSchG ist der Arbeitnehmer darlegungs- und beweispflichtig; s. auch → Betrieb und → Kleinbetrieb. Er genügt seiner Darlegungslast, wenn er vorträgt, daß das Arbeitsverhältnis 6 Monate vor Zugang der Kündigung begründet wurde. Der Arbeitgeber hingegen trägt die Darlegungs- und Beweislast für anrechnungsschädliche Unterbrechungen der Wartezeit (vgl. BAG AP Nr. 6 zu § 1 KSchG 1969 – Wartezeit – = NZA 1989, 884 = DB 1989, 2282 = BB 1989, 1984 = NJW 1989, 3034). Außerdem können in → Tarifverträgen Fragen der Anrechnung von Betriebszugehörigkeitszeiten geregelt sein, was hinsichtlich der Wartezeit gegebenenfalls durch Auslegung zu ermitteln ist (vgl. BAG AP Nr. 8 zu § 1 KSchG 1969 – Wartezeit – = NZA 1990, 858 = DB 1990, 2609 = BB 1990, 1635). Anzurechnen sind – bei Vorliegen des engen sachlichen Zusammenhangs – Zeiten, die im Rahmen eines → Berufsausbildungsverhältnisses im Betrieb verbracht wurden. Dasselbe hat für Zeiten im Rahmen einer Arbeitsbeschaffungsmaßnahme und auch für Betriebszugehörigkeit als → freier Mitarbeiter zu gelten. Während eine Verkürzung oder ein Verzicht hinsichtlich der Wartezeit zulässig ist, sind wegen des zwingenden Charakters von § 1 Abs. 1 KSchG Vereinbarungen zum Nachteil des Arbeitnehmers unzulässig. Für die Dauer der ersten 6 Monate eines Arbeitsverhältnisses besteht Kündigungsfreiheit, d. h. der Arbeitgeber ist nicht auf das Vorliegen betriebs-, personen- oder verhaltensbedingter Kündigungsgründe angewiesen. Eine Kündigung während der Wartezeit kann aber wegen Verstoßes gegen absolute Kündigungsverbote, s. § 9 MuSchG, § 15 KSchG, wegen Formmangels oder wegen unzulässiger Rechtsausübung unwirksam sein. Wenn der Arbeitgeber dem Arbeitnehmer wenige Tage vor Ablauf der Wartezeit kündigt, kommt es für dessen Bestandsschutz zwar grundsätzlich auf die Dauer des Arbeitsverhältnisses im Kündigungszeitpunkt an, so daß auch eine vor Ablauf der 6 Monate ausgesprochene Kündigung, deren Frist erst nach der Wartezeit endet, nicht unter den Geltungsbereich des KSchG fällt. Kündigt der Arbeitgeber kurz vor Ende der Wartezeit aber, um dem Arbeitnehmer den Eintritt des Kündigungsschutzes zu vereiteln, ist dieser in entsprechender Anwendung des § 162 BGB so zu stellen, als wäre die gesetzliche Wartezeit bereits abgelaufen (vgl. BAG AP Nr. 19 zu § 102 BetrVG 1972 = DB 1979, 1135 = BB 1979, 1094). Für das Eingreifen der Grundsätze von → Treu und Glauben ist erforderlich, daß aus dem gesamten Verhalten des Arbeitgebers hervorgeht, daß er gerade den Eintritt des allgemeinen Kündigungsschutzes verhindern will (BAG a. a. O.). Für den Kündigungsausspruch gelten die gesetzlichen → Mindestkündigungsfristen, mit den in § 622 BGB vorgesehenen Gestaltungsmöglichkeiten. An die → Anhörung des Betriebsrates sind bei einer Kündigung während der 6-monatigen Wartezeit des § 1 Abs. 1 KSchG keine geringeren Anforderungen als bei anderen Kündigungen gem. § 102 BetrVG zustellen (BAG a. a. O.).

Lit.: Berger-Delhey NZA 1988, 790 und BB 1989, 977.

Wegfall der → Geschäftsgrundlage

Wehrdienst → Arbeitsplatzschutzgesetz

Weiterbeschäftigung → Beschäftigungs- und Weiterbeschäftigungsanspruch

Wettbewerbsverbot. Während des Bestehens des Arbeitsverhältnisses ist dem Arbeitnehmer grundsätzlich jede → Konkurrenztätigkeit verboten; dieses vertragliche Wettbewerbsverbot folgt aus der → Treuepflicht des Arbeitnehmers. Dies gilt nach neuerer Rechtsprechung des BAG auch dann, wenn der Arbeitgeber eine → außeror-

Wettbewerbsverbot

dentliche Kündigung ausspricht, deren Wirksamkeit der Arbeitnehmer bestreitet (vgl. BAG NZA 1992, 212 = DB 1992, 479 = ZTR 1992, 120). Ein nachvertragliches Wettbewerbsverbot kann zwischen den Parteien des Arbeitsvertrags vereinbart werden; es gelten auch im Arbeitsverhältnis bzw. nach dessen Beendigung die Vorschriften über Wettbewerbsverbote für Handlungsgehilfen in den §§ 74ff. HGB. Ein Wettbewerbsverbot ist nur verbindlich bei schriftlicher Vereinbarung und Verpflichtung des Arbeitgebers zur Zahlung einer Entschädigung für die Dauer des Verbots, die mindestens 50% der vom Arbeitnehmer zuletzt erreichten vertragsmäßigen Leistungen beträgt. Kündigt der Arbeitnehmer das Arbeitsverhältnis wegen vertragswidrigen Verhaltens des Arbeitgebers zu Recht aus wichtigem Grund (§ 626 BGB) so wird das Wettbewerbsverbot unwirksam, wenn der Arbeitnehmer vor Ablauf eines Monats nach der Kündigung erklärt, sich hieran nicht mehr gebunden zu fühlen, § 75 Abs. 1 HGB. Nach Abs. 3 der Vorschrift würde bei einer begründeten außerordentlichen Kündigung des Arbeitgebers wegen vertragswidrigen Verhaltens des Arbeitnehmers das Wettbewerbsverbot wirksam bleiben, jedoch ohne Entschädigungspflicht des Arbeitgebers. Diese Regelung hat das BAG in seinem Urteil vom 23. 2. 1977 (AP Nr. 6 zu § 75 HGB = DB 1977, 1143 = BB 1977, 847 = NJW 1977, 1357) richtigerweise für verfassungswidrig erklärt, weil es nicht gerechtfertigt ist, an die außerordentliche Kündigung des Arbeitnehmers bzw. Arbeitgebers unterschiedliche Folgen zu knüpfen; zu schließen ist die Lücke durch analoge Anwendung des § 75 Abs. 1 HGB (vgl. BAG AP Nr. 4 zu § 75a HGB = NZA 1987, 453 = DB 1987, 1444 = BB 1987, 1390 = NJW 1987, 2768). Auf die Sonderregelung in § 75 Abs. 2 HGB sei hingewiesen. Zu beachten ist, daß die Monatsfrist zur Erklärung in § 75 Abs. 1 HGB auch dann ab Zugang der Kündigung zu laufen beginnt, wenn später ein gerichtlicher oder außergerichtlicher → Vergleich geschlossen wird (vgl. BAG AP Nr. 4 zu § 75 HGB = DB 1973, 1130 = BB 1973, 801 = NJW 1973, 1717). Der Arbeitgeber kann vor Beendigung des Arbeitsverhältnisses durch schriftliche Erklärung gegenüber dem Arbeitnehmer einseitig auf die Einhaltung des Wettbewerbsverbotes verzichten; in diesem Fall ist er aber für ein Jahr ab Erklärungszugang zur Zahlung der Karenzentschädigung verpflichtet, § 75a HGB. Nachvertragliche Wettbewerbsverbote können einvernehmlich aufgehoben werden, im Falle eines außer- oder gerichtlichen Vergleichs hat dies bei einer Regelung der Beendigung eines Arbeitsverhältnisses ausdrücklich zu erfolgen; ebenso kann die Begründung oder Modifizierung einer Wettbewerbsklausel auch nach Arbeitsvertragsende jedenfalls durch Prozeßvergleich erfolgen (vgl. BAG AP Nr. 24 zu § 74 HGB = DB 1968, 2041 = BB 1968, 1288). § 74c HGB enthält Regelungen über die Anrechnung anderweitigen Verdienstes während der Karenzzeit, wovon Einkünfte sowohl aus unselbständiger als auch selbständiger Tätigkeit erfaßt werden (vgl. BAG AP Nr. 13 zu § 74c HGB = NZA 1988, 130 = DB 1988, 238 = BB 1988, 140 = NJW 1988, 130). Bejaht wurde außerdem die Anrechnung von Arbeitslosengeld (vgl. BAG AP Nr. 11 zu § 74c HGB = NZA 1986, 194 = DB 1986, 127 = BB 1986, 134 = NJW 1986, 275); verneint wurde dies für die Zahlung von Übergangsgeld (vgl. BAG AP Nr. 15 zu § 74c HGB = NZA 1990, 397 = DB 1990, 889 = BB 1990, 711). Die Einhaltung von Wettbewerbsverboten wird oftmals durch die Vereinbarung einer → Vertragsstrafe abgesichert, s. dort. Ansprüche des Arbeitnehmers auf Zahlung von Karenzentschädigung unterliegen der → Verjährung in zwei Jahren (vgl. BAG AP Nr. 44 zu § 74 HGB = NZA 1984, 354 = DB 1984, 2099 = BB 1985, 198 = NJW 1984, 2549). Nach einem Urteil des LAG Berlin vom 23. 6. 1991 soll ein Wettbewerbsverbot, das in einem vor der Wiedervereinigung geschlossenen Arbeitsvertrag enthalten ist, im Wege ergänzender Vertragsauslegung auch auf das → Beitrittsgebiet ausgedehnt werden können (LAG Berlin NZA 1991, 674 = ZTR 1991, 340); diese Entscheidung ist mehr als zweifelhaft, da sie eine „nachträgliche Abänderung des Vertragswillens" von Arbeitnehmer und Arbeitgeber bedeutet, für die auch § 157 BGB keine ausreichende Rechtsgrundlage abgibt.

Im *Beitrittsgebiet* gilt vor allem die Vorschrift des § 75 Abs. 3 sowie § 75b S. 2 HGB nicht; vgl. Anl. I zum Einigungsvertrag, Kap. VIII Sachgeb. A, Abschn. III:

Lit.: Weisemann/Schrader DB 1980, Beil. 4; Bauer DB 1979, 500; Lahusen NZA 1985, 802.

Wichtiger Grund → außerordentliche Kündigung

Widerrufsvorbehalt → Teilkündigung

Widerspruch → Anhörung des Betriebsrats

Wiedereinstellungsanspruch. Die Bejahung eines Wiedereinstellungsanspruchs trägt dem Umstand Rechnung, daß maßgeblicher Zeitpunkt für die Beurteilung vor allem einer → betriebsbedingten Kündigung grundsätzlich derjenige ihres → Zuganges ist (vgl. BAG AP Nr. 16 zu § 1 KSchG 1969 – Betriebsbedingte Kündigung – = NZA 1985, 93 = DB 1984, 2704). Das bedeutet, daß auf diesen Zeitpunkt abzustellen ist für die Prüfung der betrieblichen Verhältnisse und ihrer zukünftigen Entwicklung, sofern diese zumindest greifbare Formen angenommen hat. Nach der Rechtsprechung des

Wiedereinstellungsanspruch

BAG bleibt eine betriebsbedingte Kündigung auch dann wirksam, wenn die Beurteilung des Arbeitgebers aus damaliger Sicht zutreffend war, diese Prognose sich aber wegen nicht vorhergesehener Änderung der Verhältnisse nachträglich als unrichtig herausstellt (vgl. BAG AP Nr. 74 zu § 613a BGB = NZA 1989, 265 = DB 1989, 430 = BB 1989, 75). Demgegenüber wird von einigen Landesarbeitsgerichten die Auffassung vertreten, daß bei nachträglichem Wegfall der dringenden betrieblichen Erfordernisse i. S. d. § 1 Abs. 2 KSchG der Arbeitnehmer einen Anspruch auf Fortsetzung des Arbeitsverhältnisses bzw. einen Wiedereinstellungsanspruch hat (vgl. LAG Köln LAGE Nr. 1 zu § 611 BGB – Einstellungsanspruch – = DB 1989, 1475 und LAG Hamburg LAGE Nr. 2 zu § 611 BGB – Einstellungsanspruch –; ähnlich bereits LAG Baden-Württemberg DB 1987, 543). Können nach mehreren → betriebsbedingten Kündigungen nur einzelne Arbeitsplätze wieder besetzt werden, hat der Arbeitgeber bei der Wiedereinstellung nach dieser Ansicht die Arbeitnehmer unter sozialen Gesichtspunkten auszuwählen (LAG Köln a. a. O.). Für Betriebe, die starken witterungsbedingten Auftragsschwankungen unterliegen, sehen teilweise die einschlägigen → Tarifverträge Wiedereinstellungsansprüche vor (z. B. Gebäudereiniger oder Garten-, Landschafts- und Sportplatzbau). Unter dem Gesichtspunkt des Vertrauensschutzes (s. auch → Treu und Glauben) kann einem Arbeitnehmer ein Wiedereinstellungsanspruch zustehen, wenn in einem → Saisonbetrieb Jahr für Jahr alle Arbeitnehmer in der Saison wiedereingestellt werden, die dies verlangen, der Arbeitgeber den Saisonbeginn am Schwarzen Brett bekannt gibt und sogar Neueinstellungen vornimmt (vgl. BAG AP Nr. 1 zu § 620 BGB – Saisonarbeit – = NZA 1987, 627 = DB 1987, 1742 = BB 1987, 1744). Zum Wiedereinstellungsanspruch bei Ausspruch einer → Verdachtskündigung s. dort.

Die dogmatische Grundlage des Wiedereinstellungsanspruchs wird überwiegend in der nachvertraglichen → Fürsorgepflicht des Arbeitgebers gesehen. Darüber hinaus kann aus dem Grundsatz der → Gleichbehandlung der Arbeitgeber zur Weiterbeschäftigung verpflichtet sein, wenn er alle vergleichbaren Arbeitnehmer wieder einstellt und einzelne Arbeitnehmer ohne jeden sachlichen Grund hiervon ausnimmt (vgl. BAG AP Nr. 2 zu § 1 KSchG 1969 – Soziale Auswahl – = NZA 1984, 226 = DB 1984, 2354 = BB 1985, 57).

Da mit einer Klage auf Wiedereinstellung nicht dasselbe Ziel wie mit einer → Kündigungsschutzklage verfolgt wird, muß der Arbeitnehmer die 3-Wochen-Frist des § 4 KSchG, der auch nicht entsprechend anzuwenden ist, nicht einhalten; jedoch sind die Grenzen der → Verwirkung zu beachten. Die Darlegungs- und Beweislast für die den Wiedereinstellungsanspruch begründenden Tatsachen trägt der Arbeitnehmer.

Wiedereinstellungsanspruch

Der → Streitwert einer Klage auf Wiedereinstellung, die keine Klage auf Beschäftigung, sondern auf Abgabe einer Willenserklärung (s. § 890 ZPO) ist, beträgt in analoger Anwendung von § 12 Abs. 7 ArbGG 3 Monatsgehälter.

Lit.: Bram/Rühl NZA 1990, 753; v. Stein RdA 1991, 85; Hambitzer NJW 1985, 2239.

Z

Zeitverträge → Befristetes Arbeitsverhältnis

Zeugnis. Der Arbeitnehmer kann bei Beendigung seines Arbeitsverhältnisses ein Zeugnis beanspruchen. Der Arbeitgeber muß dies nicht von sich aus erteilen, der Arbeitnehmer muß vielmehr ausdrücklich hierzu auffordern. Es kann entweder ein einfaches Zeugnis verlangt werden, das sich nur auf Art und Dauer der Beschäftigung erstreckt, oder ein qualifiziertes Zeugnis, das auch Aussagen über Leistung und Sozialverhalten des Arbeitnehmers beinhalten muß. Die Rechtsgrundlagen finden sich in den §§ 630 BGB, 73 HGB, 113 GewO und 8 BBiG, in weiteren Sozialgesetzen wie dem Beamten-, Soldaten- und Zivildienstgesetz sowie → Tarifverträgen wie z.B. § 61 BAT, § 64 MTB II, § 64 MTL II oder § 48 TVAL II. Findet keine der genannten Vorschriften Anwendung, hat der Arbeitnehmer Anspruch auf Zeugniserteilung jedenfalls aufgrund der → Fürsorgepflicht des Arbeitgebers; dies gilt für alle Arbeitnehmer, Praktikanten, Volontäre, Werkstudenten, im Probe- und Teilzeitarbeitsverhältnis, für → Heimarbeiter und → Leitende Angestellte, → Organmitglieder und → Arbeitnehmerähnliche Personen, Betriebsärzte, nicht jedoch für tatsächlich → freie Mitarbeiter (vgl. im einzelnen Schulz, Alles über Arbeitszeugnisse, Beck-Rechtsberater im dtv Nr. 5280). Bei Erhalt einer Kündigung durch den Arbeitgeber kann der Arbeitnehmer sofort ein Zeugnis verlangen, wobei dies entweder ein Zwischenzeugnis oder ein vorläufiges Endzeugnis sein kann. Bei tatsächlicher Beendigung des Arbeitsverhältnisses kann ein endgültiges bzw. Endzeugnis beansprucht werden; ein zuvor erteiltes Zwischenzeugnis ist vom Arbeitnehmer dann nicht herauszugeben. Hieran ändert sich nichts dadurch, daß zwischen den Parteien ein → Kündigungsschutzprozeß anhängig ist (vgl. BAG AP Nr. 16 zu § 630 BGB = NZA 1987, 628 = DB 1987, 1845 = BB 1987, 1816). Das Zeugnis dient dem Arbeitnehmer zur Bewerbung auf einen neuen Arbeitsplatz; es muß daher alle wesentlichen Tätigkeitsmerkmale enthalten und einheitlich für das ganze Arbeitsverhältnis erstellt werden. Es ist vom Arbeitgeber wahrheitsgemäß und vor allem auch wohlwollend zu formulieren, wobei ein gewisser Wertungsspielraum besteht. Einmalige Vorfälle und Umstände, die für den Arbeitnehmer nicht charakteristisch sind oder längere Zeit zurückliegen, sind nicht zu erwähnen (vgl. BAG AP Nr. 6 zu § 630 BGB = DB 1971, 1923 = BB 1971, 1280 = NJW 1971, 2325). Unzulässig sind

Zeugnis

Angaben zur Betriebsrats-, Aufsichtsrats- oder Personalratstätigkeit, zu Mutterschutz-, Erziehungsurlaubs- oder Krankheitszeiten, zum Gesundheitszustand, zur Gewerkschafts- oder Konfessionszugehörigkeit, zu Gerichtsverfahren etwa über eine Kündigung des Arbeitgebers, zum Privatleben des Arbeitnehmers, zur Schwerbehinderteneigenschaft, zum Sexualverhalten, zu Vorstrafen bzw. strafbaren Handlungen, zu Streikteilnahme, Vermögensverhältnissen, Wehrdienst und Wettbewerbsverboten. Nicht erlaubt sind auch versteckte Andeutungen, verschlüsselte Hinweise oder Auslassungen dort, wo Aussagen erwartet werden können; zur sog. Geheim- bzw. Zeugnissprache s. Schulz, Alles über Arbeitszeugnisse, Beck-Rechtsberater im dtv Nr. 5280. Erteilt der Arbeitgeber kein Zeugnis oder ein Zeugnis, das diesen Anforderungen nicht entspricht, kann der Arbeitnehmer auf Zeugniserteilung oder Berichtigung bzw. Neuerteilung vor dem → Arbeitsgericht klagen. Der Arbeitgeber trägt hierbei für die inhaltliche Richtigkeit des Zeugnisses die → Beweislast (vgl. BAG AP Nr. 1 zu § 73 HGB = DB 1960, 1042 = BB 1960, 983 = NJW 1960, 1973 und AP Nr. 12 zu § 630 BGB = DB 1977, 1369 = BB 1977, 997). Unzutreffend ist die von den Instanzgerichten zum Teil vorgenommene Differenzierung danach, ob der Arbeitnehmer klageweise ein gutes oder sehr gutes Zeugnis (dann: Beweislast des Arbeitnehmers) oder ein nur durchschnittliches Zeugnis (dann: Beweislast des Arbeitgebers) verlangt. Entscheidend ist allein, daß der Arbeitgeber mit seinem unzutreffenden Arbeitszeugnis den Anspruch des Arbeitnehmers nicht erfüllt, dieser mit der Klage auf Berichtigung bzw. Neuerteilung Erfüllung verlangt und nach allgemeinen Beweislastregeln der Arbeitgeber wiederum die – behauptete – Erfüllung des Anspruchs zu beweisen hat. In einer Klage auf Zeugniserteilung hat der Arbeitnehmer lediglich die Art des Zeugnisses – einfach oder qualifiziert – anzugeben; bei einer Klage auf Zeugnisänderung müssen die gewünschten Formulierungen im Klageantrag genau genannt werden. Bei einer Zeugnisberichtigung hat das neue Zeugnis dasselbe Datum wie das ursprüngliche zu tragen (LAG Bremen LAGE Nr. 6 zu § 630 BGB = NZA 1989, 848 = BB 1989, 1825). Unter besonderen Voraussetzungen kommen für den Arbeitnehmer Schadensersatzansprüche wegen unterlassener, verzögerter oder unrichtiger Zeugniserteilung, für einen neuen Arbeitgeber des Arbeitnehmers Schadensersatzansprüche gegen den alten Arbeitgeber in Frage (s. hierzu im einzelnen: Schulz, Alles über Arbeitszeugnisse, Beck-Rechtsberater im dtv Nr. 5280). Der Zeugniserteilungs bzw. -änderungsanspruch des Arbeitnehmers unterliegt der Verjährung gem. § 195 BGB in 30 Jahren. Er unterliegt wie jeder schuldrechtliche Anspruch der → Verwirkung (vgl. BAG AP Nr. 17 zu § 630 BGB = NZA 1988, 427 = DB 1988, 1071 = BB 1989, 978 =

Zivildienst

NJW 1988, 1616). Ob ein Zeugnisanspruch einer → Ausschlußfrist in einem → Tarifvertrag unterfällt, ist anhand des jeweiligen konkreten Wortlauts zu ermitteln; das BAG hat entscheiden, daß dies bei der Verfallsklausel in § 70 BAT zu bejahen ist (vgl. BAG AP Nr. 10 zu § 70 BAT = DB 1983, 2041 = BB 1983, 1859). Auf den Zeugnisanspruch kann im voraus nicht und im nachhinein (z. B. nach Beendigung des Arbeitsverhältnisses) nur ausdrücklich und ganz unmißverständlich verzichtet werden (offengelassen bisher vom BAG AP Nr. 9 zu § 630 BGB = DB 1975, 155 = NJW 1975, 407). Auch eine allgemein gehaltene Abgeltungsklausel in einem gerichtlichen oder außergerichtlichen → Vergleich, einem → Aufhebungsvertrag oder einer → Ausgleichsquittung bringt den Zeugnisanspruch des Arbeitnehmers nicht zum Erlöschen, es sei denn, dieser Anspruch ist ausdrücklich erwähnt (BAG a. a. O.). Im Falle eines → Konkurses des Arbeitgebers kann der Arbeitnehmer auch für die Zeit vor Konkurseröffnung vom Konkursverwalter ein qualifiziertes Zeugnis verlangen, wenn dieser den Betrieb nach Konkurseröffnung weiterführt (vgl. BAG AP Nr. 18 zu § 630 BGB = NZA 1991, 599 = DB 1991, 1626 = NJW 1991, 1971). Die Arbeitszeugnisse für die bei den Stationierungsstreitkräften beschäftigten zivilen Arbeitnehmer sind von der durch die Streitkräfte bestimmten Dienststellen zu erteilen; im Prozeßfalle werden diese vor den Arbeitsgerichten von der Bundesrepublik Deutschland als Prozeßstandschafter vertreten (vgl. BAG NZA 1987, 384 = DB 1986, 1340). Der Klageanspruch auf Erteilung oder Neuerteilung (= Berichtigung) eines Arbeitszeugnisses ist vermögensrechtlicher Natur; der Streitwert beträgt einheitlich 1 Monatsgehalt. Parallel zum Zeugnisrecht hat sich die → Auskunftserteilung entwickelt; s. im einzelnen dort.

Lit.: Becker-Schaffner DB 1989, 2105; Schulz, Alles über Arbeitszeugnisse, Beck-Rechtsberater im dtv, Nr. 5280; Weuster BB 1992, 58.

Zivildienst → Arbeitsplatzschutzgesetz

Zugang der Kündigung. Als einseitige, empfangsbedürftige Willenserklärung wird die → Kündigung erst mit ihrem Zugang beim Kündigungsempfänger wirksam. Eine mündliche Kündigung – auch am Telefon – geht sofort zu (ist aber kaum nachweisbar!); ebenso ein direkt übergebenes Kündigungsschreiben, dessen Erhalt der Arbeitnehmer oder Arbeitgeber keineswegs bestätigen muß. Bei einer Kündigung mittels normalem Brief – sei es durch die Post oder einen Boten – kommt es auf die üblichen Leerungszeiten an (vgl. BAG AP Nr. 8 zu § 130 BGB = DB 1977, 546 = BB 1977, 298). Einschreibesendungen gehen noch nicht mit der Hinterlassung des Benachrichti-

Zugang der Kündigung

gungszettels, sondern erst mit Abholung des Briefs von der Post zu (vgl. BAG AP Nr. 4 zu § 130 BGB = DB 1963, 176 = BB 1963, 142 = NJW 1963, 544). Von einem Zugang der Kündigung ist zusammenfassend nach der Rechtsprechung des BAG dann auszugehen, wenn diese in verkehrsüblicher Weise in den Machtbereich des Empfängers gelangt ist, so daß bei Annahme gewöhnlicher Verhältnisse damit zu rechnen ist, daß er von ihr Kenntnis erlangen kann (vgl. BAG AP Nr. 17 zu § 130 BGB = NZA 1989, 635 = DB 1989, 2619 = BB 1989, 2619 = NJW 1989, 2213). Selbst bei einer Abwesenheit des Arbeitnehmers von seiner üblichen Wohnung – etwa aufgrund von Untersuchungshaft oder seiner Auslieferungshaft im Ausland – und Kenntnis des Arbeitgebers hiervon kann dem Arbeitnehmer ein an die Wohnanschrift gerichtetes Kündigungsschreiben zugehen (BAG a. a. O.). Unter Aufgabe seiner früheren Rechtsprechung hat das BAG außerdem entschieden, daß ein an die Heimatanschrift des Arbeitnehmers gerichtetes Kündigungsschreiben diesem grundsätzlich auch dann zugeht, wenn dem Arbeitgeber bekannt ist, daß der Arbeitnehmer während des Urlaubs verreist (vgl. BAG AP Nr. 16 zu § 130 BGB = NZA 1988, 875 = DB 1988, 2415 = BB 1989, 150 = NJW 1989, 606). Dies gilt sogar dann, wenn der Arbeitnehmer dem Arbeitgeber ausdrücklich seine Urlaubsanschrift mitgeteilt hat; besondere Einzelfallumstände können aber nach → Treu und Glauben eine hiervon abweichende Bewertung bedingen. Außerdem kommt gem. § 5 KSchG eine nachträgliche Zulassung der → Klage in Betracht, wenn der Arbeitnehmer auf diese Weise die Frist zur Klageerhebung des § 4 KSchG versäumt hat. Wechselt der Arbeitnehmer seine Wohnanschrift, teilt dies dem Arbeitgeber aber nicht mit, geht eine Verzögerung des Postlaufs dann nicht zu seinen Lasten, wenn die neue Anschrift auf einer Arbeitsunfähigkeitsbescheinigung vermerkt war, die der Arbeitgeber aber übersehen hat (vgl. BAG AP Nr. 10 zu § 130 BGB = DB 1977, 1194). Auch Aushändigung eines Kündigungsschreibens an Familienangehörige, Lebensgefährten, Vermieter oder Hausangestellte kann einen Zugang der Kündigung bewirken (vgl. BAG AP Nr. 7 zu § 130 BGB = DB 1976, 1018 = BB 1976, 696 und BAG AP Nr. 8 zu § 130 BGB = DB 1977, 546 = BB 1977, 298). Unter besonderen Umständen kann eine Vereitelung des Kündigungszugangs dazu führen, daß der Empfänger die Kündigung als zugegangen gegen sich gelten lassen muß. Dies soll vor allem dann der Fall sein, wenn der Arbeitnehmer eine Einschreibsendung während der normalen Postaufbewahrungsfrist nach erfolgter Benachrichtigung nicht abgeholt hat, aber wußte, daß ein Kündigungsschreiben seines Arbeitgebers an ihn unterwegs ist (LAG Frankfurt/Main LAGE Nr. 7 zu § 130 BGB = DB 1987, 412). Der Kündigende ist für den Zugang der Kündigung beweispflichtig.

Zulässigerklärung der Kündigung

In diesem Zusammenhang existiert kein → Anscheinsbeweis; s. ausführlich dort.

Zulässigerklärung der Kündigung → Mutterschutz

Zumutbarkeit → außerordentliche Kündigung

Zustimmung zur Kündigung → Schwerbehinderte

Zwangsvollstreckung → Urteil

Zweiwochenfrist. Der Ausspruch einer → außerordentlichen Kündigung kann gemäß § 626 Abs. 2 S. 1 BGB nur innerhalb von 2 Wochen erfolgen. Diese Frist beginnt gem. S. 2 der Vorschrift mit dem Zeitpunkt, in dem der Kündigungsberechtigte von den für die Kündigung maßgebenden Tatsachen Kenntnis erlangt. Die Zweiwochenfrist ist eine verfassungsgemäße Konkretisierung der → Verwirkung (vgl. BAG AP Nr. 1 zu § 626 BGB – Ausschlußfrist – = DB 1972, 147 = BB 1972, 133 = NJW 1972, 463). Das außerordentliche Kündigungsrecht kann ohne Kenntnis des Kündigungsberechtigten vom Kündigungssachverhalt nicht verwirken (vgl. BAG AP Nr. 20 zu § 626 BGB – Ausschlußfrist – = NZA 1986, 467 = DB 1986, 1339 = BB 1986, 943 = NJW 1986, 2338). Die Frist ist zwingend und kann daher weder durch → Tarifvertrag, Betriebsvereinbarung oder Parteivereinbarung abgeändert werden (vgl. BAG AP Nr. 6 und 13 zu § 626 BGB – Ausschlußfrist – = DB 1973, 1258 und 1978, 2180 = BB 1973, 943 und 1978, 1166). Die Zweiwochenfrist beginnt, sobald der Kündigungsberechtigte zuverlässige Kenntnis vom Kündigungssachverhalt erlangt hat; diesen Zeitpunkt zu ermitteln, bereitet in der Praxis oftmals erhebliche Schwierigkeiten. Der Arbeitgeber hat die Möglichkeit, die zur Aufklärung notwendigen Maßnahmen zu ergreifen und soll auch die zur Entlastung des Arbeitnehmers sprechenden Umstände ermitteln, insbesondere diesem Gelegenheit zur Stellungnahme geben. Solange der Kündigungsberechtigte mit der gebotenen Eile angemessene Ermittlungen über den Kündigungssachverhalt anstellt, ist der Lauf der Zweiwochenfrist gehemmt (vgl. BAG AP Nr. 27 zu § 626 BGB – Ausschlußfrist – = NZA 1989, 105 = DB 1989, 282 = BB 1989, 1062 = NJW 1989, 733). Bei einer außerordentlichen Kündigung des Arbeitgebers – die Zweiwochenfrist gilt sowohl für diesen als auch für den Arbeitnehmer – läuft die Frist bei Ermittlungen erst nach Anhörung des Arbeitnehmers an. Erlaubt eine vom Arbeitnehmer schriftlich abgegebene Stellungnahme dem Arbeitgeber keine sichere Beurteilung des Vorfalls, kann es geboten sein, den Arbeitnehmer nochmals mündlich zu hören. Er-

Zweiwochenfrist

folgt diese zweite Anhörung kurze Zeit nach Vorliegen der schriftlichen Äußerung des Arbeitnehmers, so beginnt der Lauf der Zweiwochenfrist erst sodann (vgl. BAG AP Nr. 6 zu § 626 BGB – Ausschlußfrist – = DB 1973, 1258 = BB 1973, 943). Im Hinblick auf die → Anhörung des Betriebsrates, die vor Ausspruch der außerordentlichen Kündigung durchzuführen ist, verlängert sich die Frist des § 626 Abs. 2 BGB nicht um die 3-Tages-Frist des § 102 Abs. 2 BetrVG (vgl. BAG AP Nr. 10 zu § 103 BetrVG 1972 = DB 1978, 109 = BB 1978, 43 = NJW 1978, 661). Bei Dauertatbeständen beginnt die Zweiwochenfrist mit der letzten Pflichtverletzung; länger als 14 Tage zurückliegende Ereignisse können allenfalls zur Unterstützung herangezogen werden (vgl. BAG AP Nr. 7 zu § 626 BGB – Ausschlußfrist – = DB 1975, 1656 = BB 1975, 1017). Bei eigenmächtigem Urlaubsantritt soll die Frist hingegen erst mit der Rückkehr aus dem Urlaub zu laufen beginnen (vgl. BAG AP Nr. 14 zu § 626 BGB – Ausschlußfrist – = DB 1983, 1605 = BB 1983, 1922 = 1983, 2720). Bei → strafbaren Handlungen kann grundsätzlich der Ausgang des Strafverfahrens abgewartet werden; der Fristablauf ist hierdurch gehemmt (vgl. BAG AP Nr. 9 zu § 626 BGB = DB 1976, 1338 = NJW 1976, 1766). Hat das → Arbeitsgericht rechtskräftig eine vom Arbeitgeber ausgesprochene → Verdachtskündigung wegen Versäumung der Zweiwochenfrist für unwirksam erklärt, so kann der Arbeitgeber gleichwohl später – z. B. nach Abschluß des Strafverfahrens – eine auf Tatbegehung gestützte außerordentliche Kündigung aussprechen, wenn bis dahin lediglich Verdachtsmomente, nicht aber sichere Erkenntnisse über die Tatbeteiligung des Arbeitnehmers vorlagen (vgl. BAG AP Nr. 19 zu § 626 BGB – Ausschlußfrist – = NZA 1985, 623 = DB 1985, 1846 = BB 1985, 1734 = NJW 1985, 3094). Es kommt nach § 626 Abs. 2 S. 2 BGB für den Fristbeginn auf die Kenntnis des Kündigungsberechtigten an, worunter grundsätzlich zunächst einmal derjenige zu verstehen ist, der im konkreten Fall befugt ist, die Kündigung auszusprechen (vgl. BAG AP Nr. 3 zu § 626 BGB – Ausschlußfrist – = BB 1972, 1408 = DB 1972, 2119 = NJW 1973, 214). Bei einer AG, einer GmbH oder einem rechtskräftigen Verein, bei denen Gesamtvertretung besteht, beginnt der Lauf der Zweiwochenfrist bei Kenntnis eines von mehreren Gesamtvertretern vom Kündigungssachverhalt (vgl. BAG AP Nr. 1 zu § 28 BGB = NZA 1985, 250 = DB 1985, 237). Auch → leitende Angestellte kommen in Betracht, sofern ihnen das Recht zur außerordentlichen Kündigung übertragen wurde. Die Umstände des Einzelfalles, insbesondere Organisation und Hierarchie beim Arbeitgeber sind jeweils zu berücksichtigen; so muß dieser sich auch die Kenntnis eines nicht kündigungsberechtigten Mitarbeiters zurechnen lassen, wenn dessen Stellung im Betrieb erwarten läßt, daß er den

Zwischenverdienst

Kündigungsberechtigten informiert (vgl. BAG AP Nr. 11 zu § 626 BGB – Ausschlußfrist – = DB 1978, 353 = BB 1978, 499 = NJW 1978, 723). Für den Bereich des → öffentlichen Dienstes existieren, insbesondere in den Kommunalverfassungen, zahlreiche Sonderregelungen hierzu. Der Arbeitgeber hat die Einhaltung der Zweiwochenfrist im Prozeß zu beweisen, wenn Zweifel hieran bestehen oder der Arbeitnehmer ihren Ablauf rügt (vgl. BAG AP Nr. 4 zu § 626 BGB – Ausschlußfrist – = DB 1972, 2487 = BB 1973, 385). Fällt der Arbeitnehmer unter den Bereich des KSchG (s. → Betrieb, → Kleinbetrieb und → Wartezeit), muß er innerhalb von 3 Wochen nach Zugang der Kündigung gem. § 13 Abs. 1 S. 2 i. V. m. § 4 KSchG → Kündigungsschutzklage erheben; dies gilt auch, wenn er sich allein auf die Versäumung der Zweiwochenfrist stützt, ebenso im Falle einer außerordentlichen → Änderungskündigung. Gilt das KSchG nicht, kann der Arbeitnehmer gleich auf Zahlung des Gehalts klagen, er muß es aber nicht; tut er dies, wird die Frage der Rechtswirksamkeit der → außerordentlichen Kündigung im Hinblick auf die Zweiwochenfrist – und/oder den wichtigen Grund – als Vorfrage geprüft. Eine Klagefrist gilt dann nicht, auf → Verwirkung ist aber ebenso wie auf → Ausschlußfristen zu achten. S. ergänzend auch unter → Schadensersatz.

Lit.: Becker-Schaffner DB 1987, 2147; Popp NZA 1987, 366; Berger-Delhey/Lütke ZTR 1990,47.

Zwischenverdienst → Annahmeverzug und → Wahlrecht

Zwischenzeugnis → Zeugnis

Buchanzeigen

ARBEITSRECHT/

Textausgaben

ArbG · Arbeitsgesetze
mit den wichtigsten Bestimmungen zum Arbeitsverhältnis, Kündigungsrecht, Arbeitsschutzrecht, Berufsbildungsrecht, Tarifrecht, Betriebsverfassungsrecht, Mitbestimmungsrecht und Verfarensrecht.
(dtv-Band 5006, Beck-Texte)

JugR · Jugendrecht
Sozialgesetzbuch – Allgemeiner Teil (Auszug), Kinder- und Jugendhilfegesetz, Adoptionsvermittlungsgesetz, Bürgerliches Gesetzbuch (Auszug), Haager Minderjährigenschutz-Übereinkommen (Auszug), Regelunterhalt-Verordnung, Unterhaltsvorschußgesetz, Gesetz zum Schutze der Jugend in der Öffentlichkeit, Gesetz über die Verbreitung jugendgefährdender Schriften, Jugendarbeitsschutzgesetz, Berufsbildungsgesetz (Auszug), Berufsbildungsförderungsgesetz, Bundesausbildungsförderungsgesetz, Jugendgerichtsgesetz und andere Gesetze und Verordnungen.
(dtv-Band 5008, Beck-Texte)

SGB · RVO – Sozialgesetzbuch · Reichsversicherungsordnung
mit Arbeiterrentenversicherungs-Neuregelungsgesetz und Handwerkerversicherungsgesetz.
(dtv-Band 5024, Beck-Texte)

BAföG · Bildungsförderung
Bundesausbildungsförderungsgesetz mit Durchführungsverordnungen und Ausbildungsförderungsgesetzen der Länder, Berufsbildungsgesetz, Berufsbildungsförderungsgesetz, Arbeitsförderungsgesetz (Auszug) mit Anordnungen der Bundesanstalt für Arbeit.
(dtv-Band 5033, Beck-Texte)

SchwbG · BVG Schwerbehindertengesetz, Bundesversorgungsgesetz
Durchführungsverordnungen zum Schwerbehindertengesetz, Opferentschädigungsgesetz, Sozialgerichtsgesetz, Sozialgesetzbuch – Allg. Teil, Steuervergünstigungen für Behinderte.
(dtv-Band 5035, Beck-Texte)

AFG · Arbeitsförderungsgesetz
mit AFG-LeistungsVO, Arbeitslosenhilfe-VO, ZumutbarkeitsAO, MeldeAO, ArbeitnehmerüberlassungsG.
(dtv-Band 5037, Beck-Texte)

MitbestG · Mitbestimmungsgesetze
in den Unternehmen mit allen Wahlordnungen.
(dtv-Band 5524, Beck-Texte)

BeamtenR · Beamtenrecht
Bundesbeamtengesetz, Beamtenrechtsrahmengesetz, Bundesbesoldungsgesetz mit Anlagen, Beamtenversorgungsgesetz, Bundesdisziplinarordnung, Beihilfevorschriften und weitere Vorschriften des Beamtenrechts.
(dtv-Band 5529, Beck-Texte)

SGB V · Gesetzliche Krankenversicherung
mit Gesundheits-Reformgesetz (Auszug), Sozialgesetzbuch Allgemeiner Teil, Gemeinsame Vorschriften für die Sozialversicherung.
(dtv-Band 5559, Beck-Texte)

SGB VI · Gesetzliche Rentenversicherung
mit Fremdrentengesetz, Fremdrenten- und Auslandsrenten-Neuregelungsgesetz.
(dtv-Band 5561, Beck-Texte)

BAT-O · Bundes-Angestelltentarifvertrag-Ost
Tarifverträge für Angestellte, Arbeiter und Auszubildende des Bundes, der Länder und der Gemeinden mit den wichtigsten Sonderregelungen.
(dtv-Band 5565, Beck-Texte)

SOZIALRECHT im

BSHG · Bundessozialhilfegesetz
(dtv-Band 5567, Beck-Texte)

Rechtsberater

Schaub · Arbeitsrecht von A–Z
Aussperrung, Betriebsrat, Gewerkschaften, Gleichbehandlung, Jugendarbeitsschutz, Kündigung, Mitbestimmung, Mutterschaftsurlaub, Ruhegeld, Streik, Tarifvertrag, Zeugnis u. a. m.
(dtv-Band 5041, Beck-Rechtsberater)

Spinnarke · Arbeitssicherheit
(dtv-Band 5055, Beck-Rechtsberater)

Brühl · Sozialhilfe für Betroffene von A–Z
Alleinerziehende, Arbeitslose, Ausländer, Aussiedler, Behinderte, Ehegatten, Frauen, Heimbewohner, Kinder, Kranke, Nichtseßhafte, Pflegebedürftige, Studierende, Wohnungssuchende.
(dtv-Band 5060, Beck-Rechtsberater)

Schulz · Kündigungsschutz im Arbeitsrecht von A–Z
(dtv-Band 5070, Beck-Rechtsberater)

Ströer · Meine soziale Rentenversicherung
Neue Bemessungsgrundlagen, Versicherungspflicht, Freiwillige Versicherung, Höheversicherung, Anrechnungsfähige Zeiten, Renten, Rentenformel, Rentenantrag, Kuren.
(dtv-Band 5085, Beck-Rechtsberater)

Ströer · Meine soziale Krankenversicherung
Gesundheitsvorsorge, Arzt, Zahnarzt, Krankenhaus, Kur, Mutterschaft, Häusliche Pflege, Schutz im Ausland und den Überleitungsvorschriften für die neuen Bundesländer.
(dtv-Band 5087, Beck-Rechtsberater)

Schaub · Der Betriebsrat Aufgaben, Rechte, Pflichten
Wahl und Organisation des Betriebsrats, Mitbestimmung in sozialen und personellen Angelegenheiten, Beteiligung des Betriebsrates in wirtschaftlichen Angelegenheiten, Verfahren nach dem BetrVG.
(dtv-Band 5202, Beck-Rechtsberater)

**Köbl
Meine Rechte und Pflichten als berufstätige Frau**
(dtv-Band 5204, Beck-Rechtsberater)

**Schaub
Meine Rechte und Pflichten im Arbeitsgerichtsverfahren**
(dtv-Band 5205, Beck-Rechtsberater)

**Schaub/Schusinski/Ströer
Erfolgreiche Altersversorgung**
Alles Wichtige zur Rentenversicherung, zur betrieblichen Altersversorgung, zur Alterssicherung im öffentlichen Dienst.
(dtv-Band 5207, Beck-Rechtsberater)

**Wolber
Gesetzliche Unfallversicherung**
Alles über Arbeitsunfälle.
(dtv-Band 5223, Beck-Rechtsberater)

**Francke
Berufsausbildung von A–Z**
Alles Wissenswerte über die Rechte und Pflichten der Auszubildenden, Ausbilder und Ausbildenden.
(dtv-Band 5228, Beck-Rechtsberater)

Schaub · Meine Rechte und Pflichten als Arbeitnehmer
Anbahnung und Abschluß des Arbeitsvertrages sowie seine Beendigung, Rechte und Pflichten, der Einfluß des Betriebsrats, Betriebsnachfolge, Sonderrechte und Berücksichtigung der Rechtseinheit.
(dtv-Band 5229, Beck-Rechtsberater)

Mit Einigungsvertrag

Creifelds
Rechtswörterbuch

Den Klassiker unter den juristischen Wörterbüchern gibt es jetzt wieder neu. Der »Creifelds« stellt in lexikalischer Form über **10.000 Rechtsbegriffe** aus allen Gebieten zusammen und erläutert diese wie immer präzise, kompetent und leicht verständlich.

Der **interessierte Bürger** findet zuverlässigen Rat und nützliche Hinweise, der **Jurist** rasche Orientierung. Vor allem ist das Werk aber auch ein idealer Begleiter für die Bürger und Juristen in den **neuen Bundesländern** auf häufig noch unvertrautem Terrain. Schließlich ist der »Creifelds« eine **hervorragende Lernhilfe** für alle Jurastudenten, denen er die Möglichkeit gibt, sich bei allen unbekannten oder unklaren Begriffen in kürzester Zeit über deren Definition und rechtliche Einordnung zu informieren.

Fundstellenhinweise auf **Rechtsprechung und Spezialliteratur** helfen zusätzlichen Informationen nachzugehen. Die Behandlung der rechtlichen Formen und Zusammenhänge wird ergänzt durch wichtige Begriffe aus den Grenzbereichen von **Recht, Wirtschaft und Politik**, deren Rechtsgrundlagen dargestellt werden.

Der **Anhang enthält nützliche Übersichten,** z. B. über den Weg der Gesetzgebung, das Gerichtswesen, Rechtsmittelzüge, die gesetzliche Erbfolge und die Rentenversicherung.

Hoch aktuell

ist die Neuauflage des Creifelds mit über **300 neuen Stichwörtern** sowie weit über **1000 Änderungen und Ergänzungen.** Dabei steht naturgemäß die Wiedervereinigung Deutschlands im Vordergrund. Der Einigungsvertrag, Sonderregelungen für die neuen Bundesländer sowie die lebhafte Tätigkeit des Gesetzgebers sorgten für **zahlreiche Neuerungen.**

Schwerpunkte der 11. Auflage bilden deshalb neben der **Rechtsangleichung in Ost- und West-Deutschland** die neuen Gesetze

● zum Betreuungsrecht ● zur Produkthaftung ● zur Kinder- und Jugendhilfe ● zum Kreditvertrag ● zur Adoptionsvermittlung ● zum Ausländerrecht ● zum Embryonenschutz ● zur Gentechnik ● zur Umwelthaftung.

Durch Beschränkung auf das Wesentliche ist es gelungen, den Charakter eines besonders handlichen Nachschlagewerkes zu wahren.

Begründet von Dr. Carl Creifelds, Senatsrat a. D., München.
Herausgegeben von Prof. Dr. h. c. Hans Kauffmann, Ministerialdirigent und Leiter des Bayerischen Landesjustizprüfungsamtes a. D., München.
Bearbeiter: Dr. Dieter Guntz, Vors. Richter am OLG München, Paul Henssler, Steuerberater, Leiter der Akademie für Wirtschaftsberatung, Bad Herrenalb, Prof. Dr. h. c. Hans Kauffmann, Ministerialdirigent und Leiter des Bayerischen Landesjustizprüfungsamtes a. D., München, Prof. Friedrich Quack, Richter am BGH, Heinz Ströer, Ministerialdirektor a. D., München, Walter Weidenkaff, Vors. Richter am Landgericht München I

11., neubearbeitete Auflage. 1992
XV, 1462 Seiten. In Leinen DM 74,–
ISBN 3-406-35830-6

VERLAG C.H. BECK